U0366931

"十二五"职业教育国家规划教材
经全国职业教育教材审定委员会审定

普通高等教育"十一五"国家级规划教材
全国机械行业职业教育优秀教材

汽车应用材料

第 4 版

主　编　谢少芳　李明惠
副主编　陈连云
参　编　王力夫　周　燕
主　审　卢晓春

机械工业出版社

本书是为了适应高等职业教育汽车类专业技术基础课程教学需要而编写的。基于工学结合的课程改革需要，本书在内容组织上，参照现代汽车构造和汽车运行情况，注重对汽车应用材料展开应用性和拓展性知识介绍，及时跟进现代汽车新材料和新技术的应用。

　　全书共分八章。包括汽车材料概论、金属材料、高分子材料、汽车其他工程材料、汽车燃料、汽车用润滑材料、汽车工作液和汽车美容材料。

　　本书可供高等职业技术学院和高等专科学校汽车类专业的师生使用，也可作为汽车行业的专业技术人员、汽车维修技师和汽车维修工作人员的参考用书。

　　本书配有电子课件、6套试卷及答案，视频参考资料及二维码视频资源。凡使用本书作为教材的教师可登录机械工业出版社教育服务网 www.cmpedu.com 注册后下载。咨询邮箱：cmpgaozhi@ sina. com。咨询电话：010-88379375。

图书在版编目（CIP）数据

汽车应用材料/谢少芳，李明惠主编. —4 版. —北京：
机械工业出版社，2019.9（2024.8 重印）
　　"十二五"职业教育国家规划教材　普通高等教育
"十一五"国家级规划教材
　　ISBN 978-7-111-63935-0

　　Ⅰ.①汽…　Ⅱ.①谢…②李…　Ⅲ.①汽车-工程材料-高等职业教育-教材　Ⅳ.①U465

中国版本图书馆 CIP 数据核字（2019）第 214762 号

机械工业出版社（北京市百万庄大街 22 号　邮政编码 100037）
策划编辑：葛晓慧　责任编辑：葛晓慧
责任校对：刘　岚　封面设计：陈　沛
责任印制：单爱军
北京虎彩文化传播有限公司印刷
2024 年 8 月第 4 版·第 5 次印刷
184mm×260mm·13.5 印张·329 千字
标准书号：ISBN 978-7-111-63935-0
定价：43.00 元

电话服务　　　　　　　　　　网络服务
客服电话：010-88361066　　机　工　官　网：www.cmpbook.com
　　　　　010-88379833　　机　工　官　博：weibo.com/cmp1952
　　　　　010-68326294　　金　书　网：www.golden-book.com
封底无防伪标均为盗版　　机工教育服务网：www.cmpedu.com

前　　言

本书的第 1 版自 2002 年出版以来，得到了国内同类院校的认可和采用；2006 年，本书被列入教育部普通高等教育"十一五"国家级规划教材（高职高专系列）；2014 年，本书经全国职业教育教材审定委员会审定，被列入"十二五"职业教育国家规划教材。

本书是在第 3 版的基础上修订而成的。本书的修订再版工作是根据近三年来编者们参与的国家骨干院校建设项目之汽车检测与维修重点专业建设的经验和广东省新世纪高职教育教改项目"高职汽车类专业技术基础课程体系教学改革研究与实践"（获广东省第六届教学成果一等奖）的研究结果，以加强学生的实践技能训练、培养技术应用能力为出发点，以汽车应用材料的性能和运用为主题，优化课程内容，及时反映汽车新材料、新技术和新成果，力求保持职业教育的鲜明特色，适应社会对汽车类专业人才的需求，达到实用化与综合化兼顾的目标。

与第 3 版相比，本次修订主要体现在以下几个方面：

1）根据汽车专业知识结构特点及汽车新技术、新结构的发展，结合汽车专业技能培养，更新了汽车新技术、新标准和新材料的应用，突出专业性和技能培养与应用，适应汽车紧缺性人才培养的需求。

2）根据汽车应用型技术技能人才素质培养的经验，按照教学规律和学生的认知规律，采用与汽车产业紧密联系的实例和直观图表表达形式，降低学习难度，提高学生学习兴趣和学习效率。

3）根据应用型人才培养目标，编写"汽车材料"课程标准，明确本课程教学目标，相应地在各章节教学中体现能力培养目标及能力测试。

本书分章介绍了汽车工程材料的性能及选材原则、汽车常用金属材料组织结构、材料的强化技术和实际应用、现代汽车应用的其他工程材料如高分子材料、陶瓷材料、复合材料、功能材料等的特性和应用实例，以及常用汽车运行材料如汽车燃油、汽车润滑材料、汽车工作液和汽车美容材料的特性和运用实例。

全书共八章。其中，第一、八章由李明惠编写；第二章由谢少芳编写；第三、七章由陈连云编写；第四、五、六章由王力夫和周燕编写。全书由谢少芳、李明惠任主编，李明惠、谢少芳负责全书的统稿工作。

本书中标注 * 的章节为拓展性章节，可选修。

本书邀请了广东交通职业技术学院卢晓春教授负责主审书稿，她对于本书的编撰和修订工作进行了悉心指导和大力支持，在此深表感谢。同时，在本书的编写过程中，得到了企业相关人员的大力支持。本书参阅了大量资料和文献，在此，对原文作者一并表示深切的谢意。

由于编者水平有限，书中难免有不当之处甚至错误，欢迎读者批评指正，以便修改再版。

编　者

二维码索引

（续）

序号	名称	图形	页码	序号	名称	图形	页码
17	淬火		46	21	连杆结构		88
18	汽车变速器		82	22	四冲程发动机		142
19	汽车发动机原理		83	23	润滑系的油路		159
20	曲轴飞轮组		87	24	双向作用筒式减振器示意图		190

V

课 程 标 准

一、基本信息

课程名称：汽车应用材料
课程类型：专业基础课
基准课时：44
学　　分：4
前期课程：高中物理、化学
后续课程：汽车机械基础、汽车发动机机械系统检修、汽车底盘诊断与检修、汽车使用性能检测等课程。

二、课程性质

"汽车应用材料"是汽车检测技术专业的专业能力模块课程。在汽车运用技术专业"基本、综合、特色"技能教育平台的课程体系中，汽车应用材料课程属于"专业基本技能教育平台"的汽车机械基础技术学习领域，是学生接触的第一门与汽车专业紧密相关的课程，也是汽车运用高技能人才职业能力培养和职业素养养成的第一阶段。

课程的任务是对从事汽车维护、检测、诊断、修理、营销及专项技术服务等工作的汽车技术服务与管理应用型高技能人才进行基本职业能力培养，讲授汽车常用金属材料、非金属材料和汽车运行材料的基本知识，能够正确选择金属材料及热处理方法和正确选择金属材料和非金属材料、汽车运行材料，为学习"发动机构造与维修""底盘构造与维修"等专业课程和从事专业技术工作打下必要的基础。同时养成安全意识和团队协作能力、应用工具书和学会学习的能力、分析问题解决问题的能力，既为今后解决生产实际问题和技术改造工作打好基础，也为学生以后的职业生涯打下坚实的基础。它在整个专业课程的学习中占有很重要的地位。

三、课程目标

通过对汽车运用技术专业岗位职业能力及能力要求分析，确立汽车应用材料课程能力目标，见表1。

表1　"汽车应用材料"课程能力目标

能力目标	具 体 要 求
专业技术能力目标	1）能够识别并区分各种材料的牌号，掌握各牌号的含义 2）能够正确选择汽车典型零件的材料，掌握热处理要求等 3）能够针对具体的车型正确选择汽车运行时所需要的润滑材料、燃油、冷却液、轮胎等 4）能够正确选择汽车美容材料 5）能够了解并掌握汽车材料的新的发展趋势

（续）

能力目标	具 体 要 求
知识能力目标	1）掌握汽车工程材料和汽车运行材料的分类 2）掌握金属材料中碳钢、合金钢的分类和有色金属的分类；掌握各种材料的性能以及在汽车上的应用 3）掌握非金属材料的分类、性能以及在汽车上的应用 4）掌握汽车运行材料的型号、性能和应用 5）掌握汽车美容材料的种类
职业素质能力目标	1）具有良好的学习能力，触类旁通，掌握新技术、新设备、新工艺的应用能力。通过参与项目学习活动，培养质量意识、安全意识 2）培养职业道德精神和一丝不苟的专业精神 3）具有良好的适应能力，即适应新环境能力、协调与沟通能力、团队合作能力、安全操作意识、环境品质管理意识 4）在解决问题的过程中，有克服困难的信心和决心，提高意志力，能体验战胜困难、解决问题时的喜悦，体验劳动的快乐

四、课程单元描述与学时分配

课程内容及学时分配见表2。

表 2　课程内容及学时分配

序号	单元名称	内 容 描 述	能力目标培养	学时小计	理论	实践
1	汽车材料概论	内容： 1）汽车应用材料的组成 2）材料的性能 3）汽车零部件常见的失效形式及选材 重点：金属材料力学性能指标的符号、含义、检测方法等	能描述金属材料的各项力学性能指标，能够识读各项力学性能指标符号及含义，会做材料的拉伸试验，能分析判断零部件常见的失效	8	4	4
2	金属材料	内容： 1）金属材料的组织结构及性能控制 2）金属材料的分类及牌号 3）金属材料的性能及用途 4）金属材料在汽车上的应用 重点：各材料的牌号、性能、在汽车上的典型应用	能够区分碳钢、合金钢、灰铸铁、球墨铸铁、可锻铸铁的牌号，能描述各材料的不同性能、应用场合，能够正确选择这些材料制造汽车零件 能够区分铜合金、铝合金、钛合金的不同牌号，能够描述有色金属的性能和应用场合，能够正确选择这些材料制造汽车零件	10	10	
3	高分子材料	内容： 1）高分子材料结构及特性 2）常用高分子材料：塑料、橡胶、合成纤维、车用涂料、胶粘剂 3）常用非金属材料在汽车上的应用 重点：各种不同非金属材料的定义、性能以及在汽车上的应用	能够区分各种不同非金属种类，能够描述各种不同非金属材料的性能和在汽车上的应用，能够正确选择这些材料制造汽车零件；能够正确选择汽车用轮胎	8	8	

（续）

序号	单元名称	内容描述	能力目标培养	学时小计	理论	实践
					其　中	
4	汽车其他工程材料	内容： 1）复合材料 2）陶瓷材料 3）特殊用途材料 重点：各种不同新型材料的定义、性能以及在汽车上的应用	能够区分各种不同新型材料的类型，能够描述各种不同新型材料的性能和在汽车上的应用，能够正确选择这些材料制造汽车零件	4	4	
5	汽车燃料	内容：石油、汽油、柴油 重点：汽油、柴油的牌号，汽油、柴油的主要使用性能指标	能够描述现行汽油、柴油的牌号，能够描述燃油牌号的含义，能够正确选择汽车所用燃油的牌号	3	2	1
6	汽车用润滑材料	内容：发动机润滑油、车辆齿轮油、汽车润滑脂 重点：润滑油、齿轮油、润滑脂的牌号、性能及使用	能够描述现行汽车用润滑油的牌号，能够正确选择汽车用润滑油的牌号	4	2	2
7	汽车工作液	内容：汽车用制动液、传动油、冷却液 重点：各类工作液的牌号、规格、性能及使用	能够正确选择各汽车用工作液	3	2	1
8	汽车美容材料	内容：常用汽车美容材料的品种、分类及选用	能够选择合适的汽车用美容材料	4	2	2
合　计				44	34	10

五、能力训练实训项目

课程实训项目见表3。

表3　课程实训项目

序号	项目名称	项目描述	能力目标	学时
1	实训一　材料的拉伸试验	低碳钢和铸铁的抗拉和抗压强度的测量	会使用万能材料试验机测量材料的强度，会分析碳钢和铸铁不同的性能	2
2	实训二　硬度试验	钢的退火、正火、淬火后的洛氏硬度测量	会使用洛氏硬度计测量零件的硬度	2
3	实训三　社会实践课	汽车运行材料的市场调查：对汽车燃料、润滑油、齿轮油、汽车工作液进行调查，写出调查报告	组成团队：会针对专题制订计划、组织实施，培养组织能力、沟通能力、协调能力，培养团结协作的精神，写出调研报告	2
4	实训四　社会实践课	轮胎与汽车美容市场的调查：对轿车所用轮胎和汽车美容市场进行调查，写出调查报告	组成团队：会针对专题制订计划、组织实施，培养组织能力、沟通能力、协调能力，培养团结协作的精神，写出调研报告	2
5	实训五　汽车配件市场调查	汽车配件市场的调查	组成团队：会针对专题制订计划、组织实施，培养组织能力、沟通能力、协调能力，培养团结协作的精神，写出调研报告	2

六、课程实施说明

1. 师资要求

要求老师具有汽车材料的专业知识。

2. 课程实施设备设施要求

液压式万能材料试验机。

千分尺、游标卡尺、抗拉标准试样若干、抗压圆柱状试样若干。

HB-150 型洛氏硬度试验机。

HB-3000 型布氏硬度试验机。

发动机上的典型零件（活塞、连杆、曲轴、凸轮、挺杆、气缸体、气缸盖等）。

底盘典型零件（变速器、齿轮、轴）。

汽油、柴油、发动机润滑油、齿轮油、润滑脂、液力传动油、制动液、防冻冷却液、减振器油等样品。

轮胎。

3. 教学方法与要求

汽车应用材料分为汽车工程材料和汽车运行材料两大部分，分为课堂教学和实训课、社会实践课三种不同的类型。每次课堂上首先提出能力目标、知识目标，围绕着达成目标而采用各种教学方法，如项目驱动、任务驱动、讲授、示范、做课堂练习，在实验室做试验，去4S店、汽车配件市场调查等方法。

七、课程考核

1. 考核组织与考核形式

考核分为过程评价与期末考试两种方式。过程评价占50%，期末考试占50%。

过程评价分为平时成绩（包括作业、实训、课堂提问和表现等）和技能考试；期末考试采取闭卷考试的方式。

2. 成绩量化方案（表4）

表4　成绩量化方程

考 核 项 目	权 重	考 核 标 准
1. 平时作业	10%	见汽车专业汽车材料考核方案
2. 实训	10%	见汽车专业汽车材料考核方案
3. 课堂提问和表现	10%	见汽车专业汽车材料考核方案
4. 技能考试	20%	见专业技能考试考核方案
5. 期末考试	50%	试卷
总　　计	100%	

目　录

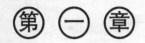

汽车材料概论

本章导入

材料是人类生产和生活所必需的物质，人类社会的发展伴随着各种材料的不断开发和利用。目前，世界上已存在的自然材料和人工材料有近百万种，自然材料仅占 1/20，其余均为人工材料。在当今社会中，绝大多数的生产和生活用品是采用人工材料制造的，人工材料在材料科学的发展中有着极其重要的地位。在现代工业社会里，材料、能源、信息被称为现代技术的三大支柱，而能源和信息的发展在某种程度上又依赖于材料的进步。因此，材料科学的发展在现代工业社会中占举足轻重的地位。

材料是汽车工业的基础。简而言之，汽车应用材料包括了制造汽车各种零部件用的汽车工程材料，以及汽车在使用过程中使用的燃料和工作液等汽车运行材料。

本章重点概述汽车应用材料的分类、力学性能、理化性能和工艺性能。

教学目标

1. 能力目标
1）能描述金属材料的各项力学性能指标。
2）能够识读各项力学性能指标符号及含义。
3）能进行材料的拉伸测验操作及硬度测验。

2. 知识目标
1）了解材料在汽车工业上的重要作用及汽车应用材料的组成和分类。
2）掌握材料使用性能及相关性能指标。
3）了解材料的工艺性能。

第一节 概　述

汽车工业作为现代工业社会的一个重要标志，带动和促进着石油、化工、电子、材料等工业，以及交通运输业、旅游业等 30 余个其他行业的发展，在国民经济中占有重要的地位。据统计，世界上每年钢材产量的 1/4、橡胶产量的 1/2、石油产品的 1/2，均用于汽车工业及相关工业。

一、汽车的主要构成

大多数汽车的总体构造及其主要机构的构造和作用原理基本上是一致的。常用汽车的总体构造基本上由以下四个部分组成：发动机、底盘、车身、电气电子设备。图 1-1、图 1-2 所示为一般轿车、货车总体构造的基本形式。

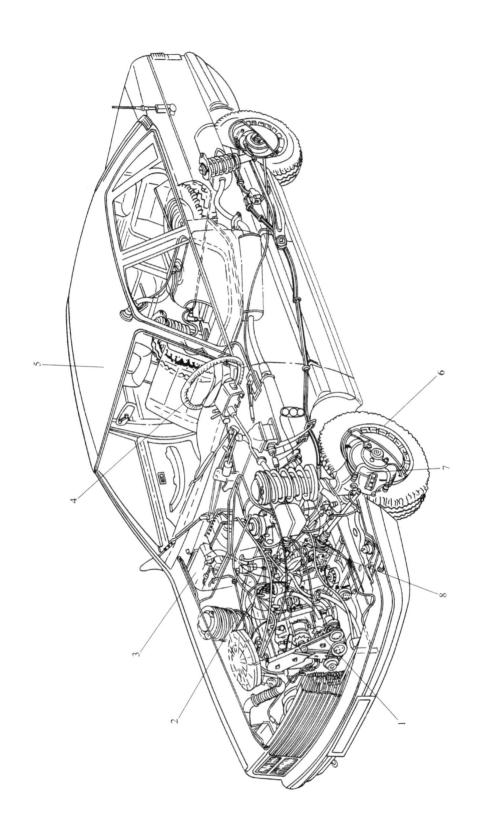

图 1-1 典型的轿车总体构造示意图

1—发动机 2—悬架 3—空调装置 4—转向盘 5—车身 6—转向驱动轮 7—制动器 8—变速器

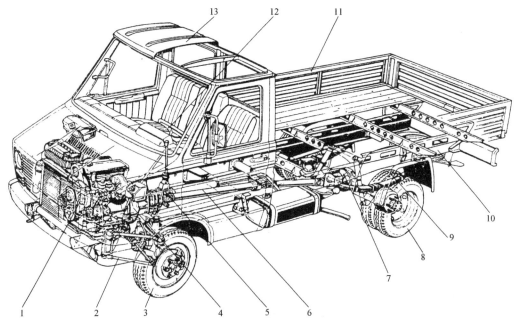

图 1-2　货车总体构造示意图

1—发动机　2—前悬架　3—转向驱动轮（前轮）　4—离合器　5—变速器
6—万向传动装置　7—驱动桥　8—转向驱动轮（后轮）　9—后悬架
10—车架　11—车厢　12—转向盘　13—驾驶室

1. 发动机

发动机是汽车的动力装置，是汽车的"心脏"。其作用是使供入其中的燃料燃烧而发出动力，通过底盘传动系统驱动汽车行驶。现代汽车上广泛采用内燃机，它一般由机体、曲柄连杆机构、凸轮配气机构、燃料供给系统、润滑系统、冷却系统、点火系统和起动系统组成。

2. 底盘

底盘接受发动机发出的动力，使汽车得以正常行驶。底盘将汽车各总成、部件连接成为一个整体，并具有传动、转向、制动等功能。底盘主要包括传动系统（离合器、变速器、传动轴等）、行驶系统（车架、车轮等）、转向系统（转向盘、转向传动装置等）和制动系统（前、后轮制动器，控制、传动装置等）四大系统。

3. 车身

车身用以安置驾驶人、乘客和货物。通常，货车车身由驾驶室、车厢等组成，客车、轿车则由车身结构件、车身覆盖件、车身外装件、车身内装件和车身附件等总成零件组成。

4. 电气电子设备

汽车电气电子设备主要包括电源、发动机的起动系统和点火系统、照明设备、信号设备、电子控制设备等。在现代汽车中，电子技术配备有了飞跃性的发展。目前，在汽车上，尤其是在轿车上较普遍地使用了电子打火、发动机动力输出控制（EPC）、发动机电控喷射系统、防抱死制动系统（ABS）、速度感应式转向系统（SSS）、卫星导航系统（GPS）、安全气囊系统（SRS）、自动诊断装置等电子设备，大大提高了轿车的可靠性和安全性能。随着电子技术的不断发展，汽车将更加电子化和智能化。

二、汽车材料的应用

通常，一辆汽车由约3万个零部件组装而成。汽车上每个汽车零件的生产制造都涉及材料问题。据统计，汽车上的零部件采用了4000余种不同的材料加工制造。从汽车的设计、选材、加工制造，到汽车的使用、维修和养护无一不涉及材料。

以现代轿车用材为例，按照重量来计算，钢材占汽车自重的55%～60%，铸铁占5%～12%，有色金属占6%～10%，塑料占8%～12%，橡胶占4%，玻璃占3%，其他材料（油漆、各种液体等）占6%～12%。目前，汽车制造用材仍以金属材料为主，塑料、橡胶、陶瓷等非金属材料占有一定的比例。本书将系统地介绍汽车应用材料的基础知识，以对汽车上应用的各种工程材料以及汽车在运行过程中使用的各种运行材料有一个大致的了解。

汽车工业的发展与汽车材料及材料加工工艺的发展一直是同步的。现代社会中，人们对汽车的要求从代步、运输逐渐转向多功能。因此，现代汽车要满足安全、舒适、自重轻、污染排放低、能耗小、价格低等要求，首先就要从材料方面进行考虑。目前，大量新型材料（如高分子材料、复合材料等）的迅速发展为现代汽车的发展提供了必要的条件。此外，复合材料、陶瓷材料、特殊用途材料（耐蚀、耐高温、隔光、隔热材料等）的用量也呈增长趋势。此外，随着全球能源危机趋势的加剧，汽车代用燃料的开发、以电动机替代内燃发动机，也将使传统的以汽油、柴油作为汽车燃料的状况发生根本性的变革。

三、汽车应用材料的组成

按照用途来分，汽车应用材料可分为汽车工程材料和汽车运行材料。

（一）汽车工程材料

工程材料主要是指用于机械、车辆、船舶、建筑、化工、能源、仪器仪表、航空航天等工程领域中的材料。它既包括用于制造工程构件和机械零件的材料，也包括用于制造工具的材料和具有特殊性能的材料。汽车工程材料是指用于制造汽车零部件的材料。参照工程材料的分类，常用汽车工程材料分类如图1-3所示。

1. 金属材料

金属材料是目前汽车上应用最广泛的工程材料。工业上，一般把金属材料分为两大部分：黑色金属和有色金属。黑色金属指钢铁材料；有色金属是指钢铁材料以外的所有金属材料，如铝、铜、镁及其合金。按照特性来分，有色金属可分为轻金属、重金属、贵金属、稀有金属和放射性金属等多个种类。

钢铁材料在我国汽车工业生产中仍占主流地位。一部中型载货汽车上钢铁材料约占汽车总重量的3/4，轿车上钢铁材料则超过总重的2/3。钢铁材料最

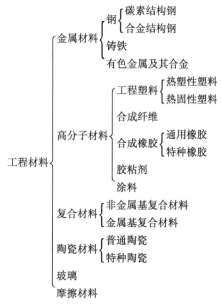

图1-3　常用汽车工程材料的分类

大的特点是价格低廉，比强度（强度/密度）高，便于加工，因而得到广泛的使用。汽车用钢铁材料有钢板、结构钢、特殊用途钢、钢管、烧结合金、铸铁及部分复合材料等，主要用于制造车架、车轴、车身、齿轮、发动机曲轴、气缸体、罩板、外壳等零件。

有色金属因具有质轻、导电性好等钢铁材料所不及的特性，在现代汽车上的用量呈逐年增加的趋势。例如：铝合金材料具有密度低、强度高和耐蚀性好的特性，在轿车的轻量化中占举足轻重的地位。据统计，近十年来轿车上铝及其合金的用量已从占汽车总重的 5% 左右上升至 10% 左右。此外，采用新型镁合金制造的凸轮轴盖、制动器等零部件，可以减轻重量和降低噪声。在轿车制造行业，采用铝、镁、钛等轻金属替代钢铁材料来减轻汽车自重，已成为轿车轻量化的一个重要手段。

2. 高分子材料

高分子材料属于有机合成材料，又称聚合物。高分子材料可分为天然高分子材料（如蚕丝、羊毛、油脂、纤维素等）和人工合成高分子材料。后者因具有较高的强度、良好的塑性、较强的耐腐蚀性、很好的绝缘性和较小的质量等特点，很快成为工程上发展最快、应用最广的一类新型材料。在工程上，根据高分子材料的力学性能和使用状态，一般将其划分为塑料、合成纤维、橡胶、胶粘剂和涂料等种类。

塑料主要指强度、韧性和耐磨性较好的，可用于制造某些零部件的工程塑料。塑料具有价廉、耐蚀、降噪、美观、质轻等特点。塑料正式应用于汽车始于 20 世纪 60 年代石油化工工业的兴盛期。现代汽车上许多构件如汽车保险杠、汽车内饰件、高档车用安全玻璃、仪表面板等零部件，均采用工程塑料制造，与钢铁材料相比更具有安全性，并可降低造价，较大地改善了汽车的安全性、舒适性、经济性。

其他高分子材料在汽车上也有着广泛的应用。汽车的座垫、安全带、内饰件等多数是由合成纤维制造的。合成纤维是指由单体聚合而成具有很高强度的高分子材料，如常见的尼龙、聚酯等；橡胶通常用来制造汽车的轮胎、内胎、防振橡胶、软管、密封带、传动带等零部件；各种胶粘剂起到粘接、密封等作用，并可简化制造工艺；各种车用涂料对车身的防锈、美化及商品价值有不可忽视的作用。

3. 陶瓷材料

陶瓷材料属于无机非金属材料，主要为金属氧化物和非金属氧化物。陶瓷材料是人类最早利用自然界提供的原料进行加工制造而成的材料，具有耐高温、硬度高、脆性大等特点。传统的陶瓷多采用黏土等天然矿物质原料烧制，而现代陶瓷则多采用人工合成的化学原料烧制。典型的工业用陶瓷材料有普通陶瓷、玻璃和特种陶瓷。

普通陶瓷（传统陶瓷）主要为硅、铝氧化物的硅酸盐材料；特种陶瓷（新型陶瓷）主要为高熔点的氧化物、碳化物、氮化物、硅化物等的烧结材料。近年来，还发展了金属陶瓷，主要指用陶瓷生产方法制取的金属与碳化物或其他化合物的粉末制品。陶瓷在汽车上的最早应用是制造火花塞。现代汽车中，陶瓷的用途得到大大的拓展：一部分陶瓷作为功能材料被用于制作各种传感器如爆燃传感器、氧传感器、温度传感器等部件；另一部分陶瓷则作为结构材料用于替代金属材料制作发动机和换热器零件。近年来，一些特种陶瓷也用于制造发动机部件或整机、气体涡轮部件等，可以达到提高热效率、降低能耗、减轻自重的目的。

玻璃的主要成分是 SiO_2。汽车上使用的玻璃制品主要为窗玻璃，要求其具有良好的透明性、耐候性（对气温变化不敏感）、足够的强度和很高的安全性。因而，车用玻璃必须是安全玻璃，主要有钢化玻璃、区域钢化玻璃、普通复合玻璃和 HPR 夹层玻璃等几种类型。其中，HPR（High Penetration Resistance）夹层玻璃是指具有高穿透抗力的夹层玻璃。采用这种玻璃，当车受到冲撞时，乘客若撞到车窗玻璃上，玻璃不会被击穿，从而避免了乘客因玻璃碎裂而受伤。在欧美等国家，已规定前风窗玻璃只允许使用 HPR 夹层玻璃。

4. 复合材料

复合材料是指由两种或两种以上不同材料组合而成的材料。由于它是由不同性质或不同组织结构的材料以微观或宏观的形式组合形成的，不仅保留了组成材料各自的优点，而且具有单一材料所没有的优异性能，在强度、刚度、耐蚀性等方面比单纯的金属材料、陶瓷材料和高分子材料都优越。

原则上来说，复合材料可以由金属材料、高分子材料和陶瓷材料中任意两种或几种制备而成。按基体材料的种类来分，复合材料可分为非金属基复合材料和金属基复合材料两大类。非金属基复合材料是指以聚合物、陶瓷、石墨、混凝土为基体的复合材料，其中以纤维增强聚合物基和陶瓷基复合材料最常用；金属基复合材料是指以金属及其合金为基体，与一种或几种金属或非金属增强的复合材料。

复合材料是一种新型的、具有很大发展前途的工程材料，起初主要应用于宇航工业，近年来在汽车工业中也逐步得到应用。对于汽车车顶导流板、风窗窗框等车身外装板件，采用纤维增强复合材料（FRP）制造具有质轻、耐冲击、便于加工异形曲面、美观等优点；汽车柴油发动机的活塞顶、连杆、缸体等零件，采用纤维增强金属（FRM）来制造，可显著提高零件的耐磨性、热传导性、耐热性，并减小热膨胀。

（二）汽车运行材料

汽车运行材料是指汽车在运行过程中所消耗的材料。它包括燃料、润滑油、工作液和轮胎等。这些材料大多属于石油产品。据统计，全球石油产品的 46% 为汽车及相关工业所消耗。汽车运行材料的分类如图 1-4 所示。

1. 燃料

燃料是指能够将自身储存的化学能通过化学反应（燃烧）转变为热能的物质。汽车燃料主要指汽油和轻柴油。

汽油作为点燃式发动机（汽油机）的主要燃料，其使用性能的好坏对发动机工作的可靠性、经济性以及使用寿命有极大影响。汽油是从石油提炼出来的密度小、易于挥发的液体燃料。对于汽油的使用性能，主要从蒸发性、抗爆性、化学稳定性、耐腐蚀性、清洁性等几方面进行考虑，从而保证发动机在各种工况下的可靠起动、正常燃烧和平稳运转。

轻柴油（可简称柴油）是车用高速柴油机的燃料。与汽油相比，轻柴油的密度较大，易自燃。由于柴油机与汽油机的工作方式不同，对于柴油，主要从低温流动性、燃烧性、蒸发性、黏度、腐蚀性和清洁性等方面要求其使用性能。

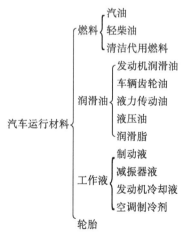

图 1-4　汽车运行材料的分类

据预测，石油资源只能供全世界使用到 2040～2050 年。进入 21 世纪以来，针对环境和能源形势的日趋恶化，世界范围内的环保呼声也越来越高，开发使用被称为"绿色能源"的清洁代用燃料也成为汽车燃料发展的趋势。

目前，较普遍使用的汽车清洁代用燃料有天然气、液化石油气、电能、氢、太阳能、醇类、醚类和合成燃料等。由于天然气、液化石油气、醇类、醚类和合成燃料的相对分子质量比汽油、柴油小得多，有利于与空气的混合、燃烧，其尾气排放 CO、HC、CO_2 等污染比汽油、柴油低得多。除此之外，人们还正在尝试利用无污染的太阳能、电能驱动汽车。

2. 车用润滑油

汽车用润滑油主要包括发动机润滑油、车辆齿轮油和汽车润滑脂等。由于汽车可运行的地域辽阔，各地区的气候条件相差很大，因而对汽车用润滑油的要求比一般的润滑油更高。

汽车发动机润滑油的主要功用是对汽车摩擦零件间（曲轴、连杆、活塞、气缸壁、凸轮轴、气门）进行润滑。除此以外，性能优良的发动机润滑油还应具有冷却、洗涤、密封、防锈和消除冲击载荷的作用。

车辆齿轮油是用于变速器、后桥齿轮传动机构及传动器等传动装置机件摩擦处的润滑油。它可以降低齿轮及其他部件的磨损、摩擦，分散热量，防止腐蚀和生锈，对保证齿轮装置正常运转和齿轮寿命十分重要。

润滑脂是指稠化了的润滑油。与润滑油相比，润滑脂蒸发损失小，高温高速下的润滑性好，附着能力强，还可起到密封作用。

3. 汽车工作液

汽车用制动液、液力传动油、减振器液、发动机冷却液及空调制冷剂等，统称为汽车用工作液。

汽车用制动液是汽车液压制动系统中传递压力的工作介质，俗称刹车油，是液压油中的一个特殊品种。

发动机冷却液是发动机冷却系统的冷却介质。其中，防冻冷却液不仅具有防止散热器冻裂的功能，而且具有防腐蚀、防锈、防垢和高沸点（防开锅）的功能，可以有效地保护散热器，改善散热效果，提高发动机效率，保障汽车安全行驶。

减振器液是汽车减振器的工作介质。它利用液体流动通过节流阀时产生的阻力起减振作用。

空调制冷剂是汽车空调器工作介质。它在空调器的系统中循环达到制冷的目的。

4. 轮胎

轮胎的主要作用是支承全车重量，与汽车悬架共同衰减汽车行驶中产生的振荡和冲击，支持汽车的侧向稳定性，保证车轮与路面有良好的附着性能。

汽车轮胎以橡胶为原料制成。世界上生产的橡胶约 80% 用于制造轮胎。轮胎的费用占整个汽车运输成本的 25% 左右。轮胎使用性能的好坏直接影响着车辆的安全性、行驶稳定性和经济性。随着车辆行驶速度的不断提高，对轮胎的技术和安全要求也更高。掌握轮胎特征，正确地使用、养护轮胎，可以延长轮胎的使用寿命，降低汽车的运行成本。

不同类型的轮胎有不同的结构特点和使用性能。轮胎按组成结构的不同，可分为有内胎轮胎和无内胎轮胎；按胎面花纹不同，又可分为普通花纹轮胎、越野花纹轮胎和混合花纹轮胎；按胎体帘布层的结构不同，又可分为斜交轮胎和子午线轮胎。

四、汽车应用材料的展望

21世纪是高新技术的世纪，信息、生物和新材料代表了高新技术发展的方向。对于汽车材料来说，其总的发展趋势是：结构材料中钢铁材料所占比例将逐步下降，有色金属、陶瓷材料、复合材料、高分子材料等新型材料的用量将有所上升。在性能可靠的前提条件下，将尽可能多地采用铝合金、复合材料等轻型、新型材料取代钢铁材料，使汽车向轻量化、高效、节能、低噪声、高舒适度、高安全性等方向发展。

为了满足汽车轻量化的要求，汽车上采用了纤维增强聚合物基复合材料（FRP）、铝合金或纤维增强金属基复合材料（FRM）取代原有的钢铁结构零件；采用新型高强度陶瓷材料制造汽车发动机部件乃至整机；运用碳纤维增强树脂基复合材料（CFRP）制造驱动轴等。此外，汽车运行材料趋向采用绿色环保材料或燃料。

随着科技水平的不断进步和发展，相信会有更多的汽车新材料问世，不断应用于汽车行业之中。

第二节　材料的性能

材料的性能包括使用性能和工艺性能。

材料的使用性能是指零部件在正常使用条件下材料所表现出来的性能。它主要包括力学性能、物理性能和化学性能。材料的使用性能决定了材料的使用范围、安全可靠性和使用寿命。

材料的工艺性能是指材料在被制成各种零部件的过程中适应加工的性能。对于金属材料来讲，工艺性能主要包括了铸造性能、锻造性能、焊接性能、切削加工性能和热处理工艺性能。材料的工艺性能直接影响着零部件的质量，是零部件选材和制订加工工艺路线时必须考虑的因素之一。

汽车应用材料主要以金属材料和非金属材料为主。由于非金属材料的性能指标及测试方法与金属材料相同或相似，所以本节主要以金属材料为例阐述工程材料的一般性能及主要指标。

一、材料的力学性能

材料的力学性能是指材料在外加载荷作用下所表现出来的性能。

外加载荷按照性质来分，一般分为静载荷、冲击载荷和交变载荷。静载荷指载荷的大小和方向不变或变动极缓慢的载荷，汽车在静止状态下，车身自重引起的对车架的压力属于静载荷；冲击载荷是指以较高速度作用于零部件上的载荷，当汽车在不平的道路上行驶时，车身对悬架的冲击即为冲击载荷；交变载荷指大小与方向随时间发生周期性变化的载荷，运转中的发动机曲轴、齿轮等零部件所承受的载荷均为交变载荷。根据加载形式的不同，外加载荷可分为拉伸载荷、压缩载荷、扭转载荷、剪切载荷和弯曲载荷等，如图1-5所示。

受到载荷作用时，承载物所发生的尺寸和形状的变化称为变形，一般分为弹性变形和塑性变形。所谓弹性变形，是指构件受到载荷作用时产生变形，载荷卸除后恢复原状的变形。

而塑性变形是指构件在载荷作用下产生变形，且当载荷卸除后不能恢复原状的变形，也称为永久变形。

　　材料的力学性能主要包括强度、塑性、硬度、韧性、疲劳强度等。用来表征材料力学性能的各种临界值或规定值，统称为力学性能指标。材料的力学性能的优劣就是用这些指标的具体数值来衡量的。

　　材料的力学性能主要决定于材料本身的化学成分、组织结构、冶金质量、表面和内部的缺陷等内在因素，但一些外在因素如载荷性质、温度、环境介质等也会影响到材料的力学性能。因此，力学性能不仅是验收、鉴定材料性能的重要依据，而且也是零件设计和选择材料的重要依据。

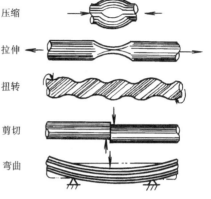

图 1-5　载荷的形式

　　1. 强度与塑性

　　材料的强度与塑性是材料最重要的力学性能指标。

　　强度是指材料抵抗塑性变形或断裂的能力。根据所加载荷形式的不同，强度可分为抗拉强度、抗压强度、抗弯强度、抗剪强度和抗扭强度等。材料的塑性是指材料在断裂前产生永久变形的能力，通常采用伸长率和断面收缩率两个指标来表征。

　　通常，采用拉伸试验来测定材料的强度与塑性的各种力学性能指标。

　　（1）拉伸试验　根据国家标准《金属材料拉伸试验　第 1 部分：室温试验方法》（GB/T 228.1—2010）规定，将材料制成标准拉伸试样，如图 1-6 所示，装在材料拉伸试验机上，缓慢地加载进行拉伸，试样逐渐伸长，直至断裂。在拉伸试验过程中，自动记录装置可给出能反映静拉伸载荷 F 与试样轴向伸长量 Δl 对应关系的拉伸曲线，即 $F\text{-}\Delta l$ 曲线。低碳钢的 $F\text{-}\Delta l$ 曲线如图 1-7 所示。

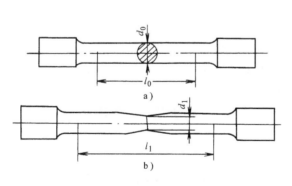

图 1-6　标准拉伸试样示意图

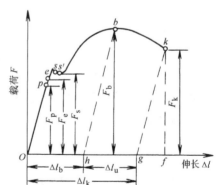

图 1-7　低碳钢的 $F\text{-}\Delta l$ 曲线

　　将载荷 F 除以试样原始横截面积 S_0，得到应力 $R(R = F/S_0)$，单位为 MPa。将伸长量 Δl 除以试样原始长度 l_0，得到应变 $e(e = \Delta l/l_0)$。以 R 为纵坐标、e 为横坐标，作出应力-应变曲线，即 $R\text{-}e$ 曲线，可以直接反映材料的力学性能指标。

　　$R\text{-}e$ 曲线与 $F\text{-}\Delta l$ 曲线形状差别不大。由于 $R\text{-}e$ 曲线已消除了试样尺寸对试验结果的影响，从而能直接反映出材料的性能，也便于材料之间力学性能指标的比较。

由图1-7的曲线可以看出，低碳钢拉伸过程中明显地表现出以下几个变形阶段：

1）弹性变形阶段（Op段，pe段）。在Op段，试样的变形量与外加载荷成正比。如果卸除载荷，试样立即恢复原状。在pe段，试样仍处于弹性变形阶段，但载荷与变形量不再成正比。

2）屈服阶段（es段，ss′段）。此时不仅有弹性变形，试样还发生塑性变形。即载荷卸掉以后，一部分变形可以恢复，还有一部分变形不能恢复。在ss′段，会出现平台或锯齿线，这时载荷不增加或只有较小增加，试样却继续伸长，这种现象称为屈服，s点称为屈服点。

3）强化阶段（s′b段）。要使试样继续发生变形，必须不断增加载荷，随着试样塑性变形的增大，材料的变形抗力也逐渐增加，b点即为试样抵抗外加载荷的最大能力。

4）缩颈阶段（bk段）。当载荷增加到最大值后，试样发生局部收缩，称为"缩颈"，此时变形所需载荷也逐渐降低。至k点，试样断裂。

应该指出，做拉伸试验时，低碳钢等材料在断裂前有明显的塑性变形，这种断裂称为塑性断裂，塑性断裂的断口呈"杯锥"状，这种材料称为塑性材料。铸铁、玻璃等材料在断裂前未发生明显的塑性变形，为脆性断裂，断口是平整的，这种材料称为脆性材料。

（2）材料的强度指标　根据材料的变形特点，表征材料强度的指标主要有屈服强度和抗拉强度。

1）屈服强度：金属材料产生屈服时对应的最低应力称为屈服强度，用符号R_{eL}表示，单位为MPa。

$$R_{eL} = F_s / S_0$$

式中，F_s为试样发生屈服变形时的载荷（N），S_0为试样原始横截面面积（mm^2）。

机械零件经常因过量的塑性变形而失效，一般来说不允许发生明显的塑性变形。正因为这样，工程中常根据R_{eL}确定材料的许用应力。

除退火和热轧的低碳钢和中碳钢等少数材料在拉伸过程中有屈服现象以外，工业上使用的大多数材料没有屈服现象。因此，须采用定塑性延展强度R_p。R_p是指规定残余伸长下的应力。国家标准GB/T 228.1—2010中规定：当试样卸除载荷后，其标距部分的残余伸长达到规定的原始标距百分比时的应力，即作为定塑性延展强度R_p，并附脚标说明规定残余伸长率。例如，$R_{p0.2}$表示规定残余伸长率为0.2%时的应力。

2）抗拉强度：指试样在拉伸过程中所能承受的最大应力值，用符号R_m表示，单位为MPa。

$$R_m = F_b / A_0$$

式中，F_b为试样断裂前所承受的最大载荷（N），S_0为试样的原始横截面面积（mm^2）。

抗拉强度R_m是设计和选材的主要依据之一，是工程技术上的主要强度指标。一般来说，在静载荷作用下，只要工作应力不超过材料的抗拉强度，零件就不会发生断裂。

在工程上，屈强比R_{eL}/R_m是一个有意义的指标。其比值越大，越能发挥材料的潜力。但是为了使用安全，该比值不宜过大，适当的比值一般为0.65～0.75。另外，比强度R_m/ρ也常被提及，它表征了材料强度与密度之间的关系。在考虑汽车轻量化的问题时，常常用到这个指标。

（3）材料的塑性指标　工程上广泛应用的表征材料塑性好坏的力学性能指标主要有断

裂总延伸率和断面收缩率。

1）断裂总延伸率：试样拉断后，标距伸长量与原始标距的百分比，用符号 A_t 表示，即

$$A_t = \frac{l_1 - l_0}{l_0} \times 100\%$$

式中，l_1 为试样断裂后的标距，l_0 为试样的原始标距。

2）断面收缩率：试样拉断后，横截面面积的缩减量与原始横截面积之比，用符号 Z 表示，即

$$Z = \frac{S_0 - S_1}{S_0} \times 100\%$$

式中，S_1 为试样断裂处的最小横断面面积（mm^2），S_0 为试样的原始横截面面积（mm^2）。

由上述公式可知，A_t、Z 值越大，材料的塑性越好。材料具有一定的塑性，可以提高零件使用的可靠性。零件在使用过程中偶然过载时，若发生一定的塑性变形，就不至于突然断裂，造成事故。同时，对于金属材料来讲，具有一定的塑性才能顺利地进行各种变形加工。例如，汽车车身外用钢板件只有采用具有优良塑性的冷轧钢板，才能确保加工出各种复杂的形状。

2. 硬度

材料抵抗其他硬物压入其表面的能力称为硬度。硬度是衡量材料软硬程度的力学性能指标。一般情况下强度越高，硬度也越高。硬度试验已成为产品质量检查、制订合理工艺的重要试验方法之一。在产品设计的技术条件中，硬度也是一项主要的技术指标。

生产中，测定硬度的方法最常用的是压入硬度法，是用一定大小的载荷将一定几何形状的压头压入被测试的金属材料表面，根据压头压入程度来测量硬度值。同样的压头在相同载荷作用下压入金属材料表面时，压入程度越大，材料的硬度值越低；反之，硬度值就越高。

最常用的硬度有布氏硬度（HBW）和洛氏硬度（HRC）。此外，还有维氏硬度（HV）、邵氏硬度（弹性回跳法）、显微硬度和锤击式布氏硬度等。

（1）布氏硬度　布氏硬度试验是用一定大小的载荷 F，把直径为 D 的硬质合金球压入被测试样表面，如图 1-8 所示。保持规定时间后卸除载荷，移去压头，用读数显微镜测出压痕平均直径 d。用载荷 F 除以压痕的表面积所得的商，即为被测材料的布氏硬度值。布氏硬度的单位为 MPa，但习惯上只写明硬度值而不标出单位。在实际测试时，布氏硬度值一般不用计算，而是在测出 d 值之后，根据 d 值查表得到硬度值。

用硬质合金球作为压头所测得的布氏硬度用符号 HBW 表示，适用于测量硬度值不超过 650 的材料。布氏硬度试验因压痕面积较大，能反映出一定范围内被测金属的平均硬度，所以试验结果较精确；但因压痕偏大，一般不宜测试成品或薄片金属的硬度。

布氏硬度的表示方法规定为符号 HBW 前面的数值为硬度值，符号后面按以下顺序表示试验条件：压头球体直径（单位 mm）、

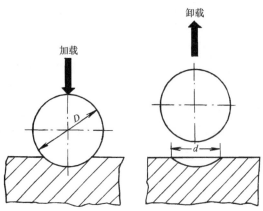

图 1-8　布氏硬度试验原理

试验载荷（单位 kgf，1kgf≈9.807N）、试验载荷保持时间（单位 s）（10～15s 不标注）。例如：500HBW5/750 表示用直径 5mm 的硬质合金球在 750kgf（7355N）的载荷下保持 10～15s，测得的布氏硬度值为 500。

（2）洛氏硬度　洛氏硬度是目前应用最广泛的硬度力学性能试验方法之一，它是采用直接测量压痕深度来确定硬度值的。洛氏硬度试验原理如图 1-9 所示。洛氏硬度 HRC 可以测量的范围宽，操作简便迅速，压痕很小，几乎不损伤工件表面，故在钢件中间加工环节的质量检查中应用最多。

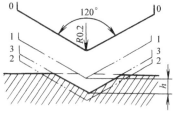

图 1-9　洛氏硬度试验原理

洛氏硬度是用金刚石圆锥体或硬质合金球作为压头，先施加初载荷 F_1（99N），再施加主加载荷 F_2。总载荷 $F = F_1 + F_2$。总载荷分为 588N、980N 和 1471kN 三种。我国常用的是 HRA、HRB、HRC 三种，试验条件及应用范围见表 1-1。

表 1-1　常用的三种洛氏硬度的试验条件及应用范围（GB/T 230.1—2018）

硬度符号	压头类型	总试验力/N	硬度值的有效范围	应用范围
HRA	金刚石圆锥体	588.4	20～88	硬质合金、碳化物、表面淬火钢等
HRBW	ϕ1.588 钢球	980.7	10～100	有色金属、正火钢、退火钢等
HRC	金刚石圆锥体	1471k	20～70	一般淬火钢、调质钢等

洛氏硬度值的表示方法规定为：A、C 标尺洛氏硬度用硬度值、硬度符号 HR 和使用标尺字母表示，例如 52HRC、70HRA；B 标尺洛氏硬度用硬度值、硬度符号 HR 和使用标尺字母和球压头代号（硬质合金球 W）表示，例如 60HRBW。

由于各种硬度试验条件不同，因此各硬度试验值之间不能直接进行比较。但根据试验结果，可以按如下经验公式粗略换算布氏硬度和洛氏硬度：

硬度在 200～600HBW 范围内，HRC = 1/10HBW。

3. 韧性

一些汽车零部件如内燃机的活塞销、连杆、变速器齿轮等，在工作过程中往往受到以一定速度作用于机件上的冲击载荷。冲击载荷的加速度高，作用时间短，使材料在受冲击时，应力分布和变形很不均匀，易产生损坏。因此，在设计和制造工作中还应考虑到材料在冲击载荷下的力学性能。

（1）冲击韧度　实际生产中，有些零件在承受了一次或数次大能量冲击后便导致断裂，采用冲击韧度 a_K 表征。材料的品质、宏观缺陷及显微组织等对冲击载荷十分敏感，冲击韧度可反映材料的内在质量，很容易显示出材料中的某些质量问题。生产中常用冲击试验来检验冶炼、热处理及各种热加工工艺和产品的质量。

通常采用一次摆锤冲击试验来测定材料的冲击韧度。冲击试验原理如图 1-10 所示。

材料的冲击韧度 a_K 为

$$a_K = \frac{A_K}{F}$$

式中，A_K 为冲击功（J），F 为试样缺口处的截面面积（cm²），a_K 的单位为 J/cm²。

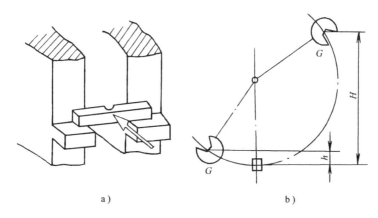

图 1-10　冲击试验原理

a）试样安装位置　b）冲击试验原理图

根据试样缺口形式的不同，U 形缺口试样测得的冲击韧度用 a_{KU} 表示，V 形缺口测得的冲击韧度用 a_{KV} 表示。

A_K 值或 a_K 值越大，材料的韧性越好，并据此可将材料分为脆性材料和韧性材料。脆性材料在断裂前无明显的塑性变形，断口较平整、呈晶状或瓷状，有金属光泽；韧性材料在断裂前有明显的塑性变形，断口呈纤维状、无光泽。

（2）多冲抗力　实际生产中发现，对于一些承受小能量多次冲击的零件，未达到 a_K 值，却发生了失效损坏，这种情况下，一般采用多冲抗力来表征其韧性。

多冲抗力一般采用小能量多冲试验进行测定。图 1-11 所示为落锤式多次冲击弯曲试验示意图。将材料制成标准试样放在试验机上，使之受到锤头的小能量（小于 1500J 且多次）冲击。测定在一定冲击能量下试样断裂前的冲击次数，并以此作为多冲抗力的指标。

试验表明，材料抵抗大能量一次冲击的能力主要取决于材料的塑性，而抵抗小能量多次冲击的能力主要取决于材料的强度。

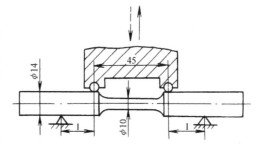

图 1-11　落锤式多次冲击弯曲试验示意图

此外，材料的韧性还与环境温度直接关联。有些材料在室温下并不显示脆性，而在较低温度下则可能发生脆断，这一现象称为冷脆。试验测定，在某个温度下材料将由韧性状态变为脆性状态，该温度 T_K 称为该材料的脆性转变温度。脆性转变温度越低，材料的低温冲击性能就越好。对于在低温下或寒冷地区工作的车辆和工程结构及机械设备来说，由于它们的工作环境温度可能在 $-50 \sim 50℃$ 变化，必须具有更低的脆性转变温度才能保证正常工作。

4. 疲劳强度

汽车发动机曲轴、齿轮、弹簧及轴承等许多零件都是在交变应力下工作的。承受交变应力的零件，在工作应力低于材料的屈服强度的情况下长时间工作时，会产生裂纹或突然断裂，这种现象称为疲劳失效或疲劳破坏。

疲劳失效具有隐蔽性和突发性，无论是何种材料，在失效前都不会出现明显的塑性变形，不易被觉察，而且引起疲劳失效的应力很低，故疲劳失效的危险性很大，特别是对于重要机件如汽车半轴、发动机曲轴等,往往会造成灾难性事故。据统计,机械零件失效中有80%以上属于疲劳破坏,疲劳失效也是汽车零件中最常见的一种失效形式。因此,对材料疲劳失效的预防是十分必要的。

材料抵抗疲劳断裂的能力称为疲劳强度,它可以通过疲劳试验绘制疲劳曲线进行测定。

为了提高零件的疲劳强度,防止疲劳断裂的发生,要从三个方面考虑:一是在进行零件设计时应尽量避免尖角、缺口和截面突变,以免应力集中引起疲劳裂纹;二是提高零件表面加工质量,尽量减少能成为疲劳源的各种表面缺陷和表面损伤;三是采用各种表面强化处理工艺,如化学热处理、表面淬火、喷丸、滚压等以形成表面残余压应力,提高疲劳强度。

二、材料的理化性能

材料的理化性能指其物理性能和化学性能。

1. 材料的物理性能

材料的物理性能是指材料的固有属性,如密度、熔点、导热性、导电性、热膨胀性、磁性和色泽等。常用金属材料的物理性能见表1-2。

表1-2 常用金属材料的物理性能

金属	元素符号	密度/$[(kg/m^3) \times 10^3]$	熔点/℃	热导率/$[W/(m \cdot K)]$	线膨胀系数/$(K^{-1} \times 10^{-6})$	电阻率/$[(\Omega \cdot cm) \times 10^{-6}]$	磁导率/$H \cdot m^{-1}$
银	Ag	10.49	960.8	418.6	19.7	1.5	抗磁
铝	Al	2.6894	660.1	221.9	23.6	2.655	21
铜	Cu	8.96	1083	393.5	17.0	1.67~1.68	抗磁
铬	Cr	7.19	1903	67	6.2	12.9	顺磁
铁	Fe	7.84	1538	75.4	11.76	9.7	铁磁
镁	Mg	1.74	650	153.4	24.3	4.47	12
锰	Mn	7.43	1244	4.98(−192℃)	37	185	顺磁
镍	Ni	8.90	1453	92.1	13.4	6.48	铁磁
钛	Ti	4.508	1677	15.1	8.2	42.1~47.8	182
锡	Sn	7.298	231.91	62.8	2.3	11.5	2
钨	W	19.3	3380	166.2	4.6(20℃)	5.1	—
铅	Pb	11.34	327	—	29	7	抗磁

(1) 密度 材料的密度是指单位体积物质的质量,用符号 ρ 表示,单位为 kg/m^3。实际生产中,汽车零部件的选材必须首先考虑材料的密度,如汽车发动机中要求采用质量轻、运动时惯性小的活塞,多采用低密度的铝合金制成。在航空领域中,密度更是选用材料的关键性能指标之一。

对于金属材料,按照密度的大小可分为轻金属和重金属。一般地,密度小于 $5 \times 10^3 kg/m^3$ 的金属称为轻金属,如铝(Al)、镁(Mg)、钛(Ti)及其合金;密度大于 $5 \times 10^3 kg/m^3$ 的金属称为重金属,如铁(Fe)、铅(Pb)、钨(W)等,可参见表1-2。对于非金属材料,其密度相对更小,陶瓷的密度为 $2.2 \times 10^3 \sim 2.5 \times 10^3 kg/m^3$,塑料的密度则多数在 $1.0 \times 10^3 \sim 1.5 \times 10^3 kg/m^3$ 之间。

(2) 熔点 熔点是指材料由固态向液态转变的温度。熔点是制订冶炼、铸造、锻造和焊接等热加工工艺规范的一个重要的参数。

纯金属及其合金都具有固定的熔点。金属可分为低熔点金属(熔点低于700℃)和难熔金属。难熔金属钨（W）、钼（Mo）、铬（Cr）、钒（V）等常用来制造耐高温的零件，如汽车、拖拉机的发动机排气阀等，铅（Pb）、锡（Sn）、锌（Zn）等易熔金属常用来制造熔丝、易熔安全阀等零件。对于非金属材料，陶瓷材料的熔点一般都显著高于金属及合金的熔点。而高分子材料、复合材料一般没有固定的熔点。

（3）导热性　材料的导热性是指材料传导热量的能力，常用热导率（亦称导热系数）λ 表示，单位为瓦特每米开尔文，符号为 $W/(m \cdot K)$。材料的热导率越大，导热性就越好。导热性是金属材料的重要性能之一。

纯金属的导热性以银为最好，铜（Cu）、铝（Al）次之。一般来说，金属越纯，其导热性就越好；合金的导热性比纯金属的差，但金属与合金的导热性远好于非金属，塑料的热导率只有金属的1%左右。

在热加工和热处理时，必须考虑金属材料的导热性。通常，导热性好的材料其散热性能也好。例如，制造散热器、换热器与活塞等零件，应选用导热性好的材料；反之，氮化硅、氧化硅等导热性差的陶瓷材料，可用于制造汽车排气歧管的陶瓷衬管和柴油机分隔燃烧室镶块等零部件。

（4）导电性　材料传导电流的能力称为导电性，常用电阻率 ρ 和电导率 δ 表示。电阻率 ρ 的单位符号为 $\Omega \cdot cm$，电导率 δ 的单位符号为 $1/(\Omega \cdot cm)$。δ 与 ρ 互为倒数。显然，电导率大的金属，其电阻值小。

纯金属中，银（Ag）的导电性最好，铜、铝次之，合金的导电性较纯金属差。生产中最常用的导电材料是纯铜、纯铝，在高频电路中则采用具有优良导电性的镀银铜线。非金属材料中，高分子材料都是绝缘体，陶瓷材料一般情况下是良好的绝缘体，但某些特殊成分的陶瓷（如压电陶瓷）却是具有一定导电性的半导体材料。

（5）热膨胀性　材料的热膨胀性是指材料随着温度的变化产生膨胀、收缩的特性。常用线膨胀系数 α_L 和体膨胀系数 α_V 来表示。

一般来说，陶瓷的线膨胀系数最低，金属次之，高分子材料最高。用膨胀系数大的材料制造的零件，在温度变化时尺寸和形状变化较大。生产中，在热加工和热处理时要考虑材料的热膨胀性的影响，可减少工件的变形和开裂。

（6）磁性　材料能被磁场吸引或被磁化的性能称为磁性或导磁性，常用磁导率 μ 来表示，单位是亨利每米，符号为 H/m。具备显著磁性的材料称为磁性材料，目前生产中应用较多的磁性材料有金属和陶瓷两类。

金属磁性材料分为铁磁材料、顺磁材料和抗磁材料。铁、钴、镍等金属及合金为铁磁材料，它们在外磁场中能强烈地被磁化，主要用于制造变压器、继电器的铁心、电动机转子和定子等零部件；锰、铬等材料在外磁场中呈现十分微弱的磁性，称为顺磁材料；铜、锌等材料能抗拒或削弱外磁场的磁化作用，称为抗磁材料。抗磁材料多应用于仪表壳等要求不易磁化或能避免电磁干扰的零件。

陶瓷磁性材料统称为铁氧体，常用于制作电视机、电话机、录音机及动圈式仪表的永磁体。

磁性只存在于一定的温度内，在高于一定温度范围时，磁性就会消失。如铁在770℃以上就会失去磁性，这一温度称为居里点。

2. 材料的化学性能

材料的化学性能是指材料抵抗周围介质侵蚀的能力。

对于金属材料来说，化学性能一般指耐蚀性和抗氧化性；对于非金属材料，还存在着化学稳定性、抗老化能力和耐热性等问题。

（1）耐蚀性　材料在常温下抵抗周围介质（如大气、燃气、水、酸、碱、盐等）腐蚀的能力称为耐蚀性。

金属材料在介质中一般会因发生化学反应而产生化学腐蚀或原电池反应而产生电化学腐蚀。因此，对金属制品的腐蚀防护十分重要。对于汽车上易腐蚀的零部件，一方面要采用耐蚀性好的不锈钢、铝合金等材料制造；另一方面，也要采用适当的涂料进行涂覆，起到防腐蚀、填平锈斑的作用。

非金属材料如陶瓷、塑料等一般都具有优良的耐蚀性。被誉为塑料王的聚四氟乙烯，不仅耐强酸、强碱等强腐蚀剂，甚至在沸腾的王水中也能保持非常稳定的性能。

（2）抗氧化性　材料在高温下抵抗氧化的能力称为抗氧化性，又称为热稳定性。在钢中加入 Cr、Si 等元素，可大大提高钢的抗氧化性。在高温下工作的发动机气门、内燃机排气阀等轿车零部件，就是采用抗氧化性好的 4Cr9Si2 等材料来制造的。

三、材料的工艺性能

汽车上使用的大多数零件是采用金属材料制造的。金属材料的工艺性能是指金属材料在加工过程中所具有的和表现出来的性能。它与金属的物理性能、化学性能和力学性能有关，也与温度、受力状态和成形条件等工艺条件有关。

金属材料的工艺性能包括：铸造性能、可锻性、焊接性能、切削加工性能和热处理工艺性能。

1. 铸造性能

铸造俗称翻砂，金属材料可以通过铸造工艺制成各种形状的零件。轿车上的曲轴、凸轮轴、转向器壳体、气缸套等均是铸造而成的。

铸造性能是指金属在铸造成形过程中所表现出来的性能。它包括液态金属的流动性、凝固过程的收缩率、吸气性和成分偏析倾向等。设计铸件时，必须考虑材料的铸造性能。铸造性能好，可以铸造出形状准确、结构复杂、强度较高的铸件，并可简化工艺过程，提高成品率。

2. 可锻性

锻造即为压力加工，是对坯料施加外力，使其产生塑性变形，改变其尺寸、形状及改善性能，使金属材料在冷、热状态下压力加工成形的工艺。按重量比率计，汽车上 70% 的零件均是由锻压加工方法制造的，如轿车的车体外板就是冷轧钢板经过压力加工成形的。

金属的可锻性是指材料对采用压力加工方法成形的适应能力，是衡量材料通过塑性加工获得优质零件难易程度的工艺性能。金属的可锻性好，表明该金属适合于塑性加工成形；可锻性差，说明该金属不宜选用塑性加工方法成形。

可锻性的优劣常用金属的塑性和变形抗力来综合衡量。塑性越高，变形抗力越小，则可以认为该金属的可锻性好，反之则差。不同成分的金属，其可锻性不同。例如，纯金属的可锻性比合金的好，纯铁比碳钢的可锻性好，铸铁的可锻性则很差，根本不能采用锻造工艺加工，而铜合金、铝合金在室温状态下就有良好的可锻性。

3. 焊接性能

焊接工艺是指通过加热或加压，或两者并用，且可用或不用填充材料，使接触面处于融熔状态，将两个接触面连接起来的工艺。

焊接性能是指金属材料在一定的焊接工艺条件下，获得优质焊接接头的难易程度。

焊接性能包括工艺焊接性和使用焊接性两个方面。前者主要是指焊接接头产生工艺缺陷的倾向，尤其是出现各种裂纹的可能性；后者主要是指焊接接头在使用中的可靠性，包括焊接接头的力学性能及其他特殊性能（如耐热、耐蚀性能等）。

金属材料的焊接性不是一成不变的。同一种金属材料，采用不同的焊接方法、焊接材料和焊接工艺（包括预热和热处理等），其焊接性可能有很大差别。例如，钛及其合金的焊接在通常情况下是比较困难的，但自从氩弧焊技术应用较成熟以后，钛及其合金的焊接结构件已在航空领域广泛地应用。由于新能源的发展，等离子弧焊接、真空电子束焊接、激光焊接等焊接方法相继出现，使钨、钼、钽、锆等高熔点金属及其合金的焊接都已成为可能。

4. 切削加工性能

切削加工是指通过机械切削加工设备加工工件的工艺。切削加工主要有：车削、刨削、铣削、磨削等。

切削加工性能是指对材料进行切削加工的难易程度和切削加工后的表面质量的好坏程度。切削加工性能通常由四个方面来衡量：切削时消耗的动力、刀具的磨损、表面粗糙度和切屑的形态。切削加工性能的高低常用"切削加工性能指数"来表示，该指数越高切削性能越好。表1-3中列出了部分材料的切削加工性能指数。

表 1-3　部分材料切削加工性能指数

材料	切削加工性能指数	材料	切削加工性能指数
Y12	100	18-8 不锈钢	25
Y12Pb	152	18-8 易切削不锈钢	45
Y45	95	灰铸铁	50 ~ 80
45（退火）	60	可锻铸铁	70 ~ 120
30CrMo	65	铝	1000
40CrNiMoA	45	硬铝 Al-Cu	1000
50CrV	45	铜	60
GCr15	30	黄铜	80
W18Cr4V（退火）	25	磷青铜	40

5. 热处理工艺性能

热处理工艺是指对材料进行加热、保温、冷却，改变其材料内部结构和性能的工艺。热处理工艺性能包括淬透性、变形开裂倾向、过热敏感性、回火脆性倾向、氧化脱碳倾向等。

零件设计时，设计者应根据零件的使用要求，提出热处理的技术条件并标注在图样上。技术条件包括热处理工艺名称、硬度要求、表面热处理要求等。对于某些要求性能较高的零件还需标注要求的金相组织或其他力学性能指标。

*第三节　汽车零部件的失效形式与选材

在汽车制造过程中，从设计新产品、改造老产品，到维修、更换零件，都会涉及零件的选材、热处理工艺的确定和热处理工序的安排等问题。这对提高产品质量和生产率、降低成本有着重要的意义。要合理选材，首先要分析零件的失效形式。

一、零件的失效分析

各种机械零件都具有一定的功能，零件由于某种原因丧失原设计所规定的功能称为零件失效。零件未达到预期寿命的失效称为早期失效。

1. 零件失效的判断

判定一个机械零件失效与否，主要从以下几个方面进行考虑：

1）零件已遭到完全破坏，不能继续工作。

2）零件受到严重损伤，已不能安全工作。

3）零件虽然仍能安全工作，但不能完成规定的功能。

以上三种情况中只要有一种情况发生，即可判断零件已经失效。

零件失效与零件的材料密切相关。因此，在选材之前，必须充分考虑零件的失效形式和成因，提出防止或推迟失效的措施。运用各种分析实验手段，分析零件失效的原因和形式，研究采取补救和预防措施的技术活动和管理活动统称为失效分析。失效分析是现代材料工程技术中的一个重要的手段。

2. 常见的失效形式与成因

根据零件损坏的特点、所受载荷的类型及外在条件，零件失效的类型可归纳为变形、断裂与表面损伤三种。一般机械零件常见的失效形式见表1-4。

引起失效的具体原因也是多种多样的，但大体可以分为设计、材料、加工和安装使用四个方面，见表1-5。

表1-4 零件失效形式的类型

类型	名称	失效机理
过量变形失效	弹性变形失效	弹性变形
	塑性变形失效	塑性变形
	蠕变变形失效	弹、塑性变形
断裂失效	韧性断裂失效	塑性变形
	低应力脆性断裂失效	韧性断裂
	疲劳断裂失效	疲劳
	蠕变断裂失效	蠕变断裂
	介质加速裂断失效	应力腐蚀
表面损伤失效	磨损失效	磨粒磨损、粘着磨损
	表面疲劳失效	疲劳
	腐蚀失效	氧化、电化学

表1-5 导致零件失效的主要原因

名称	原因
设计	工况条件及过载情况估计不足
	结构外形不合理
	计算错误
材料	选材不当
	材质低劣
加工	毛坯有缺陷
	冷加工缺陷
	热加工缺陷
安装使用	安装不良
	维护不善
	过载使用
	操作失误

不同的失效形式有不同的失效机理，可以通过失效分析来判断零件失效属于哪一种类型，失效的原因是什么。就材料而言，通过选取相应的材料，采用适当的热处理手段，可减少失效的概率。

（1）过量变形失效 过量变形失效指零件在使用过程中，整体或局部因外力作用而产生超过设计允许变形量的失效形式。它可以是弹性变形失效，也可以是塑性变形失效，另外还有因温度变化引起的蠕变变形失效等。

弹性变形失效常发生在长轴、杆件、薄壁板件或薄壁筒件上，主要是由于材料的刚性不足，使零件在受力过程中产生过量弹性变形或弹性失稳而使零件失效。塑性变形失效多发生在零件的实际工作应力超过其屈服强度时，产生了过量的塑性变形而引起的失效。引起零件塑性变形失效的原因有材质本身的缺陷、使用不当、设计失误等。例如，齿轮传动在严重过载或润滑不足的条件下运行，齿面就很可能出现如鳞皱、起脊等塑性变形，导致齿轮失效。蠕变变形失效是指在固定载荷下，随着时间的延长，变形不断缓慢增加，最终导致变形过大引起的失效。蠕变变形与材料的熔点有关，熔点越高，抗蠕变的能力就越大。通常陶瓷材料、金属材料抗蠕变的能力较好，而高分子材料在室温时会发生明显的蠕变。

（2）断裂失效　断裂失效是零件最危险的失效形式，尤其是突然断裂，往往带来巨大的损失，所以，人们长期以来就非常重视对断裂断口的分析以及对断裂原因的研究。断裂失效包括韧性断裂失效、低应力脆性断裂失效、疲劳断裂失效、蠕变断裂失效和介质加速裂断失效等形式。

韧性断裂失效是指材料在断裂前发生了明显的宏观塑性变形引起的失效。它是金属材料破坏的主要方式之一，大多发生在具有良好塑性的金属材料上。韧性断裂是一个缓慢的断裂过程，且比较容易被事先察觉。低应力脆性断裂失效与材料的冲击韧度和断裂韧度有关，这种失效在低温、冲击载荷作用下或在有缺陷的部位以及产生应力集中的零件上尤其容易发生。疲劳断裂多见于汽车发动机曲轴、齿轮、弹簧等零件的失效，这种失效事先无征兆，突然发生断裂。据统计，零件断裂失效中约有80%为疲劳断裂。介质加速裂断失效是由于零件在腐蚀性介质的环境下工作，同时受到应力和介质的腐蚀，从而造成断裂失效。例如，黄铜零件的应力腐蚀断裂就是在应力和腐蚀介质的联合作用下加速断裂的。蠕变断裂失效则是蠕变变形失效的进一步发展。

（3）表面损伤失效　表面损伤失效是指零件在工作时由于相对的机械摩擦或受环境介质的腐蚀，或在两者的联合作用下发生的失效。这种失效在零件的表面产生损伤或尺寸变化，主要有磨损失效、表面疲劳失效和腐蚀失效等。

磨损失效指相互接触的、具有相对运动的零件，在接触表面不断发生损耗或产生塑性变形，是零件表面产生损伤或尺寸减小的失效形式。磨损是零件表面失效的主要原因之一，直接影响了机器的使用寿命。磨损失效的基本类型有磨粒磨损、粘着磨损、冲刷磨损、腐蚀磨损等多种形式。表面疲劳磨损是指两个接触面作滚动时，在交变接触应力的作用下，材料的表面疲劳而产生材料损失，如麻点、剥落的现象。车辆的齿轮副、凸轮副、滚动轴承的滚动体与座圈、火车轮箍和钢轨之间都容易产生表面疲劳磨损。要避免表面疲劳磨损，就要对表面采用各种强化处理技术，如表面淬火、化学热处理及其他表面技术。腐蚀失效是材料受环境介质的化学或电化学作用而产生的表面及其附近的损耗。

二、零件选材的一般原则

汽车零件材料的选择首先必须遵循一般的工程材料选择原则。选择适合的材料是设计和制造产品的必要条件。由于材料的种类繁多，性能、作用和应用场合也各不相同，因此，工程材料的选择一般遵循以下三个原则：

1）使用性能原则。采用所选材料制造的零件在使用过程中具有良好的工作性能。

2）工艺性能原则。所选用材料能够确保零件便于加工。

3）经济性原则。所选用的材料能使产品具有较低的总成本。

1. 使用性能原则

零件的使用性能主要指零件在使用状态下应具有的力学性能、物理性能和化学性能。满足使用性能是保证零件完成规定功能的必要条件。在大多数情况下，它是选材首先要考虑的问题。

零件的使用性能的要求中，零件在使用状态下的力学性能要求是对零件的最重要的要求，是保证零件经久耐用的决定性条件。它一般是在分析零件工作条件和失效形式的基础上提出的。因此，通过对零件工作条件和失效形式的全面分析，可确定零件对使用性能的具体要求。

由于工况不同，零件的工作条件是复杂的。从载荷性质来分，有静载荷、动载荷；从受力状态来分，有拉、压、弯、扭应力，有交变应力；从工作温度来分，有低温、室温、高温、交变温度等；从环境介质来看，有加润滑剂的，有接触酸、碱、盐、海水、粉尘的等。此外，有时还要考虑物理性能方面的要求，如电导性、磁导性、热导性、热膨胀性、辐射等。因此，进行选材前，应通过对零件工作条件和失效形式的全面分析，确定零件对使用性能的具体要求。表1-6举出了几种常用零件的工作条件、失效形式和所要求的主要力学性能指标。

表1-6 几种常用零件的工作条件和失效形式

零件	工作条件			常见的失效形式	要求的主要力学性能
	应力类型	载荷性质	受载状态		
紧固螺栓	拉、剪	静载	—	过量变形断裂	强度、塑性
传动轴	弯、扭	循环、冲击	轴颈摩擦、振动	疲劳断裂、过量变形、轴颈磨损	综合力学性能
传动齿轮	压、弯	循环、冲击	摩擦、振动	齿折断、磨损、疲劳断裂、表面疲劳磨损	表面高强度及疲劳强度、心部强度、韧性
滚动轴承	压	循环	摩擦	过度磨损、点蚀、表面疲劳磨损	抗压强度、疲劳极限
弹簧	扭、弯	交变、冲击	振动	弹性失稳、疲劳破坏	弹性极限、屈强比、疲劳强度
冷作模具	复杂应力	交变、冲击	强烈摩擦	磨损、脆断	硬度、足够的强度、韧性

如前所述，材料各项力学性能指标可满足零件不同的使用要求。例如，材料的刚性和屈服强度是保证零件在使用时不产生过量变形的前提；材料的硬度是满足耐磨性的重要指标。耐磨零件应选择具有较高硬度的材料，为防止零件的疲劳破坏，材料应具有较高的疲劳强度和韧性。对于一些零部件，还会以一些特殊的物理、化学性能作为零件的使用要求。在确定了零件的具体力学性能指标和数值以后，即可利用各种机械手册选材。

应当指出，当以强度为主要依据选材时，还应考虑构件所承受的载荷与其质量之比。此时选材的参数为比强度 R_{eL}/ρ。当 R_{eL}/ρ 比值最大时，构件质量最小。所以，在给定外载条件时，当材料的密度接近时，应选用屈服强度高的材料。目前生产中，作为高强度结构零件的较理想的材料还是钢铁材料。此外，强度对材料的组织很敏感。因此，在选材时既要按强度要求选用合适的材料，又必须确定材料的热处理工艺。

2. 工艺性能原则

材料的工艺性能表示材料加工的难易程度。同使用性能相比，材料的工艺性能一般处于次要地位，但在某些特殊情况下，工艺性能也可成为选材考虑的主要依据。例如在大批量切削加工生产中，为保证材料的切削加工性，往往选用易切削钢。

选材时必须考虑材料的工艺性能，使所选材料的工艺性能满足生产工艺的要求。有时，尽管某一可选材料的性能很理想，但极难加工或加工成本很高，在这种情况下，选用该种材料是不现实的。选材时，应当尽量使材料所要求的工艺性能与零件生产的加工工艺路线方法相适应。

3. 经济性原则

材料的经济性是选材的根本原则。采用便宜的材料，把总成本控制至最低，取得最大的经济效益，使产品在市场上具有竞争力，始终是零件设计的重要任务之一。

材料的经济性一般从材料的成本、零件的总成本和资源等方面考虑。

材料的成本为直接成本，在产品的总成本中占有相当的分量。在以强度为主要指标进行选材时，常常根据强度和成本来比较材料。例如，在对轿车零件选材时，要求重量轻、强度高，可根据材料的比强度（强度/密度）来比较候选材料。在满足使用要求的前提下，尽量选用成本低的材料，并把必须使用的贵重金属材料减少到最低限度。值得一提的是，许多优异性能的高分子材料，在一些场合可以替代金属材料，既降低了成本，又减轻了重量。例如，利用高密度聚乙烯替代钢板制造油箱；采用 SMC 片状玻璃纤维增强塑料替代钢板制造车身外板件；采用聚甲醛替代轴承钢制造的 4t 载重汽车用底盘衬套轴承，可在汽车行驶 1万 km 以上不用加油维护。

零件的总成本与其使用寿命、质量、加工费用、研究费用、维修费用和材料的价格有关。如果能准确地知道零件总成本与上述因素之间的关系，就可以将其对材料选择的影响做出比较精确的判断。但在大多数情况下，要做出完整详尽的分析是比较困难的，只能尽可能利用一切可能得到的资料，组合分析，来保证零件的总成本尽可能地降低。

此外，选材时还要立足于国家的资源，考虑材料的来源是否丰富，生产材料所用的能耗的高低是否有利于环保等诸多因素。

三、汽车零件的选材

零件的一般选材步骤如图 1-12 所示，主要分为以下几步：

1）周密分析零件的工作特性和使用条件。通过分析，找出主要损坏形式，从而恰当地提出主要抗力指标，见表 1-6。

2）根据零件的工作条件，提出必要的设计制造技术条件。

3）根据所提出的技术条件、要求，结合考虑工艺性、经济性，对材料进行预选择；材料的预选择通常是凭借积累的经验，它可以通过与相类似机器零件的比较和已有的实践经验的判断，或者通过各种材料选用手册来进行选择。

4）对预选方案材料进行计算，以确定是否能满足上述工作条件要求。

5）二次（或最终）选择。选择方案可以是若干种方案。

6）通过实验室试验、台架试验和工艺性能试验，最终确定合理选材方案。

7）在各种试验的基础上，接受生产考验，以检验选材合理与否。

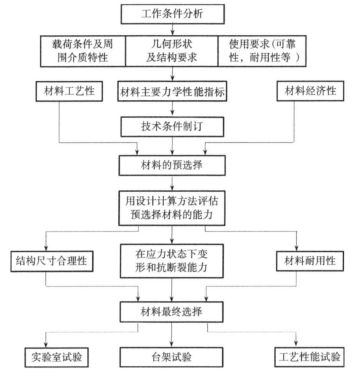

图 1-12　零件的一般选材步骤

零件的合理选材对产品有着重要的意义。在后面的学习中，将通过对常用材料的类型及性能特点的学习，进一步了解汽车零件的选材和工艺路线的选择。

能 力 测 试

一、填空题

1. 材料的力学性能主要包括：_____、_____、_____、_____疲劳强度、断裂韧度等。

2. 变形是指_____。变形按卸除载荷后能否完全恢复可分为_____和_____两种。

3. 衡量试样拉伸试验的强度指标有_____、_____等，它们分别用符号_____、_____表示。

4. 材料常用的塑性指标有_____和_____。

5. 常用的硬度指标有_____和_____，它们分别用_____和_____作硬度值。

6. 在热加工时，必须考虑材料的_____的影响，减小零件的变形与开裂。

7. 金属材料的工艺性能包括：铸造性能、锻造性能、焊接性能、_____、_____。

二、选择题

1. 汽车发动机中要求采用重量轻、运动时惯性小的活塞，多采用（　　）材料制成。

A. 铸铁　　　　　　　B. 铝合金　　　　　　　C. 陶瓷　　　　　　　D. 塑料

2. 在作疲劳试验时，试样承受的载荷为（　　）。

A. 静载荷　　　　　　B. 冲击载荷　　　　　　C. 交变载荷

3. 工件热处理质量检查中，常采用（　　）测验硬度。

A. 布氏硬度　　　　　B. 洛氏硬度　　　　　　C. 维氏硬度

4. 洛氏硬度 C 标尺使用的压头是（　　）。

A. 淬火钢球　　　　　B. 金刚石圆锥体　　　　C. 硬质合金球

5. 材料切削加工性能高低用（　　）表示。

A. 强度　　　　　　　　　　　　　　　　　　B. 硬度

C. 切削加工性能指数　　　　　　　　　　　　D. 表面粗糙度

三、判断题（正确的打"√"，错误的打"×"）

1. 金属材料拉伸时的强度一般用拉伸力来度量。　　　　　　　　　　（　　）

2. 拉伸试验时，试样的伸长量与拉伸力总成正比。　　　　　　　　　（　　）

3. 屈服强度代表试样在试验过程中力不增加、而仍能继续伸长（变形）时的应力。

　　　　　　　　　　　　　　　　　　　　　　　　　　　　　　（　　）

4. 韧性是材料抵抗静载荷的能力，工程上用延伸率 A 表示。　　　　（　　）

5. 金属材料的强度越大，则硬度越高，其塑性、韧性越差。　　　　　（　　）

四、简答题

1. 简述汽车材料的组成。

2. 什么是材料的性能？金属材料的使用性能包括哪些？

3. 低碳钢由拉伸试验可得出哪些力学性能指标？

4. 结合物理和化学性能，举出两个例子说明考虑该项性能指标的意义？

5. 机械零件常见的失效类型有哪些？引起失效的原因是什么？

6. 结合汽车专业特点，说明选用材料时如何综合考虑材料各方面的性能。

金 属 材 料

本章导入

金属材料是现代汽车制造业应用最为广泛的材料。金属材料分为黑色金属（钢铁材料）和有色金属，类型繁多、性能优良，能满足汽车上各种结构零件的性能要求和使用要求。构成一部汽车的零件约有两万多个，其中约 86% 是金属材料，而在金属材料中，钢铁材料约占 80%。

近年来，由于节省能源、节省资源的环保需要，汽车工程材料不断探索向轻量化发展，各种新的汽车工程材料相继被推出并应用于汽车工业之中。

本章重点介绍金属材料特别是钢铁材料的性能、结构、牌号及在汽车上的应用。

教学目标

1. 能力目标

1）能够识别汽车上使用的碳钢、合金钢、铸铁零件。

2）能根据零件工作要求合理选用碳钢、合金钢、铸铁用于制造汽车零件。

3）能够描述有色金属的性能和应用场合，能够正确选择这些材料制造汽车零件。

2. 知识目标

1）掌握碳钢、合金钢、铸铁的性能、分类、牌号及在汽车上的应用。

2）了解铜合金、铝合金、钛合金等有色金属性能、分类、牌号及在汽车上的应用。

3）了解汽车结构上金属材料的应用。

第一节　金属材料的组织结构与结晶

材料的性能取决于材料的化学成分及其组织结构。了解金属材料的内部组织结构与结晶过程，认识影响金属材料结构及性能的各种因素，对于合理选用材料，充分发挥材料的潜力是十分必要的。

材料按照原子（离子或分子）在三维空间排列方式的不同，可分为晶体与非晶体两大类。原子（离子或分子）在三维空间呈有规则的、周期性的、重复排列的材料为晶体材料，原子（离子或分子）在三维空间呈无规则排列的材料为非晶体材料。

常用固态金属基本上都属于晶体，大部分非金属如氯化钠、天然金刚石、水晶等属于晶体；而常用的石蜡、松香、塑料、玻璃、橡胶等属于非晶体。

一、纯金属的晶体结构与结晶

纯金属是指仅由一种金属元素组成的金属。汽车中的各种导电体、传热器等大多由纯铜、纯铝等纯金属材料制成。纯金属是典型的晶体材料。

（一）纯金属的晶体结构

晶体中原子（离子或分子）的空间排列方式称为晶体结构，如图 2-1a 所示。为了便于描述晶体结构，通常将每一个原子抽象为一个点，再把这些点用假想的直线连接起来，构成空间格架，称为晶格，如图 2-1b 所示。

组成晶格的最小几何单元称为晶胞，如图 2-1c 所示。晶胞的基本特征可以反映出晶体结构的特点。晶胞的大小和形状可用晶胞的棱边长度 a、b、c 和三条棱边之间的夹角 α、β、γ 等六个参数来描述，称为晶格常数，单位是纳米（$1nm = 10^{-9}m$）。金属的晶格常数一般为 $10 \sim 70nm$。

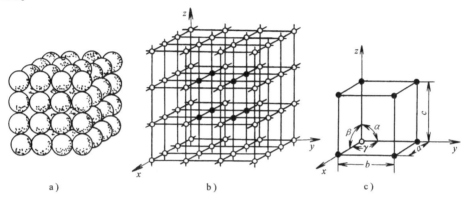

图 2-1　晶体、晶格和晶胞示意图

a）原子的空间排列模型　b）晶格　c）晶胞与晶向

根据这六个晶格常数的不同，可以把晶体分成七大晶系，14 种空间点阵。不同的晶体结构表现出不同的性能。

1. 常见的金属晶体结构

金属元素种类有 80 余种。常用的金属大部分具有比较简单的晶体结构，其中最常见的金属晶体结构有以下三种类型：体心立方晶格、面心立方晶格和密排六方晶格，如图 2-2 所示。

（1）体心立方晶格（BCC 晶格）　如图 2-2a 所示，体心立方晶格的晶胞呈立方体形，在立方体的八个顶角和立方体中心各排列一个原子。晶格常数 $a = b = c$，$\alpha = \beta = \gamma = 90°$。具有体心立方晶格的金属有：铬（Cr）、钡（Ba）、铌（Nb）、钼（Mo）及 α 铁（α-Fe，$<912℃$）等。

（2）面心立方晶格（FCC 晶格）　图 2-2b 所示为面心立方晶格。其晶胞呈立方体形，在立方体八个顶角和六个面的中心各排列一个原子。具有面心立方晶格的金属有：铝（Al）、铜（Cu）、铅（Pb）、金（Au）、银（Ag）、镍（Ni）及 γ 铁（γ-Fe，$912 \sim 1394℃$）等。

（3）密排六方晶格（HCP 晶格）　图 2-2c 所示为密排六方晶格，晶胞呈六棱柱体形，因此用六边形的边长 a 和上下底面的间距 c 作为晶格常数。具有这种晶格类型的金属有镁（Mg）、铍（Be）、锌（Zn）等。

除上述三种最常见的晶格以外，在黑色金属中还有正方晶格（淬火马氏体）、斜方晶格（渗碳体）等一些较复杂的晶格。当金属的晶格类型改变时，其晶体结构就不同，金属的各种性能也会发生相应的变化。

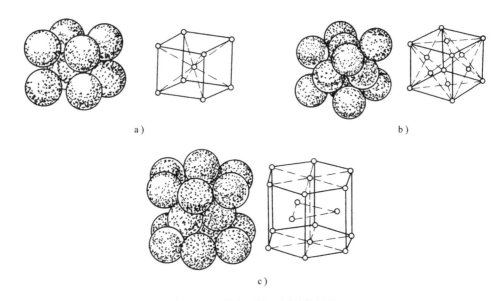

图 2-2 三种常见的金属晶体结构

a）体心立方晶格 b）面心立方晶格 c）密排六方晶格

2. 实际的金属晶体结构

在理想状态下，金属的晶体结构是原子排列的位向或方式完全一致的晶格，这种晶体称为单晶体，如图 2-3a 所示。然而，由于凝固过程中诸多因素的影响，实际上金属的晶体结构往往与上述的理想状态的结构有所不同，绝大多数形成多晶体，如图 2-3b 所示。多晶体是由许多微小的单晶体构成的，这些单晶体称为晶粒。晶粒与晶粒之间的交界区称为晶界。由于晶界上原子的排列是不同位向的晶粒的过渡状态，因而晶界上原子排列较不规则。实验证明，每一个晶粒内的晶格位向也并非完全一致，但这些位向相差很小，形成亚晶界。

在实际金属结晶过程中，由于原子的热振动、杂质原子的掺入以及其他外界因素的影响，原子排列存在着各种各样的晶体缺陷。晶体缺陷对金属的性能会产生很大的影响。按照晶体缺陷的几何特征，可将其分为如下三类。

（1）点缺陷 点缺陷主要指由于晶格中出现晶格空位和存在间隙原子，使晶格发生畸变而不能保持正常排列状态的缺陷，如图 2-4 所示。点缺陷将会使金属材料产生物理、化学和力学性能上的变化，如使材料的密度发生变化，电阻率增大，强度、硬度提高等。

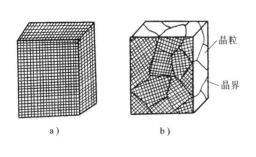

图 2-3 单晶体与多晶体

a）单晶体 b）多晶体

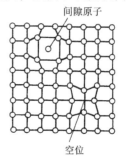

图 2-4 晶体的点缺陷示意图

（2）线缺陷　线缺陷主要指由晶体中原子平面间的相互错动（位错）而引起的晶体缺陷。如图 2-5 所示。由于位错造成的晶格的线状畸变，极大地影响着金属材料的力学性能，对于金属材料的塑性变形、强度、疲劳、抗腐蚀等性能均有重要的影响。

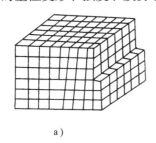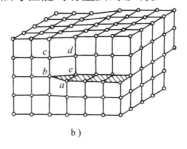

图 2-5　晶体的线缺陷示意图——位错

a）刃型位错　b）螺型位错

（3）面缺陷　面缺陷主要指由晶界和亚晶界引起的缺陷，如图 2-6 所示。晶界（亚晶界）是不同位向的晶粒之间的过渡区，在加热时，晶界会首先熔化。同时，晶界也是位错和低熔点夹杂物聚集的地方，它对金属的塑性变形起着阻碍的作用，强度、硬度较晶内高。因此金属内部的晶粒越细小，晶界就越多，强度和硬度就越高。

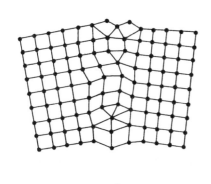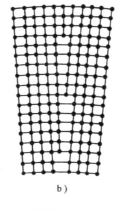

图 2-6　晶体的面缺陷示意图——晶界、亚晶界

a）晶界　b）亚晶界

3. 晶体的特性

晶体的特征主要表现在以下两个方面。

（1）晶体具有固定的熔点和凝点　对晶体材料进行缓慢加热，当达到某个温度时，固态金属就会熔化为液态金属。在整个熔化过程中，这个温度始终保持不变，称之为熔点（T_0）。反之，当晶体由液态缓慢冷却凝固时，也是一直保持在这个温度下进行的，这时该温度称为凝点。对于非晶体材料来说，在加热或冷却时却没有固定的熔点或凝点，在固态-液态转变过程中温度是逐渐变化的。这就是晶体材料和非晶体材料的一个显著的区别，这个特征可从图 2-7 所示的晶体

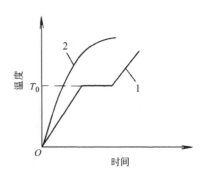

图 2-7　晶体和非晶体的熔化曲线

1—晶体的熔化曲线　2—非晶体的熔化曲线

和非晶体的熔化曲线看出。

（2）晶体具有各向异性　由晶体结构可知，晶体在不同方向上原子排列方式和密度各不相同，从而造成不同方向上的物理、化学、力学性能的差异，这种现象称为晶体的各向异性。晶体的各向异性对金属的塑性变形和固态相变过程都会产生影响。而非晶体则不然，它在各个方向上的物理、化学、力学性能完全相同，这种性质称为非晶体的各向同性。

由于实际金属是由多个位向各异的晶粒所组成的多晶体，尽管每个晶粒均有晶体所固有的各向异性特性，但是对于整个多晶体来说，晶粒间的各向异性相互抵消，则显示不出各向异性的特性，这种现象称为多晶体的伪各向同性。

（二）纯金属的结晶

物质由液态转变为固态的过程，称为凝固。晶体材料的凝固过程也称为结晶。通常，金属材料从液态转变为固态的过程称为一次结晶，液态金属结晶后得到的组织称为铸态组织。金属材料也可以在一定温度下从一种固体晶态转变为另一种固体晶态，这个过程称为二次结晶或重结晶。

1. 纯金属的结晶过程

纯金属的结晶过程基本是在恒定的温度下进行的，其结晶过程的冷却曲线如图 2-8 所示。

图 2-8 中 T_0 为纯金属的凝（熔）点，又称为理论结晶温度。当液态金属缓慢冷却到 T_0 时，纯金属开始发生结晶。在实际生产中，液态金属的冷却速度相对较快，其实际开始结晶的温度 T_n 略低于 T_0。液态金属在冷却到理论结晶温度 T_0 以下还未结晶的现象，称为过冷现象。理论结晶温度 T_0 与开始结晶温度 T_n 之差称为过冷度，用 ΔT 表示，

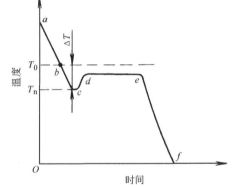

图 2-8　纯金属结晶过程的冷却曲线

即 $\Delta T = T_n - T_0$。过冷度 ΔT 与冷却速度是密切相关的，冷却速度越大，ΔT 越大；冷却速度越小，ΔT 越小。

液态金属的结晶过程分为两个阶段，即晶核形成与核长大的过程。图 2-9 所示为纯金属的结晶过程示意图。当液态金属结晶时，首先在液体中形成一些极微小的晶体（称为晶核），然后以它们为核心不断以树枝状方式长大。在这些晶核长大的同时，又出现新的晶核并逐渐长大，直至液体金属消失，全部凝固为固态金属。

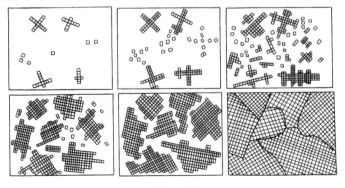

图 2-9　纯金属的结晶过程示意图

2. 金属铸锭的结构

金属结晶时，由于表面和中心的结晶条件不同，铸件的结构是不均匀的。如图 2-10 所示，从铸锭的剖面来看，明显地分为三个各具特征的晶区：表面细等轴晶粒区、柱状晶粒区和中心粗大等轴晶粒区。

对于金属材料，铸锭的结构直接影响着铸件的力学性能。实际生产中的铸件结构中，除组织结构上的不均匀外，还存在其他缺陷，主要有缩孔、疏松、气孔、区域偏析和非金属夹杂物等。它们对铸件性能有很大的影响，应在生产中严格控制各种因素，确保铸件的质量。

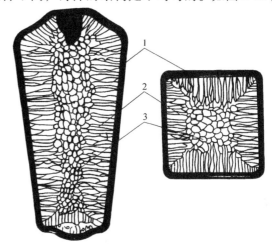

图 2-10　典型的铸锭结构示意图

1—细等轴晶粒区　2—柱状晶粒区　3—粗大等轴晶粒区

二、合金的晶体结构及结晶

合金是指由两种或两种以上的金属或金属与非金属组成的具有金属特征的物质。组成合金的独立的、最基本的单元称为组元。组元可以是金属、非金属，也可以是稳定的化合物。由两个组元组成的合金称为二元合金。生产中应用最普遍的钢铁材料就是主要由铁、碳两种组元组成的二元铁碳合金（Fe-C 合金）；由多个组元组成的合金称为多元合金。

（一）合金的晶体结构

在合金中，凡是具有相同化学成分、相同晶体结构，并与其他部分有明显界面分开的均匀组成部分，称为相。按照相的形态划分，可分为液相和固相；固态合金中的相结构，分为固溶体和金属化合物两类基本相结构。

1. 固溶体

固溶体是指组成合金的组元在固态下相互溶解，形成均匀一致且晶体结构与组元之一相同的固态合金，其结构示意图如图 2-11 所示。

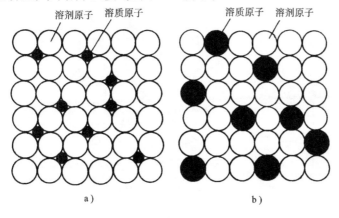

图 2-11　固溶体的结构示意图

a) 间隙固溶体　b) 置换固溶体

　　组成固溶体的组元分为溶剂与溶质两种。通常把形成固溶体后其晶格类型依旧保持不变的组元称为溶剂，而溶入溶剂中、其晶格消失的组元称为溶质。例如铁碳合金组织中的铁素体相，就是碳原子溶入 α-Fe 形成的固溶体，其溶剂为 α-Fe，保持了体心立方晶格，碳原子则溶入 α-Fe 的晶格之中，其原有的晶格则消失。

　　固溶体按照溶质原子在溶剂晶格中所在的位置不同可分为间隙固溶体和置换固溶体，如图 2-11 所示。间隙固溶体的溶质原子进入了溶剂晶格的空隙中，不占晶格结点位置，而置换固溶体的溶质原子则取代了溶剂晶格上原有的溶剂原子。固溶体还可以按照溶质原子的溶解度不同分为有限固溶体和无限固溶体。

　　由于溶质原子的加入，在固溶体中会引起晶格畸变（见图 2-12），使金属的塑性变形变得困难，从而提高了合金的强度和硬度，这种现象称为固溶强化。固溶强化是金属强化的一种重要形式，使固溶体的强度和硬度比溶剂有所提高，但塑性和韧性则相应下降。

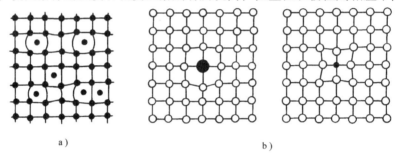

a）　　　　　　　　　　　　　　　　b）

图 2-12　固溶体的晶格畸变示意图

a）间隙固溶体　b）置换固溶体

2. 金属化合物

　　金属化合物是指由合金组元之间相互化合而成的、其晶格类型和特性完全不同于原来任一组元的固态物质，也称为中间相。

　　金属化合物的晶体结构一般较复杂，如图 2-13 所示，具有熔点较高、硬度高、脆性大的特性。钢中常见碳化物的硬度及熔点见表 2-1。金属化合物是许多合金的重要组成相，可

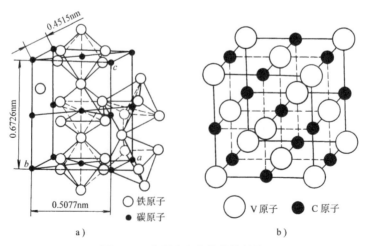

○铁原子　　　　　　　　　○V原子　●C原子
●碳原子

a）　　　　　　　　　　　　　　　　b）

图 2-13　金属化合物的晶体结构

a）Fe_3C　b）VC

提高其合金的强度、硬度、耐磨性，而降低塑性和韧性。所以常用金属化合物来强化合金，这种强化方式称第二相强化或弥散强化，是金属材料的重要强化方法之一。在钢材材料中，常见的金属化合物有 Fe_3C、TiC、WC 等，它们是钢铁材料主要的强化相。

表 2-1 钢中常见碳化物的硬度及熔点

化 学 式	TiC	VC	NbC	WC	Fe_3C	$Cr_{23}C_6$
硬度/HV	2850	2010	2050	1730	≈ 800	1650
熔点/℃	3080	2650	3608 ± 50	2785 ± 5	1227	1577

在金相显微镜下观察到的金属材料内部的微观形貌称为金属材料的显微组织，简称组织。金属材料的组织取决于它的化学成分、温度及其他工艺条件，可以由单相组成，也可以由多相组成。不同成分的合金在不同的结晶条件下，其组成相在数量、形态、大小和分布方式上是不同的，就形成了不同的组织。

（二）合金的结晶

与纯金属相比，合金的结晶过程比较复杂。在结晶过程中，随着温度的变化，合金的相结构和成分不断发生着变化。因此，合金的结晶过程常用合金相图来反映。

合金相图又称为合金状态图，它表明了在平衡状态下（即在极缓慢的加热或冷却的条件下），合金的相结构随温度、成分发生变化的情况，故也称为平衡图。合金相图对于研究合金成分-组织-性能之间的关系，对于生产上合理选材、制订工艺等起着重要作用。

通过相图可以分析不同成分的合金的结晶过程。结晶过程中会出现不同的结晶反应，最常用的二元合金的结晶过程可分为共晶反应、共析反应、匀晶反应、包晶反应几种基本类型。

1. 发生共晶反应的合金的结晶

共晶反应是指一种液相在平衡状态下结晶时同时生成两种固相的反应，其生成的两相混合物产物为共晶组织。具有共晶反应的相图为共晶相图。图 2-14 所示为 Pb-Sn 合金相图即为共晶相图，其上的合金 I、合金 II 及合金 III 的结晶过程中均发生了典型的共晶反应。一般，将成分对应于共晶点的合金称为共晶合金，成分位于 ce 之间的合金为亚共晶合金，成分位于 ed 之间的合金为过共晶合金。后两者因成分的不同，还另外生成先析出相和后析出相。

以图 2-14 为例，发生共晶反应的各种合金的结晶过程可简单概述如下：

1）共晶合金（合金 I）的结晶过程如图 2-15 所示，可表示为

$$L \rightarrow (\alpha + \beta)$$

2）亚共晶合金（合金 II）的结晶过程如图 2-16 所示，可表示为

$$L \rightarrow L + \alpha \rightarrow (\alpha + \beta) + \alpha \rightarrow (\alpha + \beta) + \alpha + \beta_{II}$$

3）过共晶合金（合金 III）的结晶过程如

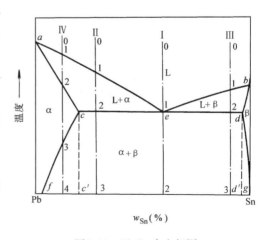

图 2-14 Pb-Sn 合金相图

图2-17所示，可表示为

$$L \rightarrow L + \beta \rightarrow (\alpha + \beta) + \beta \rightarrow (\alpha + \beta) + \beta + \alpha_{II}$$

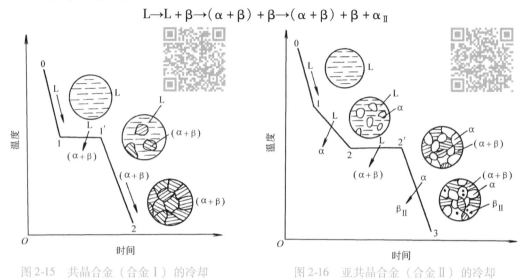

图2-15 共晶合金（合金Ⅰ）的冷却
曲线及结晶过程示意图

图2-16 亚共晶合金（合金Ⅱ）的冷却
曲线及结晶过程示意图

2. 发生共析反应的合金的结晶

共析反应是指一种固相在恒温下结晶时同时生成两种固相的反应，其反应产物为两相混合的共析组织。具有共析反应的相图为共析相图，如图2-18所示。一般地，成分对应于共析点的合金称为共析合金，另外还有亚共析合金和过共析合金。

以图2-18为例，发生共析反应的各种合金的结晶过程可简单概述如下：

1）共析合金的结晶过程为

$$\gamma \rightarrow \alpha + \beta$$

2）亚共析合金的结晶过程为

$$\gamma \rightarrow \alpha + \gamma \rightarrow \alpha + (\alpha + \beta)$$

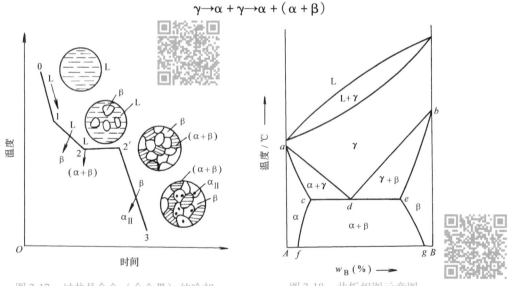

图2-17 过共晶合金（合金Ⅲ）的冷却
曲线及结晶过程示意图

图2-18 共析相图示意图

3）过共析合金的结晶过程为

$$\gamma \rightarrow \beta + \gamma \rightarrow \beta + (\alpha + \beta)$$

除上述的共晶相图和共析相图以外，合金的基本相图还有匀晶相图和包晶相图等，如图2-19 所示。合金的组元越多，合金相图越复杂。但是，如果较熟练地掌握了基本相图的结晶过程，对于那些看上去很复杂的相图，也都可一一分解成若干基本相图，再组合起来分析其结晶过程。

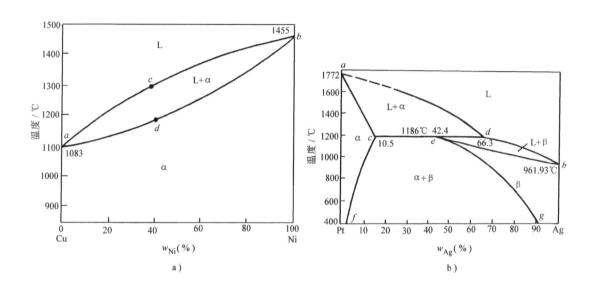

图 2-19　其他合金基本相图形式

a）匀晶相图　b）包晶相图

三、铁碳相图及铁碳合金平衡组织

碳钢和铸铁是现代汽车工业极为重要的金属材料，实际上，它们都属于以铁和碳两个组元组成的合金，因此称为铁碳合金。汽车零件通常都是使用铁碳合金制造的。

反映平衡条件下铁碳合金的组织随含碳量和温度变化的一般规律的相图称为铁碳相图（或铁碳状态图、$Fe\text{-}Fe_3C$ 相图）。实际生产中，铁碳相图是研究钢铁成分、组织、性能之间关系的理论基础，也是指导制订金属材料热加工技术，如铸、锻、焊和热处理等工艺的重要依据。一般所指的铁碳相图实际上是碳的质量分数为 0 ~ 6.69% 的 $Fe\text{-}Fe_3C$ 相图。图 2-20 所示为简化的 $Fe\text{-}Fe_3C$ 相图，其纵坐标为温度，横坐标为碳的质量分数。

1. 铁碳合金的组成相

碳元素在钢铁材料中一般以固溶体、金属化合物（Fe_3C）和石墨（G）的形态存在，并形成不同的相结构。由铁碳相图可知，铁碳合金中一般的基本组成相包括：液相（L）、奥氏体相（A 或 γ）、铁素体相（F 或 α）和渗碳体相（Fe_3C 或 C_m）、石墨相（G）。其中石墨相仅存在于铸铁材料中。各组成相的性能特点比较见表2-2。

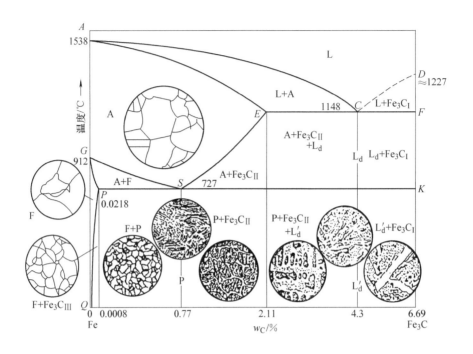

图 2-20 Fe-Fe$_3$C 相图（简化）

表 2-2 铁碳合金基本组成相及特点

组成相	液相	固溶体		金属化合物
		奥氏体	铁素体	渗碳体
符号	L	A 或 γ	F 或 α	Fe$_3$C 或 C$_m$
存在温度	>1538℃	1538~912℃	<912℃	<1227℃
相结构	液态	碳溶入 γ-Fe 形成的间隙固溶体	碳溶入 α-Fe 的间隙固溶体	碳与铁化合而成的金属化合物
晶体结构	无规则排列	面心立方晶格	体心立方晶格	复杂斜方
溶碳能力（质量分数）	—	1148℃时溶碳量最大，达2.11%，在727℃时则降为0.77%	727℃时溶碳量最大，为0.0218%；室温时仅为0.0008%	均为6.69%
性能特点	—	强、硬度低、塑性好，适于塑性加工	强度低、硬度低、塑性好	硬而脆

另外，铁碳合金中还存在两个混合相，它们分别是铁碳合金在1148℃发生了共晶反应和727℃发生共析反应后的产物。

其一是莱氏体相（Ld、Ld'）。它是铁碳合金在1148℃发生共晶反应的产物，为奥氏体和渗碳体的混合物，用符号 Ld 表示，凡 w_C 大于2.21%的铁碳合金在缓冷到1148℃时，均发生共晶转变，形成高温莱氏体。由于奥氏体在727℃时将转变为珠光体，高温莱氏体随之转变为低温莱氏体（符号 Ld'）。莱氏体质地脆硬，在显微镜下的形态是块状或颗粒状的奥氏体分布在渗碳体基体上。

其二是珠光体相（P）。它是727℃发生共析反应的产物，为铁素体和渗碳体的混合物，用符号P表示。凡w_C超过0.0218%的铁碳合金缓冷到727℃时，均发生共析反应，形成珠光体。珠光体是共析转变产物，由层片相间的F与Fe_3C组成，具有一定的强度和硬度。在采用不同的热处理工艺以后，珠光体中的Fe_3C可能变为颗粒状。

2. Fe-Fe_3C相图中的特性点和特性线

在结晶过程中，不同成分的铁碳合金会在不同的温度下发生共晶或共析反应，得到不同的组织，因而Fe-Fe_3C相图中，会出现各个特性点和特性线。其代表符号、涵义、温度、含碳量等分别列于表2-3和表2-4中。

表2-3 Fe-Fe_3C相图中各特性点的符号及意义

特性点	温度/℃	含碳量（质量分数,%）	特性点的涵义
A	1538	0	纯铁的熔点
C	1148	4.30	共晶点
D	1227	6.69	渗碳体熔点
E	1148	2.11	碳在奥氏体中最大溶解度
F	1148	6.69	共晶反应渗碳体成分点
G	912	0	α-Fe与γ-Fe同素构成转变点（A_3）
K	727	6.69	共析反应渗碳体成分点
P	727	0.0218	碳在铁素体中最大溶解度
S	727	0.77	共析点
Q	室温	0.0008	室温时碳在铁素体中的溶解度

表2-4 Fe-Fe_3C相图中各特性线的符号及意义

特性线	特性线的符号	特性线的涵义
液相线	ACD	此线以上，合金全部为均匀液相
固相线	AECF	此线以下，合金全部处于固相状态
共晶转变线	ECF（1148℃）	在此水平线发生共晶反应，其共晶产物为莱氏体Ld： $Lc \rightarrow LeC$（$A_E + Fe_3C$） 或$L_{4.3} \rightarrow L_{d4.3}$（$A_{2.11} + Fe_3C$）
共析转变线	PSK（727℃）	在此水平线发生共析反应，其共析产物为珠光体P： $As \rightarrow P$（$F_P + Fe_3C$）
碳在奥氏体中的溶解度曲线（A_{cm}线）	ES	表征奥氏体中的溶碳能力 1148℃时，奥氏体具有最大溶碳能力，w_C为2.11%；727℃时，奥氏体的w_C为0.77% $w_C \geq 0.77$的合金，奥氏体在冷却中会沿晶界析出二次渗碳体Fe_3C_{II}
奥氏体转变的开始线（A_3线）	GS	奥氏体开始向铁素体转变
奥氏体转变的终了线	GP	奥氏体结束向铁素体转变

（续）

特性线	特性线的符号	特性线的涵义
碳在铁素体中的溶解度曲线	PQ	表征铁素体的溶碳能力 在 727℃ 时，铁素体溶碳能力最大，w_C 为 0.0218%；室温时，w_C 为 0.0008% 从 727℃ 缓冷至室温时，铁素体中会析出三次渗碳体 Fe_3C_{III}，因数量极少，常忽略不计

3. 铁碳合金的分类及室温平衡组织

对于铁碳合金，可按照碳质量分数将铁碳合金分为以下三大类：

1）工业纯铁：$w_C \leqslant 0.0218$。

2）碳钢：$0.0218\% \leqslant w_C \leqslant 2.11\%$。

3）白口铸铁（生铁）：$2.11\% \leqslant w_C \leqslant 6.69\%$。

综合以上的相图分析，可以把铁碳合金的平衡组织归纳为表 2-5。当然，仅仅有平衡组织在生产中是远远不够的，通常会采用各种热处理、合金化和石墨化等手段对铁碳合金进行处理，以满足生产上的需要。

表 2-5　按照铁碳相图分类的铁碳合金室温平衡组织

种类		w_C（%）	室温平衡组织	符号表示
工业纯铁		≤0.0218	铁素体	F
碳钢	亚共析钢	0.0218~0.77	铁素体+珠光体	F+P
	共析钢	0.77	珠光体	P
	过共析钢	0.77~2.11	珠光体+二次渗碳体	$P+Fe_3C_{II}$
白口铸铁（生铁）	亚共晶白口铸铁	2.11~4.3	珠光体+二次渗碳体+莱氏体	$P+Fe_3C_{II}+Ld'$
	共晶白口铸铁	4.3~6.69	莱氏体	Ld'
	过共晶白口铸铁	≥6.69	莱氏体+一次渗碳体	$Ld'+Fe_3C_I$

4. 铁碳合金的成分、组织与性能之间的关系

铁碳相图的形状与合金的性能之间存在一定的对应关系。铁碳合金的成分与性能的关系如图 2-21 所示。简单分析如下。

（1）强度　强度是一个对组织形态很敏感的力学性能指标。随着碳的质量分数的增加，亚共析钢中珠光体量增多而铁素体量减少。由于珠光体的强度比铁素体高，所以亚共析钢的强度会随着碳的质量分数的增大而增大；过共析钢的碳的质量分数超过共析成分 0.77%，结晶时会沿晶界析出强度很低而脆性很大的 Fe_3C_{II}，使合金强度的增长变缓；当过共析钢的碳的质量分数约达 0.9% 时，会沿晶界形成完整的 Fe_3C_{II} 网，合金强度迅速降低；当碳的质量分数增加到 2.11% 后，合金中出现 Ld' 时，脆性增大，强度已降到很低的值。若碳的质量分数再增加，合金基体都已成为脆性很高的 Fe_3C，合金强度则趋于 Fe_3C 的强度，几乎没有生产应用价值。

（2）硬度　硬度主要取决于组成相或组成物的硬度和相对数量，受其组织形态的影响相对较小，随碳的质量分数的增加，由于高硬度的 Fe_3C 的数量增多，低硬度的铁素体的数量减少，所以合金的硬度呈直线关系上升，由全部为铁素体的硬度（约 80HBW）增大到全部为 Fe_3C 时的硬度（约 800HBW）。

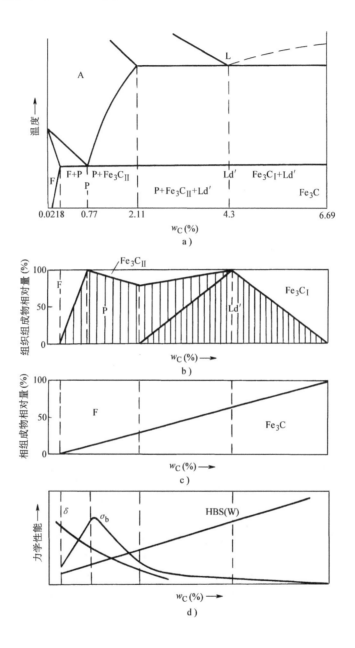

图 2-21　铁碳合金的成分、组织与性能关系图

（3）塑性　由于铁碳合金中 Fe_3C 是极脆的相，几乎没有塑性。因而，铁碳合金的塑性全部由铁素体提供。所以，随着铁碳合金中碳的质量分数的增大，铁素体的量不断减少，合金的塑性则呈连续下降趋势。当铁碳合金为白口铸铁时，其塑性就降到近于零值了。

碳钢的硬度、强度和塑性与碳的质量分数的关系如图 2-22 所示。

Fe-Fe₃C 相图中表明了钢铁材料的成分、组织与性能的规律，为生产中的选材及制订加工工艺提供了重要依据。例如，对于汽车齿轮类零件的选材，由于齿轮受力较大，受冲击频繁，要求表硬内韧的力学性能，因而根据铁碳相图应选用低碳钢（如 20Cr、20CrMnTi 等），再采取表面处理等工艺，使其具有较好的冲击韧度；对于综合力学性能要求较高的轴类零件，则采用中碳钢；对于汽车上承受载荷及振动的弹簧，则需选用碳的质量分数为 0.65% ~0.85% 的弹簧钢，可以获得高弹性、高韧性的力学性能。在铸造工艺方面，根据 Fe-Fe₃C 相图可以确定合金的浇注温度。凝固区域越小，其铸造性能越好。对于热处理各工序来说，Fe-Fe₃C 相图是确定热处理各种工艺（如退火、正火、淬火及回火）的加热温度的依据。

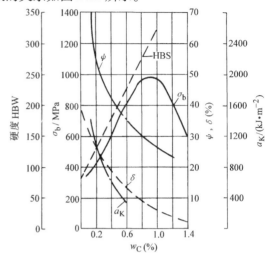

图 2-22　碳钢的力学性能与碳的质量分数的关系

第二节　金属材料的组织性能控制

金属材料的组织性能控制主要包括金属材料的热处理及表面技术。它们在机械行业和汽车制造业中占有十分重要的地位。通过热处理及表面技术可以提高金属的力学性能，改善工艺性能，充分发挥材料潜力，提高产品质量，延长使用寿命等。据统计，汽车、拖拉机中经热处理的零件占工件总数的 70% ~80%。

热处理是指将固态金属或合金在一定介质中加热、保温和冷却，改变材料整体或表面的组织，从而获得所需性能的工艺。热处理大量应用于钢铁材料，会使钢的组织结构发生变化，改善了钢的加工工艺性能和力学性能。热处理与钢的成分、组织、性能密切相关，它们之间的关系如图 2-23 所示。

表面技术是利用各种表面涂镀层及表面改性技术，赋予基本材料本身所不具备的、特殊的力学、物理和化学性能，从而满足工程上对材料及其制品提出的要求。

本节将重点以钢铁材料的典型热处理方法及表面技术进行阐述。

一、钢的热处理

（一）热处理原理

钢的热处理工艺的种类多种多样，作用各不相同，但基本过程都是由加热、保温和冷却三个阶段组成的。不同工艺之间的主要区别在于加热温度的高低、保温时间的长短以及冷却方式的不同。热处理工艺过程可用温度-时间的坐标曲线图表示，称之为热处理工艺曲线。图 2-24 所示为钢的热处理基本工艺曲线。

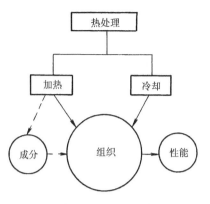

图 2-23　热处理与钢的成分、组织、
性能间关系示意图

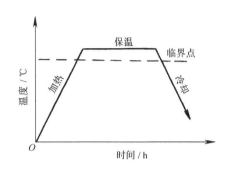

图 2-24　钢的热处理基本工艺曲线

　　热处理工艺中加热和冷却的目的都是使钢的相组织发生转变。铁碳相图中，A_3、A_1 和 A_{cm} 线都是平衡态的相变点（又称临界点）。而在实际生产中，加热和冷却过程不可能非常缓慢，因此往往造成相变点的实际位置比平衡态时有所偏离。即加热时实际转变温度略高于平衡相变点，而冷却时却略低于平衡相变点。为了使两者有所区别，通常将加热时的实际相变点用 Ac_3、Ac_1 和 Ac_{cm} 表示；冷却时的实际相变点用 Ar_3、Ar_1 和 Ar_{cm} 表示，如图 2-25 所示。

　　钢的相变点是制订热处理和热加工工艺的重要依据。图 2-26 所示为碳钢在加热和冷却时各类相变点在 $Fe\text{-}Fe_3C$ 相图上的位置。

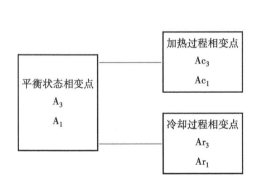

图 2-25　加热和冷却时碳钢相变点的变化

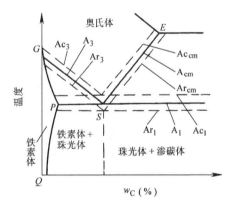

图 2-26　加热和冷却时碳钢相变点
在 $Fe\text{-}Fe_3C$ 相图上的位置

1. 钢在加热过程中的组织转变

　　钢的加热过程的组织转变实质上是奥氏体的形核和长大的过程。以共析钢为例，如图 2-27 所示，奥氏体的形成可分为奥氏体晶核的形成、奥氏体晶核的长大、剩余渗碳体的溶解及奥氏体的均匀化四个基本过程。奥氏体形成后若继续保温或加热，奥氏体晶粒将长大。奥氏体化温度越高，保温时间越长，奥氏体晶粒长大越明显。

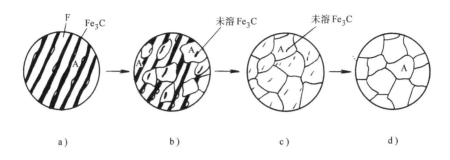

图 2-27　共析碳钢的奥氏体化过程

a) 奥氏体晶核的形成　b) 奥氏体晶核的长大　c) 剩余渗碳体的溶解　d) 奥氏体的均匀化

奥氏体晶粒的大小直接影响着冷却转变产物组织晶粒的大小，而且对冷却转变产物的力学性能也有着直接的影响。奥氏体晶粒越细小，其冷却转变产物也越细小，表现为材料的强度高、韧性好、韧脆转变温度低。因此，获得细小的奥氏体晶粒是得到良好力学性能的保障。在加热时，为得到细小均匀的奥氏体晶粒，必须选取合适的加热温度，严格控制保温时间。

2. 钢在冷却过程中的组织转变

钢的性能最终取决于奥氏体冷却转变后的组织。所以，研究不同条件下奥氏体冷却过程的转变，具有十分重要的实际意义。在热处理生产中，常用的两种冷却方式为等温冷却与连续冷却。其工艺曲线如图 2-28 所示。

处于临界温度以下的奥氏体称为过冷奥氏体。在等温冷却时，不同的等温温度和保温时间会出现不同的组织转变过程和转变产物；连续冷却时，过冷奥氏体的转变则发生在一个较宽的温度范围内，会得到不同类型和不同粗细的混合型组织。连续冷却方式在生产上虽然有着广泛应用，但分析起来较为困难。

（1）过冷奥氏体的等温转变　过冷奥氏体总是要自发地转变为稳定的新相，在不同的等温温度下转变时，会得到不同的转变产物。下面以共析钢为例，分析过冷奥氏体等温转变的规律。

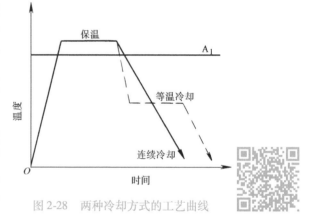

图 2-28　两种冷却方式的工艺曲线

过冷奥氏体等温转变曲线（TTT 图）如图 2-29 所示。从形状上来看，该曲线呈 C 字形，习惯上又称作 C 曲线。

图中左边的 C 曲线为过冷奥氏体等温转变开始线，右边的曲线则为转变终了线；转变开始线左边的区域为过冷奥氏体区；转变终了线右边的区域是转变产物区；两线中间是转变过程区；由纵坐标到转变开始线之间的水平距离表示过冷奥氏体等温转变前所经历的时间，称为孕育期。在 C 曲线的下部有两条水平线，上边一条是马氏体转变开始线，以 M_s 表示；下面一条是马氏体转变终了线，以 M_f 表示。

按照等温温度的高低，过冷奥氏体的等温转变产物可分为三种类型。

1）高温转变区产物。在 A_1 ~ 550℃温度范围，转变产物属珠光体型组织。形貌上为铁素体和渗碳体的片层状珠光体组织，强度较高，硬度适中，有一定的塑性。按片层间距的大小，可分为珠光体（P）、索氏体（S 或称细珠光体）、托氏体（T 或称极细珠光体）三种类型的组织（见图 2-30）。这三种组织无本质上的区别，只是形成温度、片层间距和力学性能不同，详见表 2-6。

2）中温转变区产物。在 550℃ ~ M_S 温度范围，转变产物属贝氏体组织。在 550 ~ 350℃之间发生的贝氏体转变，会形成显微特征呈羽毛状的上

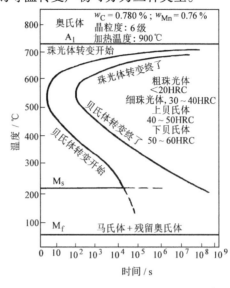

图 2-29 共析钢过冷奥氏体等温转变曲线

贝氏体组织（B_O），如图 2-31 所示，碳化物为渗碳体，强度、塑性和韧性较差。在 350℃ ~ M_S 温度间发生的贝氏体转变，会形成黑色针状的下贝氏体组织（B_D），如图 2-32 所示，硬度较高、强度、塑性和韧性都比较好，具有良好的综合性能。

 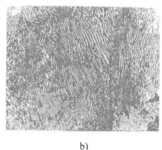 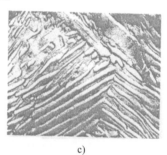

a)   b)   c)

图 2-30 珠光体、索氏体、托氏体显微组织

a）珠光体×400 b）索氏体×200 c）托氏体×12000

表 2-6 共析钢的三种珠光体组织

组织名称	珠光体	索氏体（细珠光体）	托氏体（极细珠光体）
表示符号	P	S	T
形成温度范围	A_1 ~650℃	650 ~600℃	600 ~550℃
片层间距	约 0.3 μm	0.3 ~0.1 μm	0.1 μm 以下
分辨率	500 ×	1000 × 以上	2000 × 以上
硬度/HBW	170 ~230	230 ~320	330 ~400
σ_b/MPa	约 1000	约 1200	约 1400

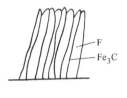

a)   b)

图 2-31   上贝氏体组织

a）光学显微组织（600×）   b）示意图

3）低温转变区产物。在 $M_s \sim M_f$ 温度范围内，若将奥氏体以极快的速度冷却到 M_s 以下，使其冷却曲线不与 C 曲线相遇，则会发生马氏体转变，转变产物为马氏体组织。如图 2-33、图 2-34 所示。碳的质量分数小于 0.2% 的为低碳马氏体，呈板条状；碳的质量分数大于 1% 的为高碳马氏体，呈片状或针状；碳的质量分数在 0.2% ~ 1.0% 之间的，为板条状和针片状的混合组织。

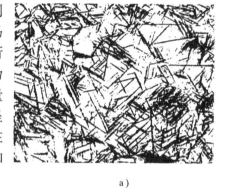
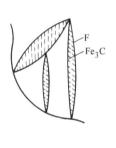

a)   b)

图 2-32   下贝氏体组织

a）光学显微组织（500×）   b）示意图

马氏体最突出的性能是它的高硬度和高强度。其硬度主要取决于碳的质量分数。随着碳的质量分数的增加，马氏体的硬度也相应增加。板条状马氏体和片状马氏体的性能比较见表 2-7。

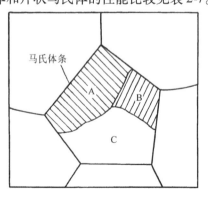

a)   b)

图 2-33   低碳马氏体（板条状）组织

a）光学显微组织（400×）   b）示意图

a)

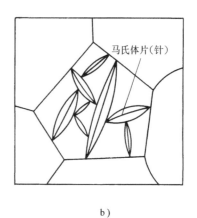
b)

图 2-34 高碳马氏体（片状）组织

a）光学显微组织（400×） b）示意图

表 2-7 板条状马氏体和片状马氏体的性能比较

马氏体类型	R_m/MPa	$R_{p0.2}$/MPa	HRC	A(%)	A_K/J·cm^{-2}
板条状马氏体	1500	1300	50	9	60
片状马氏体	2300	2000	66	1	10

（2）过冷奥氏体的连续冷却 在热处理实际生产中多采取连续冷却方式，如空冷正火、水冷淬火和炉冷退火等。因此有必要了解连续冷却转变的规律。

图 2-35 所示为共析钢过冷奥氏体连续冷却转变曲线（CCT 图）。与 CCT 曲线 A 点相切的冷却速度 v_c，是保证发生马氏体转变的最小冷却速度，称为马氏体转变临界冷却速度，也称为淬火临界冷却速度。它对热处理淬火工艺的制订有着十分重要的意义。

由于过冷奥氏体连续冷却曲线（CCT 曲线）的测定比 C 曲线困难，所以生产中常用等温转变 C 曲线来近似分析连续冷却的转变。图 2-36 所示就是应用 C 曲线分析奥氏体连续冷却转变的实例。与图 2-35 比较可知，曲线 v_1 相当于随炉冷却，可获得珠光体组织；曲线 v_2 相当于在空气中冷却，可获得索氏体组织；曲线 v_3 相当于在油中冷却，可获得托氏体和马氏体的混合组织；曲线 v_4 相当于在水中冷却，可获得马氏体组织。

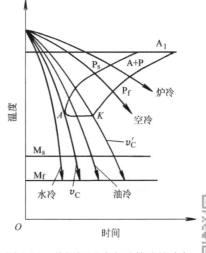

图 2-35 共析钢过冷奥氏体连续冷却
转变曲线

应当指出，采用等温转变曲线来估计连续冷却转变过程的组织是不够精确的，但有重要的参考价值。

（二）钢的普通热处理

根据热处理的目的和工艺方法的不同，热处理的分类如图2-37所示。

1. 退火

退火是指把钢件加热到一定温度，保温一定时间，然后缓慢冷却（一般随炉冷却）的一种热处理工艺。退火冷却速度缓慢，接近于平衡状态，故退火组织可视为平衡组织。退火的主要目的是：降低硬度以利于切削加工；提高塑性以利于塑性加工成形；细化晶粒以提高力学性能；消除应力以防工件变形或开裂。退火后获得的组织为珠光体型组织，因而，退火一般作为改善工艺性能的预备热处理。

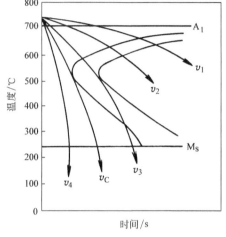

图2-36 应用C曲线分析奥氏体的连续冷却转变

钢的热处理 $\begin{cases} \text{普通热处理（退火、正火、淬火、回火）} \\ \text{表面热处理} \begin{cases} \text{表面淬火（火焰淬火、感应淬火）} \\ \text{化学热处理（渗碳、渗氮等）} \end{cases} \end{cases}$

图2-37 热处理的分类

根据钢的成分和退火目的的不同，常用的退火工艺有以下几种：完全退火、等温退火、球化退火、再结晶退火、均匀化退火和去应力退火（低温退火或人工时效）等。各类退火工艺的特点见表2-8。

表2-8 各类退火工艺的特点

类型	加热温度/℃	冷却方式	目的	适用范围
完全退火	$Ac_3 + (30 \sim 50)$	随炉冷到600℃以下，出炉空冷	消除上述工件的残余内应力，降低硬度，提高韧性，均匀组织，为后续加工和塑性变形作准备	亚共析钢的铸、锻、焊接件的毛坯或半成品零件的预备热处理
等温退火	$Ac_3 + (30 \sim 50)$	快冷到A_1以下某一规定温度，等温一定时间，出炉空冷	与完全退化相同，但可缩短转变时间，提高生产率	合金钢工件
球化退火	$Ac_1 + (30 \sim 50)$	经充分保温后缓冷到600℃出炉空冷	将片状珠光体、网状二次渗碳体进行球化，降低硬度，提高韧性，改善可加工性，为后续热处理作组织准备	过共析钢零件
均匀化退火	$Ac_3 + (150 \sim 300)$ 或 $Ac_{cm} + (150 \sim 300)$	长时间保温后随炉冷却	消除铸件中的偏析，使钢的化学成分和组织均匀化	多用于合金钢
去应力退火	A_1以下某一温度（一般为600℃）	保温后随炉冷却	加热保温时不发生组织转变，只有残余应力通过保温和缓冷过程而消除。目的是消除铸、锻、焊件、冷成形件以及切削加工件中的残余应力	所有钢件

2. 正火

将钢加热到 Ac_3 或 Ac_{cm} 线以上 30~50℃，保温一定时间，出炉后在空气中自然冷却的热处理工艺称为正火。钢的正火由于冷却速度比退火快，所以得到的组织是非平衡组织。

对于不同成分的钢，正火后其性能有很大不同。对于普通结构钢中的低碳钢、低碳合金钢钢件，正火是为了消除铸、锻、焊加工过程引起的过热组织，细化晶粒，提高硬度，改善可加工性；对于力学性能要求不高的或尺寸较大的结构件，常用正火作为最终热处理，以提高其强度、硬度；对于中碳结构钢工件，正火可消除成形工艺过程中产生的缺陷，保证合适的切削加工硬度，为后续热处理作好组织准备；对于过共析钢工件，正火可消除钢件组织中的网状二次渗碳体，为球化退火作组织准备。

与退火相比，正火冷却速度快，其组织较细、硬度、强度与同成分的退火材料相比要高一些，而且正火生产周期短，节约能源，操作简便，所以生产中常优先采用正火。

碳钢常用的退火和正火的加热温度范围及工艺曲线如图 2-38 所示。

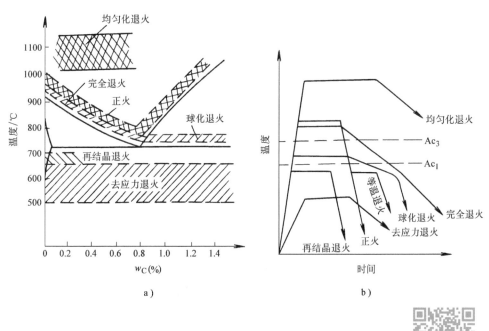

a）　　　　　　　　　　b）

图 2-38　退火和正火加热温度范围及工艺曲线

a）加热温度范围　b）工艺曲线

3. 淬火

淬火工艺是强化钢材的重要方法。淬火时，将钢件加热到 Ac_1 或 Ac_3 线以上 30~50℃，保温一定时间，然后以大于临界冷却速度进行快速冷却。其目的是获得马氏体组织，使钢件具有高强度、高硬度和高的耐磨性。

（1）淬火工艺的影响因素　淬火工艺的影响因素主要包括加热温度、保温时间、冷却速度、淬火冷却介质和淬火方法等。淬火加热温度应以得到均匀细小奥氏体晶粒为原则，冷却速度则必须大于临界冷却速度。

钢的成分不同，其淬火加热温度不同。碳钢淬火加热温度范围如图 2-39 所示。亚共析钢的淬火加热温度在 $Ac_3 + (30 \sim 50)℃$；共析钢及过共析钢淬火加热温度为 $Ac_1 + (30 \sim 50)℃$。合金钢的淬火加热温度可在有关手册中查阅。

淬火保温时间是根据工件有效厚度及成分来确定的，生产中常用经验公式进行估算。

冷却速度与淬火冷却介质和淬火方法有关。图 2-40 所示的是理想淬火的冷却速度。实际生产中，常用水、盐水或碱水、油等作为淬火冷却介质，并配以不同的淬火方法，以求得到最好的淬火效果。常见的淬火方法有单液淬火、双液淬火、分级淬火和等温淬火等，如图 2-41 所示。各种淬火方法的比较见表 2-9。

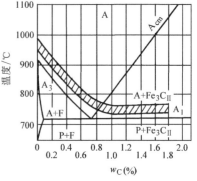

图 2-39　碳钢淬火加热温度范围

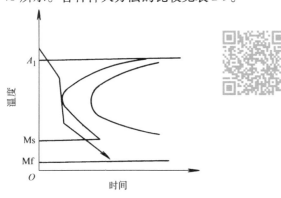

图 2-40　理想淬火的冷却速度

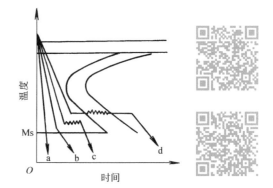

图 2-41　常见淬火方法示意图

a—单液淬火　b—双液淬火

c—分级淬火　d—等温淬火

表 2-9　各种淬火方法的比较

淬火方法	冷却方式	特　点
单液淬火	放入一种淬火冷却介质中连续冷却到室温	操作简便，易于实现机械化和自动化，但易产生淬火缺陷
双液淬火（双介质淬火）	先淬入一种具有较强冷却能力的淬火冷却介质中，当冷却曲线避开 C 曲线"鼻子尖"后，再立即转入冷却能力较弱的介质中进行淬火	淬火工件产生的内应力小，不易变形和开裂，但操作难度大
分级淬火（马氏体分级淬火）	将加热的工件先淬入稍高于 M_S 点的盐浴或碱浴槽中，短时保温后取出空冷，获得马氏体	工件内、外温差小，内应力小，可有效防止变形和开裂的产生　适合于形状复杂，截面面积小的碳钢及合金钢件的淬火
等温淬火（下贝氏体等温淬火）	将加热后的工件淬入略高于 M_S 点的盐浴或碱浴槽中，保温足够时间，使其完成下贝氏体转变，而后出炉空冷到室温	内应力很小、工件不易变形和开裂，而且有良好的综合力学性能　用于处理形状复杂，尺寸精度要求高，且硬度和韧性要求也较高的工件，如各种冷、热作模具，成形刀具等

（2）钢的淬透性　钢件在淬火后得到马氏体淬硬层的能力称为钢的淬透性。钢的淬透性越好，淬火后由表及里的淬硬层越厚。

除低碳钢以外，一般情况下淬火后工件的内应力很大，脆性高、易变形或开裂，不能直接使用，必须辅以回火工艺改善其使用性能。

4. 回火

回火工艺是将淬火后的钢加热到 A_1 线以下某一温度，保温一定时间后出炉空冷到室温的一种热处理工艺。回火是淬火的后续工序，目的是为了减少或消除淬火应力，防止工件变形与开裂，稳定工件尺寸及获得必需的力学性能。

（1）常见回火工艺　根据钢件性能要求，实际生产中一般按回火温度不同将钢的回火分为低温回火、中温回火和高温回火三类。其工艺特点及应用见表2-10。

表 2-10　常见回火工艺特点及应用

回火工艺	回火温度/℃	回火组织及硬度	特　　点	用　　途
低温回火	100～250	回火马氏体（58～64HRC）	保持了淬火马氏体的高硬度和高耐磨性，内应力和脆性有所降低	主要用于工具、滚动轴承、表面处理件
中温回火	350～500	回火托氏体（38～50HRC）	具有较高的弹性和韧性，和一定的硬度和韧性	主要用于各种弹性零件，如弹簧和模具
高温回火	500～650	回火索氏体（25～35HRC）	具有较好的综合力学性能，即强度、硬度、塑性、韧性都比较好	广泛用汽车、拖拉机轴类零件、齿轮和高强度螺栓及连杆等

淬火并回火后工件的硬度主要取决于钢的含碳量、合理的淬火工艺与回火温度和保温时间，与回火冷却速度几乎无关。生产上的回火件出炉后通常采用空冷。

（2）回火脆性　钢在回火时会产生回火脆性现象，如图 2-42 所示。淬火钢在 250～350℃ 和 450～600℃ 两个温度范围内回火时，其冲击韧度明显下降。前者称为低温回火脆性或第一类回火脆性，是由于马氏体中析出薄片状的 ε 碳化物引起的，属于不可逆脆性；后者为高温回火脆性或第二类回火脆性，多见于合金钢，主要是由于某些杂质元素及合金元素在晶界上严重偏聚引起的，为可逆脆性，可以通过重新加热或在钢中将加入适量的 W、Mo 来有效地防止这种脆性。

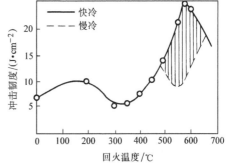

图 2-42　钢的冲击韧度与回火温度的关系

二、金属材料的表面技术

材料的表面技术是指对工件表面进行各种表面涂镀层及表面改性技术处理。表面技术可赋予工件表面特殊的力学、物理和化学性能，提高工件表面的耐磨、减摩、润滑及抗疲劳性能，或提高材料在腐蚀性介质中的耐蚀性或高温抗氧化性能，或使工件表面光泽、色彩发生变化；也可用于修复磨损或腐蚀损坏的工件。

常见的表面技术可分为表面强化处理、表面防腐及保护处理和表面装饰加工三大类，其分类及用途见表2-11。

表 2-11　常见的表面技术分类及用途

名称及分类		特　点	典型技术
表面强化处理	表面热处理强化	通过化学热处理和表面淬火等方法强化表面	渗碳、渗氮、渗硼及渗铬，感应淬火、激光、电子束淬火
	表面覆盖层强化	在材料表面获得特殊性能覆盖层，以提高强度、耐磨、耐蚀、耐疲劳等性能	喷涂、气相沉积
	表面形变强化	通过形变产生强化层，从而获得较高的疲劳强度	喷丸、滚压、挤压
	表面复合处理强化	将两种以上表面强化工艺复合用于同一工件上，在性能上可以发挥各自的优点	渗氮后进行高频淬火，镀覆后进行热扩散
表面防腐及保护处理		在材料表面施以覆盖层，以达到防腐蚀的目的	电镀、化学氧化、涂料涂装
表面装饰加工		通过各种方法达到表面装饰的目的	表面抛光、金属着色、光亮镀层和美术装饰漆膜

材料的表面技术种类繁多。对于钢铁材料，生产中最为常用是钢的表面热处理，电刷镀、热喷涂等技术也得到广泛的应用。

（一）表面热处理

表面热处理主要包括表面淬火和化学热处理。

1. 表面淬火

钢的表面淬火是指将工件表面快速加热至奥氏体化后淬火，使工件表面获得马氏体组织而心部仍然保持原有组织的局部淬火工艺。

按照加热方式的不同，表面淬火通常分为感应淬火和火焰淬火。

（1）感应淬火　如图 2-43 所示，将钢件置于通有一定频率和电流的感应圈内，利用感应电流通过工件表面所产生的热效应，使表面快速升温达到淬火温度，并随即将工件放入淬火冷却介质中冷却得到表面淬硬层。

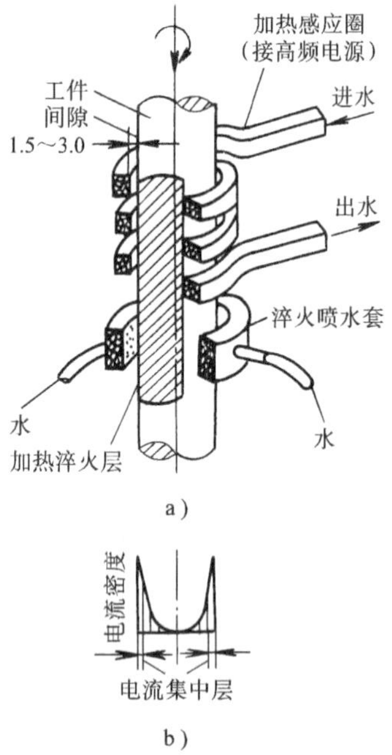

感应加热时，钢件截面上感应电流的分布状态与电流频率有关。电流频率越高，感应电流越趋于表面，金属表面加热层越薄，淬火后的表面淬硬层越浅。因此，可通过调节电流频率来获得不同的淬硬层厚度。常用感应加热设备种类及应用范围见表 2-12。

感应淬火的特点是：加热速度快，工件表面不易氧化、变形小；淬硬层深度易于控制，淬火组织细密，工件表面可形成残余压应力；生产率高，易于实现机械化和自动化。所以，感应淬火广泛用于汽车、拖拉机等工程机械中的齿轮、轴类的生产。

图 2-43　感应淬火原理示意图

a）原理图　b）涡流在工件截面上的分布

表 2-12 常用感应加热设备种类及应用范围

感应加热类型	常用频率/kHz	一般淬硬层深度/mm	应用范围
高频感应加热	200~1000	0.5~2.0	小型工件，如小模数齿轮、小型轴类等
中频感应加热	2~2.5	2~8	大型轴类和大、中模数齿轮
工频感应加热	50Hz	10~20	较大直径零件如轧辊、火车车轮
超音频感应加热	20~40	淬硬层能沿工件轮廓分布	中、小模数齿轮，花键轴等

感应淬火一般用于中碳钢和中碳低合金结构钢，也可用于高碳低合金钢制造工具和量具。由于感应加热设备结构复杂，价格较贵，感应器制造困难，故多用于大批量加工，而不适应单件、小批量和形状复杂零件的淬火。

（2）火焰淬火 火焰淬火是指用乙炔氧或液化气-氧火焰，将工件表面快速加热到淬火温度随即喷水淬火获得表面淬硬层的工艺，如图2-44所示。

火焰淬火适用于大型工件的表面淬火，如大型齿轮、大型异形工件，淬火层深度为2~6mm。此种表面淬火所用设备简单，投资少，但加热时工件易过热，淬火质量不稳定。

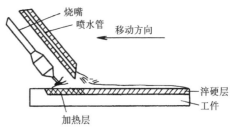

图 2-44 火焰淬火示意图

2. 化学热处理

化学热处理是将工件置于一定的活性介质中加热、保温，使一种或多种介质的活性原子渗入工件表面，改变表层化学成分从而改变其组织和力学性能的热处理工艺。通过化学热处理，可强化工件表面，改变工件表面的物理、化学性能，提高工件的表面硬度、耐磨性、疲劳强度。

化学热处理的种类很多，处理工艺一般以所渗入的元素来命名，如渗碳、渗氮、碳氮共渗、渗铬、渗铝等。

（1）渗碳 渗碳是向钢的表层渗入碳原子，增加表层含碳量并获得一定渗碳层深度的热处理工艺。渗碳的目的是使钢件表面增碳，经淬火并低温回火后，工件表面获得高硬度、高耐磨性和高疲劳强度，心部含碳量不变，仍保留较高的塑性和韧性。

根据渗碳介质的工作状态，渗碳方法可分为气体渗碳、固体渗碳和液体渗碳，最常用的是气体渗碳。

以低碳低合金钢为例，如图2-45所示，将钢件置于密封的加热炉中，加热到930℃左右，滴入煤油等富碳介质并保温一定时间，使富碳介质在高温下裂解生成活性碳原子渗入钢件表面，形成渗碳层。渗碳后，钢件的渗碳层厚度约0.2~2mm，渗碳层的碳的质量分数一般为0.8%~1.2%。渗碳后一般采用淬火加低温回火的热处理工艺，表面硬度可达58~64HRC，心部约为30~40HRC。

通常选用低碳钢或低碳合金钢为渗碳用钢，以保证渗碳淬火后表面具有较高的硬度和耐磨性，而心部又有一定的塑性和韧性。如选用20CrMnTi、20Cr等制造汽车用齿轮、活塞

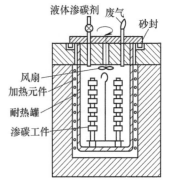

图 2-45 气体渗碳示意图

销、套筒等零件；选用18Cr2Ni4W制作装甲车辆变速器齿轮。

（2）渗氮　渗氮是指将氮原子渗入工件表面的过程。其目的是提高工件表面硬度，热硬性、耐磨性、耐蚀性和疲劳强度。

常用的渗氮方法有气体渗氮、液体渗氮和离子渗氮等。工业上常用的气体渗氮工艺是把工件置于通入氨气的热处理炉中，加热到380℃以上温度，使氨分解出活性氮原子，被工件表面吸收，并向内部扩散，形成0.1～0.6mm的氮化层。

与渗碳相比，气体渗氮的特点是工件表面硬度高，可达1000～1200HV（相当于69～72HRC）；渗氮温度低，渗氮后不再进行其他热处理，工件变形小；渗氮层具有高的耐蚀性；工件的疲劳强度可提高15%～30%。但渗氮处理工艺复杂、生产周期长、成本高，且需要专用钢材，只有要求高精度、高耐磨性的零件才选用渗氮工艺。38CrMoAlA为典型的氮化用钢，其渗氮层硬度可达到1000 HV。

（二）热喷涂技术

热喷涂技术是表面强化处理技术的一种。通常以某种高温热源如火焰、电弧，将金属、合金、金属陶瓷或陶瓷等粉末或线状材料加热到熔化或熔融状态后，采用高压高速气流将其雾化并喷射到零件表面或局部，形成具有一定特殊性能（如耐磨、减摩、耐蚀、抗高温氧化等）的覆盖层。

金属热喷涂技术是近年来发展较快的一项表面处理技术，被国家列入重点推广项目。汽车工业的热喷涂技术主要用于修复磨损的零件，如汽车、拖拉机的曲轴、缸套、凸轮轴、半轴、活塞环等；也可用于填补铸件裂纹，制造和修复减摩材料、轴瓦等。

根据热源不同，喷涂可分为氧乙炔焰喷涂、电弧喷涂、等离子喷涂等。汽车修理中应用较多的是氧-乙炔焰粉末喷涂及电弧喷涂。

1. 氧-乙炔焰粉末喷涂

氧-乙炔焰粉末喷涂原理示意图如图2-46所示，利用氧乙炔焰为热源（最高温度可达3100℃），将喷涂金属粉末借助气流输送到火焰区，一边高速流动，一边加热熔化，并以一定速度射向需要喷涂的工件表面，形成涂层。该工艺适用于曲轴、轴套等件的磨损修复。

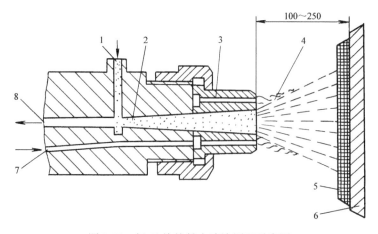

图2-46　氧-乙炔焰粉末喷涂原理示意图

1—进料口　2—气体通道　3—喷嘴　4—火焰　5—喷涂层
6—工件　7—氧气、乙炔入口　8—气体出口

2. 电弧喷涂

电弧喷涂原理示意图如图 2-47 所示。其工作过程是：用两根金属丝作为消耗电极，加上交流或直流电压（30~50V），金属丝由电动机通过变速机构驱动向前送进，在喷口处相交时，因短路产生电弧，金属丝不断熔化，随即又被压缩空气雾化，以高速喷向旋转的工件，最后形成涂层。

一般电弧的温度可达 5000~6000℃，采用电弧喷涂可喷涂各种金属、非金属及高熔点的材料。这种方法广泛用于汽车曲轴、一般负荷轴的表面修复。由于电弧喷涂生产率高，设备及工艺比较简单，使用成本低，在汽车工业及服务业中得到了迅速发展和广泛运用。

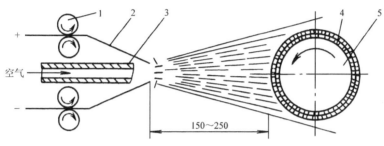

图 2-47 电弧喷涂原理示意图

1—送丝轮 2—金属丝 3—喷嘴 4—涂层 5—工件

3. 等离子喷涂

等离子喷涂是利用气体导电（或放电）所产生的等离子电弧作为高温热源，将喷涂材料迅速加热至熔化状态，并在等离子电弧加速下高速喷射到工件表面形成涂层。等离子弧喷涂原理示意图如图 2-48 所示。喷枪钨极接负极，喷嘴接正极。氮气及金属粉（W、Cr、Fe）等由空腔送入。在起弧时，先接通高频电源，在高频电场作用下，两电极间空气被电离，然后再接通电弧的电流。喷嘴用高压水循环强制冷却。

等离子喷涂的焰流温度高，可达 15000℃ 以上，因此，等离子弧喷涂可熔化目前已知的所有材料，涂层材料可不受熔点高低限制。另外，等离子喷涂的焰流速度大、涂层较细密、质量好，能在普通材料上形成耐磨、耐腐、耐高温的涂层。该技术一般用来喷涂 WC 等高熔点材料。

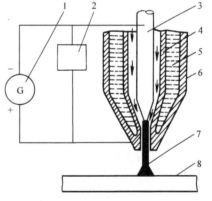

图 2-48 等离子弧喷涂原理示意图

1—电源 2—高频振荡器 3—钨极
4—保护气与金属粉 5—强力冷
却水套 6—喷嘴 7—等离子
电弧束 8—工件

（三）电刷镀

电刷镀又称为涂镀、刷镀，是近十几年发展起来的零件修复工艺。它是利用电化学原理，在金属工件表面局部有选择地快速沉积金属镀层，达到恢复零件尺寸和改变零件表面性能的目的。

电刷镀原理示意图如图 2-49 所示，将接电源正极的刷镀笔周期性地浸蘸或浇注专用刷镀液，与接于电源负极的工件表面接触并作相对运动，镀液中的金属离子在电场力的作用下向工件表面迁移，不断还原为金属并沉积在工件表面，从而形成镀层。随着时间的延长和通过电量的增加，镀层逐渐增厚，直到所需的厚度。

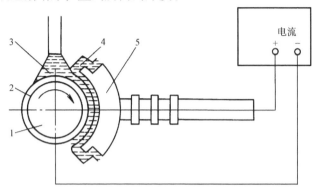

图2-49 电刷镀原理示意图

1—工件 2—刷镀层 3—刷镀 4—阳极包套 5—刷镀笔

电刷镀的特点是：在低温下进行，基体金属的性能几乎不受影响；能获得均匀、致密、具有良好的力学性能和化学性能的镀层，且与基体结合强度高；镀层沉积速度快，工艺适用范围大，工件尺寸不受限制，可现场施镀，设备简单、操作安全、污染小、耗电少、成本低。

电刷镀液按其作用可分为预镀溶液、金属刷镀溶液、退镀溶液和钝化溶液四类。汽车维修中常用的是前两种镀液。

（四）气相沉积技术

气相沉积是利用气相中发生的物理、化学过程，改变工件表面成分，在表面形成具有特殊性能的金属或化合物涂层。气相沉积技术可分为化学气相沉积（CVD）和物理气相沉积（PVD）两大类。

1. 化学气相沉积（CVD）

化学气相沉积技术是指利用气态物质，于一定温度下，在固体表面上进行化学反应，并生成固态沉积膜的工艺过程。以钢件涂覆 $TiCl_4$ 或 TiN 层为例，将钛以挥发性氯化物 $TiCl_4$ 形式与气态或蒸发状态的碳氢化合物（CH_4）一起置入反应室，在 900～1200℃ 下进行反应，经数小时处理后，表面可形成一定厚度的沉积层。

常用化学气相沉积涂层材料为碳化物、氮化物、氧化物，如 TiC、TiN、Al_2O_3 等。涂层具有很高的硬度（2000～4000HV），较低的摩擦因数、优异的耐磨性、良好的抗粘着能力和优越的耐蚀性，应用对象一般是硬质合金刀具、高碳高铬冷作模具钢、热作模具钢等。

化学气相沉积的缺点是沉积温度高，工件易变形，所以应用范围有一定的局限性。

2. 物理气相沉积（PVD）

物理气相沉积是通过真空蒸发，电离或溅射等过程，产生金属粒子，并与反应气体形成化合物涂层沉积在工件表面，从而强化工件表面。物理气相沉积方法有真空镀、真空溅射和离子镀等，目前应用较广的是离子镀。

物理气相沉积主要特点是：涂覆材料选择余地大，钢铁材料、非铁金属材料、陶瓷等均可；沉积温度低于600℃，沉积速度较快，涂层纯度高、密合性好；可以得到与加工表面同等精度的表面，可不必再加工涂层；无公害。

物理气相沉积可应用于材料的表面装饰和硬化工件表面等。用于表面装饰方面的物理气相沉积可以获得表面光泽度极好的镀层。如对汽车玻璃采用适当的物理气相沉积处理，便可得到不同颜色的表面。例如：Al——仿银色，Al_2O_3——无色透明，VC——灰色，NbC——亮褐色，TaC——金褐色，TiN——金黄色，WN——褐色，$9Al_2O_3 + Cr$——红色；用于硬化工件表面的TiC、TiN涂层，对刀具、模具使用寿命的提高具有良好的效果。例如，TiC可在硬质合金的基体上沉积，涂层硬度高达3200～3400HV，耐磨性好，摩擦因数为0.08～0.10；TiN涂层的硬度可达2500HV，抗氧化性、抗耐磨性、抗热咬合性都好于TiC，适用于钢质和硬质合金基体。

*三、其他热处理工艺及表面技术简介

（一）钢的其他热处理技术

随着材料科学技术的发展，热处理工艺也在不断地改进，形成了许多新的热处理技术，如真空热处理、形变热处理等。

1. 真空热处理

真空热处理是指在真空中进行的热处理，包括真空淬火、真空退火、真空回火及真空化学处理等。真空热处理是在1.33～0.0133Pa真空度的真空中加热工件。真空热处理的工件表面不氧化、不脱碳、表面光洁、变形小，可显著提高工件耐磨性和疲劳强度。真空热处理的工艺操作条件好，有利于实现机械化和自动化，而且污染小，节约能源。

2. 形变热处理

形变热处理是将塑性变形同热处理有机地结合在一起，获得形变强化和相变强化综合效果的强化方法。这种工艺方法不仅可以提高钢的强韧性，还可以大大简化金属材料或工件的生产流程。

形变热处理的方法很多，有低温形变热处理、高温形变热处理等。低温形变热处理的特点是将钢加热到奥氏体状态后，快速冷却到Ar_1以下，进行70%～80%的变形，随即淬火、回火。与普通热处理相比，这种热处理技术能在保持塑性不变的情况下，大幅度提高钢的强度和抗磨性。这种工艺适用于高速钢刀具、合金弹簧钢等。高温形变热处理是在奥氏体稳定区进行塑性变形，然后立即淬火的热处理工艺。这种处理工艺在保证强度高于普通热处理工艺的情况下，大大提高韧性，减少回火脆性，降低缺口敏感性。这种工艺多用于调质钢及加工量不大的锻件或轧材，如曲轴、连杆、弹簧等。由于受设备和工艺条件限制，形变热处理目前应用还不够普遍。

（二）表面处理技术

随着表面热处理技术的不断发展，离子化学热处理、电子束淬火和激光表面处理等新技术也不断得以应用。简要介绍如下。

1. 离子化学热处理

离子化学热处理是在真空炉中通入少量与热处理目的相适应的气体，在高压直流电场作

用下，稀薄的气体被电离，启辉加热工件。同时，欲渗入的元素从通入的气体中离解出来，渗入工件表层。离子化学热处理比一般化学热处理速度快，生产效率高，表层组织可自由选择，工件变形开裂倾向小，具有良好的力学性能和物理性能；但离子化学热处理设备投资费用较高。

2. 电子束淬火

电子束淬火是利用电子枪发射出成束的电子，轰击工件表面，使之快速加热，再自冷淬火。电子束淬火使能量利用率大大提高，约达80%。这种表面热处理工艺不受钢材种类的限制，淬火质量高，基本性能不变，是很有发展前途的新工艺。日本丰田、日野等汽车公司已将电子束淬火用于汽车的离合器、凸轮、气门、挺杆等零件的表面处理。

3. 激光表面处理

激光表面处理是利用专门的激光器发出能量密度极高的激光，以极快速度加热工件表面，经自冷淬火后使工件表面强化。生产上应用较多的是激光表面淬火和激光熔化淬火。

激光表面淬火是指当激光束照射到金属表面时，金属表面受热急剧升温形成奥氏体，而工件的基体仍处于冷态，停止激光照射时，加热区域因急冷而实现工件的自冷淬火，获得超细化的马氏体组织。激光淬火的特点是淬火层硬度比常规淬火的硬度高，其疲劳极限高于常规热处理，可实现一般热处理无法实现的局部淬火，如拐角、不通孔、键槽等。例如，汽车发动机缸套常采用激光淬火处理，可大大提高其耐磨性；对曲轴轴颈和连杆轴颈施以激光淬火，可提高耐磨性和疲劳极限。美国通用公司20世纪80年代开始对汽车转向器零件进行激光加热表面淬火，德国大众、日本丰田等汽车公司也相继采用了激光热处理技术。我国上海桑塔纳轿车中的缸套、曲轴、摇臂、凸轮轴、活塞环、轴承座、滚珠等零件也采用了激光加热表面淬火技术。

激光熔凝技术是指用激光束加热工件表面并使其熔化到一定深度，再自冷使熔化层凝固，获得细化均质的组织和高性能。其主要特点是表面熔凝层与材料的基体是天然的冶金结合；在熔凝过程中可排出杂质和气体，同时熔凝后急冷重结晶获得的组织具有较高的硬度、耐磨性和耐蚀性；熔层薄、热作用区小，对工件尺寸影响不大，一般可直接使用。激光熔凝技术的典型应用是拖拉机缸套的激光处理，可显著提高其耐磨性和使用寿命，细化组织。

第三节　常用金属材料及其应用

金属材料是现代机械制造应用的最主要材料，种类很多，应用广泛，分为钢铁材料（如碳钢、合金钢、铸铁）及各种有色金属及其合金等（图2-50）。钢铁材料是汽车工业用材的主体，它们占汽车用材总量的65%～70%。本节介绍常用的金属材料分类、牌号、性能特点及应用。

一、碳钢

碳钢又称碳素钢，通常指碳的质量分数（w_C）小于2.11%的铁碳合金。实际使用的碳钢，其碳的质量分数一般不超过1.4%。因其冶炼方便、加工容易、价格便宜、性能可以满足一般工程使用要求，所以是制造各种机器零件、工程结构和量具、刀具等最主要的材料。

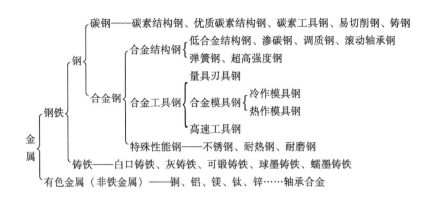

图 2-50 金属材料的分类

（一）常见杂质元素对碳钢性能的影响

在实际生产中使用的碳钢，不单纯是铁和碳组成的合金，还包含有锰、硅、硫、磷等常规杂质元素，它们对碳钢的性能有一定的影响。

（1）锰 锰是钢中的有益元素，由于炼钢时用锰铁脱氧而残留在钢中。锰大部分溶于铁素体中，形成置换固溶体，因此具有固溶强化作用；碳钢中，w_{Mn} 一般为 0.25% ~ 0.80%，当锰的质量分数较小时，对钢的性能影响不明显。

（2）硅 硅也是钢中的有益元素，炼钢时用硅铁脱氧残留在钢中。硅能溶于铁素体，具有固溶强化作用，但同时降低钢的韧性和塑性。碳钢中，w_{Si} 一般为 0.17% ~ 0.37%，当硅的质量分数较小时，对钢的性能影响不明显。

（3）硫 硫是钢中的有害元素，是在炼钢时由矿石和燃料带入钢中的，难以除尽。硫在钢中常以 FeS 的形式存在，并分布在晶界上。当钢加热到 1000 ~ $1200℃$ 进行热加工时，FeS 会发生熔化而使钢材变得极脆，这种现象称为热脆性。对于铸钢件，硫的质量分数高时，也会出现热裂现象。因此必须严格控制钢中硫的含量，一般 $w_S < 0.065\%$。

但是，硫的存在也可改善钢的可加工性，所以，在制造一些低强度要求的零件时，可采用硫的质量分数相对较高的易切削钢。

（4）磷 磷是钢中的有害元素，也是在炼钢时由矿石带入钢中的。室温下，钢中的磷全部溶于铁素体中，能使钢的强度、硬度增加，但也使其在室温特别是低温时塑性和韧性大大下降，这种现象称为冷脆。一般钢中 $w_P < 0.045\%$。

磷的冷脆性有时也可以利用。例如，在钢中适当提高磷的质量分数，可改善其可加工性；在炮弹钢中加入较多的磷，可使炮弹爆炸时的碎片增多，提高杀伤力。

常见杂质元素的来源及其对钢性能的影响作用见表 2-13。

表 2-13 常见杂质元素的主要来源及其对钢性能的影响

杂质元素	主要来源	对钢性能的影响
Si	炼钢时残留	溶入 F→固溶强化——有益
Mn	炼钢时残留	溶入 F→固溶强化——有益
S	矿石、燃料中	热脆性——有害
P	矿石中	冷脆性——有害

（二）碳钢的分类

碳钢的品种繁多，应用广泛，为便于生产、管理、选用和研究，将钢加以分类和统一编号，常用的分类方法如下。

1. 按碳的质量分数分

（1）低碳钢　碳的质量分数 $w_C \leqslant 0.25\%$。

（2）中碳钢　碳的质量分数 $0.25\% < w_C \leqslant 0.60\%$。

（3）高碳钢　碳的质量分数 $w_C > 0.60\%$。

2. 按品质（主要根据碳钢中杂质硫、磷的质量分数多少）分

（1）普通碳素钢　$w_S \leqslant 0.055\%$，$w_P \leqslant 0.045\%$。

（2）优质碳素钢　$w_S \leqslant 0.040\%$，$w_P \leqslant 0.040\%$。

（3）高级优质碳素钢　$w_S \leqslant 0.030\%$，$w_P \leqslant 0.035\%$。

（4）特级优质碳素钢　$w_S \leqslant 0.025\%$，$w_P \leqslant 0.030\%$。

3. 按用途分

（1）碳素结构钢　主要用于制造各种机器零件和工程结构件，多为低碳钢和中碳钢。

（2）碳素工具钢　主要用于制造各种刀具、量具和模具，多为高碳钢。

另外，工业用钢按冶炼方法的不同，可分为平炉钢、转炉钢和电炉钢等；按炼钢的脱氧程度可分为沸腾钢（脱氧不完全）和镇静钢（脱氧较完全）。

（三）碳钢的牌号、性能和用途

1. 普通碳素结构钢（GB/T 700—2006）

根据国家标准《碳素结构钢》（GB/T 700—2006）的规定，普通碳素结构钢的牌号由代表屈服强度的汉语拼音首位字母 Q、屈服强度 R_{eH} 的数值（单位 MPa）、质量等级（A、B、C、D）和脱氧方法符号四个部分按顺序排列组成。

1）质量等级符号含义。A 级的硫、磷的质量分数最高，D 级的硫、磷的质量分数最低。

2）脱氧方法符号含义。F—沸腾钢，Z—镇静钢，TZ—特殊镇静钢。通常多用镇静钢，故其符号 Z 一般省略不表示。

普通碳素结构钢的规定牌号有 Q195、Q215、Q235 和 Q275 四种。这类钢的碳的质量分数较低，而硫、磷等有害元素和其他杂质含量较多，故强度不够高，但塑性、韧性好，焊接性能优良，冶炼简便，成本低，使用时一般不进行热处理。普通碳素结构钢一般作为工程用钢，广泛用于建筑、桥梁、船舶、车辆等工程。碳素结构钢也可作为机器用钢，用于制造不重要的机器零件。

普通碳素结构钢常用于制造汽车传动轴间支架、发动机前后支架、后视镜支杆，三、四、五档同步器锥盘，差速器螺栓锁片、车轮轮辐、驻车制动操纵杆棘爪和齿板等零件。

普通碳素结构钢的牌号、化学成分及力学性能见表 2-14。

2. 优质碳素结构钢（GB/T 699—2015）

根据国家标准《优质碳素结构钢》（GB/T 699—2015）的规定，优质碳素结构钢的碳的质量分数一般为 0.05% ~ 0.75%。与普通碳素结构钢相比，其硫、磷及其他有害杂质含量

较少，因而强度较高，塑性和韧性较好，通常还经过热处理来进一步调整和改善其性能，因此应用最为广泛，适用于制造较重要的零件。

表 2-14 普通碳素结构钢的化学成分及力学性能（摘自 GB/T 700—2006）

牌号	等级	化学成分（%），不大于					力学性能											
		C	Mn	Si	S	P	R_{eH}/MPa 钢材厚度（直径）/mm						σ_b/MPa	A（%）钢材厚度（直径）/mm				
							≤16	>16~40	>40~60	>60~100	>100~150	>150~200		≤40	>40~60	>60~100	>100~150	>150~200
				不大于														
Q195	—	0.12	0.50	0.30	0.050	0.045	195	185	—	—	—	—	315~430	33	—	—	—	—
Q215	A	0.15	1.2	0.30	0.050	0.045	215	205	195	185	175	165	335~450	31	30	29	27	26
	B				0.045	0.045												
Q235	A	0.22	1.4	0.30	0.050	0.045	235	225	215	205	195	185	375~500	26	25	24	22	21
	B	0.20			0.045	0.045												
	C	0.18			0.040	0.040												
	D	0.17			0.035	0.035												
Q275	A	0.24	1.50	0.35	0.050	0.045	275	265	255	245	225	215	410~540	22	21	20	18	17
	B	0.21			0.045	0.045												
		0.22																
	C	0.22			0.040	0.040												
	D	0.20			0.035	0.035												

优质碳素结构钢的牌号用两位数字表示，该数字表示钢的平均碳的质量分数的万分数，如牌号 45 表示其平均碳的质量分数为 0.45%。对于较高锰含量（$w_{Mn}=0.7\%\sim1.2\%$）的优质碳素结构钢，则在对应牌号后加"Mn"表示，如 45Mn、65Mn 等。

优质碳素结构钢在汽车上的应用实例：08 钢应用于驾驶室、燃油箱、离合器等；20 钢应用于离合器分离杠杆、风扇叶片、驻车制动杆等；45 钢应用于凸轮轴、曲轴、万向节主销、离合器踏板轴等；65Mn 钢应用于气门摇臂复位弹簧、活塞油环簧片、离合器压板盘弹簧、活塞销卡簧等。

常用优质碳素结构钢的牌号、化学成分和力学性能见表 2-15。

表 2-15 常用优质碳素结构钢的牌号化学成分和力学性能（GB/T 699—2015）

牌号	化学成分（%）					力学性能					硬度 HBW≤	
	C	Si	Mn	P	S	R_{eL}/MPa	R_m/MPa	A（%）	Z（%）	a_K/J·cm^{-2}		
						不小于					热轧钢	退火钢
08	0.05~0.11	0.17~0.37	0.35~0.65	≤0.035	≤0.035	195	325	33	60	—	131	
10	0.07~0.13	0.17~0.37	0.35~0.65	≤0.035	≤0.035	205	335	31	55	—	137	

（续）

牌号	化学成分（%）					力 学 性 能					硬度	
	C	Si	Mn	P	S	R_{eL} /MPa	R_m /MPa	A (%)	Z (%)	a_K /J·cm^{-2}	HBW$\leqslant$	
						不小于					热轧钢	退火钢
20	0.17~0.23	0.17~0.37	0.35~0.65	≤0.035	≤0.035	245	410	25	55	—	156	—
30	0.27~0.34	0.17~0.37	0.50~0.80	≤0.035	≤0.035	295	490	21	50	63	179	—
35	0.32~0.39	0.17~0.37	0.50~0.80	≤0.035	≤0.035	315	530	20	45	55	197	—
40	0.37~0.44	0.17~0.37	0.50~0.80	≤0.035	≤0.035	335	570	19	45	47	217	187
45	0.42~0.50	0.17~0.37	0.50~0.80	≤0.035	≤0.035	335	600	16	40	39	229	197
50	0.47~0.55	0.17~0.37	0.50~0.80	≤0.035	≤0.035	375	630	14	40	31	241	207
60	0.57~0.65	0.17~0.37	0.50~0.80	≤0.035	≤0.035	400	675	12	35	—	255	217
65	0.62~0.70	0.17~0.37	0.50~0.80	≤0.035	≤0.035	410	695	10	30	—	255	229

根据碳的质量分数、热处理和用途的不同，优质碳素结构钢还可分为以下三类。

（1）渗碳钢　w_C 为 0.15%~0.25%，常用的为 20 钢。渗碳钢属于低碳钢，其强度较低，但塑性、韧性较好，可加工性和焊接性能优良，可直接用来制造各种受力不大但韧性要求较高的零件以及焊接件和冷冲件，如拉杆、吊钩扳手、轴套等。

通常渗碳钢多进行表面渗碳（所以称作渗碳钢）、淬火和低温回火处理，以获得表面高硬度、高耐磨性，而心部具有良好韧性的"表硬里韧"的性能，适用于承受一定的冲击载荷和有摩擦、磨损的机器零件，如凸轮、齿轮、滑块和活塞销等。

（2）调质钢　w_C 为 0.25%~0.50%，属于中碳钢，常用的牌号为 45、35 等。调质钢多需进行调质处理，即进行淬火和高温回火处理来获得良好的综合力学性能（强度、塑性、韧性的良好配合）。调质钢多用于制作较重要的机器零件，如凸轮轴、曲轴、连杆、齿轮等；调质钢也可经表面淬火和低温回火处理，以获得较高的表面硬度和耐磨性，用于制造要求耐磨但冲击载荷不大的零件，如车床主轴箱齿轮等。对于一些大尺寸和（或）要求较低的零件，通常只进行正火处理，以简化热处理工艺。

（3）弹簧钢　w_C 为 0.55%~0.9%，常用的为 65Mn。弹簧钢通常多进行淬火和中温回火，以获得高的弹性极限。

弹簧是汽车的重要构件，应用于汽车的各个部位，具有能量储存、自动控制、缓冲平衡、固定复位、安全减振等作用。通常，一辆汽车上装有 50~60 种共 100 多件弹簧，用于悬架、发动机、离合器、制动器等重要部位。典型的弹簧件有：悬架弹簧（如板簧、扭杆弹簧和螺旋弹簧）、座椅弹簧、膜片弹簧等。

3. 碳素工具钢（GB/T 1299—2014）

工具钢是用来制造各种刀具、量具和模具的材料。它应满足刀具在硬度、耐磨性、强度和韧性等方面的要求。例如，在金属切削过程中，随温度的升高，机床刀具不仅要求在常温时具有高的硬度，而且要求在高温时仍保持切削所需硬度的性能，即热硬性。

碳素工具钢是指 w_C 为 0.7%~1.3% 的高碳钢，牌号用"T"表示钢的种类，后面的数字表示含碳的平均质量分数，用千分之几表示。常用的碳素工具钢有 T8、T10、T10A、

T12A（A 表示高级优质钢）等。由于碳素工具钢的热硬性较差，热处理变形较大，仅适用于制造不太精密的模具、木工工具和金属切削的低速手用刀具（锉刀、锯条、手用丝锥）等。碳素工具钢的牌号、性能及用途见表 2-16。

表 2-16 碳素工具钢的牌号、性能及用途

牌号	硬 度			用 途 举 例
	交货状态		试样淬火 HRC（不小于）	
	退火	退火后冷拉		
	HBW（不大于）			
T7	187	241	62	承受冲击，韧性较好、硬度适当的工具，如扁铲、手钳、大锤、螺钉旋具、木工工具等
T8				承受冲击，要求较高硬度的工具，如冲头、压缩空气工具、木工工具等
T8Mn				同上。但淬透性较大，可制造断面较大的工具
T9	192			韧性中等，硬度要求较高的工具，如冲头、木工工具、凿岩工具等
T10	197			不受剧烈冲击，要求高硬度、高耐磨性的工具，如车刀、刨刀、丝锥、钻头、手锯条等
T11	207			同上
T12				不受冲击，要求高硬度、高耐磨性的工具，如锉刀、刮刀、精车刀、丝锥、量具等
T13	217			同上。要求更耐磨的工具，如刮刀、剃刀等

4. 铸钢（GB/T 11352—2009）

铸钢是将熔化的钢液直接浇注到铸型中去，冷却后即获得零件毛坯（或零件）的一种钢材。铸钢的 w_C 一般在 0.15% ~ 0.60% 之间，铸钢的浇注温度较高，因此在铸态时晶粒粗大，使用前应进行热处理改善性能。

铸钢的牌号由 "ZG" 和两组数字组成，其中 "ZG" 为铸钢的代号，代号后面的两组数字分别表示屈服强度 R_{eH}（MPa）和抗拉强度 R_m（MPa）。例如：ZG270-500 表示屈服强度为 270MPa，抗拉强度为 500MPa 的铸钢。

ZG200-400 具有良好的塑性、韧性和焊接性，适用于受力不大，要求一定韧性的各种机械零件，如机座、变速器壳等；ZG270-500 的强度较高，韧性较好，各项工艺性能均较好，用途广泛，常用作轧钢机机架、轴承座、连杆、缸体等；ZG340-640 具有高的强度、硬度和耐磨性，焊接性较差，常用于制造齿轮类零件。

铸钢在汽车上的应用实例：ZG270-500 用于润滑油管法兰、操作杆活接头等；ZG310-570 用于 CA1092 的进、排气歧管压板，前减振器下支架，二档、四档、五档变速叉，起动爪等。

常用碳素铸钢的牌号、力学性能和用途见表 2-17。

表 2-17　常用碳素铸钢的牌号、力学性能和用途

牌号	力学性能						用途举例
	屈服强度 $R_{eL}(R_{p0.2})$ /MPa	抗拉强度 R_m/MPa	伸长率 A_5（%）	截面收缩率 Z（%）	冲击吸收能量 A_{kV}/J	冲击吸收能量 A_{kU}/J	
ZG200-400	200	400	25	40	30	47	机座、变速器壳
ZG230-450	230	450	22	32	25	35	轧钢机机架、轴承座、连杆
ZG270-500	270	500	18	25	22	27	机油管法兰、操作杆件
ZG310-570	310	570	15	21	15	24	进排气歧管压板、变速叉、起动爪
ZG340-640	340	640	10	18	10	16	齿轮

二、合金钢

合金钢是指在碳钢的基础上，有目的地加入一些合金元素后而得到的钢种，常用的合金元素有 Si、Mn、Cr、Ni、Mo、W、Ti 和稀土元素等。与碳素钢相比，合金钢的热处理工艺性较好，力学性能指标更高，还能满足某些特殊性能要求。

（一）合金元素在钢中的作用

合金元素与钢的基本组元铁、碳发生作用，从而改变其组织和性能。其作用主要概括为以下几个方面。

1. 合金元素可以提高钢的力学性能

加入合金元素提高钢的力学性能，主要表现为固溶强化、第二相强化和细晶强化等。

其中，大多合金元素都能溶于 α-Fe 形成合金铁素体，产生固溶强化，提高钢的强度和硬度，但塑性和韧性下降。

合金元素在钢中除了固溶于铁素体之外，还可与碳化合形成合金渗碳体和特殊碳化物，如 VC、TiC、NbC 等，具有较高的硬度和稳定性，使钢的硬度、强度及耐磨性大大提高，称第二相强化。第二相强化对钢的塑性和韧性影响不大。特殊碳化物存在于晶界上，可强烈阻碍奥氏体晶粒的长大，起到细化晶粒的作用，使钢具有较好的力学性能，特别是能显著提高钢的韧性。

2. 合金元素对钢的热处理产生影响

合金元素对淬火、回火状态下钢的强化作用最显著。合金元素除 Co 外都能使奥氏体等温转变图右移，提高奥氏体的稳定，降低钢的临界冷却速度，提高钢的淬透性，降低淬火应力，减少了工件的变形和开裂。

耐回火性是淬火钢在回火时抵抗软化的能力。大多数合金元素减慢马氏体的分解，阻碍碳化物的聚集长大，使钢的硬度随回火加热升温而下降的程度减慢，即增加了耐回火性。耐回火性较高也表明钢在较高温度下仍能保持较高的强度和硬度。所以，合金钢与碳钢相比，有更高的使用温度，有更好的综合力学性能。

各类合金钢都有第二类回火脆性，只是程度不同而已。一般认为 Mn、Si、Cr、Al、V、

P 可较为明显地增大回火脆性，而加入 W、Mo 可降低回火脆性。

3. 合金元素对钢的工艺性能产生影响

合金元素的加入使钢的铸造、锻造、焊接、加工性都有不同程度的降低，但可以明显地改善热处理的工艺性能。由于合金元素的影响，一般来说合金元素都使钢的铸造性能变差；许多合金钢，特别是含有大量碳化物形成元素的合金钢，可锻性均明显下降；凡提高钢的淬透性的合金元素，都会增加焊后应力，故而合金元素含量高时，焊接性则大大降低。一般合金钢的可加工性比碳钢差，但适当加入 S、P、Pb 等元素，可使可加工性得到改善。

（二）合金钢的分类及编号

1. 合金钢的分类

合金钢的种类繁多，分类方法也很多。我国常用的分类方法如下。

（1）按合金元素含量分

1）低合金钢。合金元素的总含量 $w < 5\%$。

2）中合金钢。合金元素的总含量为 $w = 5\% \sim 10\%$。

3）高合金钢。合金元素的总含量 $w > 10\%$。

（2）按用途分　可分为合金结构钢、合金工具钢和特殊性能钢三类。

2. 合金钢的编号

按国家标准的规定，合金钢的牌号采用"数字 + 合金元素符号 + 数字"的方法来表示。

（1）合金结构钢　它的牌号的前两位数字表示钢中碳的平均质量分数，以万分数计。合金元素符号后的数字表示该元素的平均质量分数，若合金元素的质量分数小于 1.5%，一般不标出。

例如：60Si2Mn 表示 w_C 为 0.6%、w_{Si} 为 2%、w_{Mn} 小于 1.5% 的合金结构钢。

（2）合金工具钢　牌号的前一位数字表示钢中碳的平均质量分数，以千分数计，若 w_C 超过 1% 时，一般不标出。合金元素质量分数的表示方法同合金结构钢。

例如：9SiCr 表示 w_C 为 0.9%、w_{Si} 和 w_{Cr} 均小于 1.5% 的合金工具钢。

（3）特殊性能钢　牌号表示法与合金工具钢相同。只是当 $w_C \geq 0.04\%$ 时，用两位数表示，$w_C \leq 0.03\%$ 时，用三位小数表示。

例如：06Cr13 表示 w_C 为 0.06%、w_{Cr} 为 13% 的不锈钢。

（三）合金结构钢

合金结构钢主要用于制造机器零件及工程结构件，是应用非常广泛的一类合金钢。常用的合金结构钢有以下几种。

1. 低合金高强度结构钢（GB/T 1591—2018）

低合金高强度结构钢的成分特点为低碳、低合金，所加入的合金元素主要有锰、钒、钛等；具有高强度、高韧性、良好的焊接性和冷成形等性能特点，强度比普通碳素钢高 30% ~50%。这类钢一般在热轧空冷状态下使用，广泛用于桥梁、船舶、车辆、压力容器和建筑结构等方面，以减轻重量、节约钢材。常用的牌号有 Q355、Q390、Q420、Q460 等。

低合金结构钢在汽车上的应用实例：Q355 用于纵梁前加强板、横梁、角撑、保险杠等；Q420 用于车架纵横梁、蓄电池固定框后板、燃油箱托架等。

常用低合金结构钢的牌号、性能及用途见表 2-18。

表 2-18　常用低合金结构钢的牌号、性能及用途（GB/T 1591—2018）

牌号	R_{eH}/MPa	R_m/MPa	A（%）	用　途　举　例
Q355	355	470~630	17~22	桥梁、车辆、船舶、建筑结构
Q390	390	490~650	18~20	桥梁、船舶、起重机、压力容器
Q420	420	520~680	19~20	桥梁、高压容器、船舶、电站设备
Q460	460	550~720	17~18	中温高压容器、锅炉、化工容器

2. 合金渗碳钢（GB/T 3077—2015）

合金渗碳钢是在渗碳钢的基础上，加入一定量的合金元素而形成的。其中，铬、镍、锰、硼等合金元素能提高淬透性，并有强化铁素体的作用；钨、钼、钒、钛等元素可避免高温渗碳时奥氏体晶粒的粗化，使工件在渗碳后可直接淬火，还能在材料表面形成合金碳化物弥散质点，提高耐磨性。

合金渗碳钢表层经渗碳后硬度高而耐磨，心部有较高的强度和韧性。与碳钢渗碳件相比，具有工艺性能好、使用性能高的特点。常用的牌号有 15Cr、20Cr、20CrMnTi 等。

合金渗碳钢在汽车上的应用实例：15Cr 用于活塞销、气门弹簧座、气门挺杆等；20CrMnTi 用于各类重要齿轮、万向节和差速器十字轴等；20MnVB 用于传动轴十字轴、转向万向节十字轴、差速器十字轴、后桥减速器齿轮等。

常用合金渗碳钢的牌号、性能及用途见表 2-19。

表 2-19　常用合金渗碳钢的牌号、性能及用途（GB/T 3077—2015）

牌号	R_{eL}/MPa	R_m/MPa	A（%）	Z（%）	KU_2/J	用　途　举　例
20Mn2	590	785	10	40	47	代替 20Cr 等
20Cr	540	835	10	40	47	机床齿轮、蜗杆、活塞销等
20CrMnTi	850	1080	10	45	55	汽车齿轮、凸轮等
20MnVB	885	1080	10	45	55	代替 20CrMnTi 等

3. 合金调质钢（GB/T 3077—2015）

合金调质钢是在调质钢中加入一定量的合金元素而形成的。钢中的锰、硅、铬、镍、硼等合金元素的主要作用是提高淬透性，并强化铁素体；钨、钼、钒、钛等合金元素具有细化晶粒，提高耐回火性的作用；钨和钼还具有防止回火脆性的作用。

合金元素改善了钢的热处理工艺性能，并具有强韧化作用，从而保证了合金调质钢零件具有高而均匀的综合力学性能。如零件表面耐磨性要求高时，还可在调质后对其进行表面热处理。常用的牌号有 40Cr、35CrMn、40CrNiMo 等。

合金调质钢在汽车上的应用实例：40Cr 用于减振器销、水泵轴、连杆等；40MnB 用于半轴、万向节、转向臂、传动轴花键等；45Mn2 用于进气门、半轴套、板簧 U 形螺栓等。

常用合金调质钢的牌号、性能及用途见表 2-20。

表 2-20　常用合金调质钢的牌号、性能及用途（GB/T 3077—2015）

牌号	R_{eL}/MPa	R_m/MPa	A（%）	Z（%）	KU_2/J	用　途　举　例
45Mn2	735	885	10	45	47	轴、蜗杆、连杆等

（续）

牌号	R_{eL}/MPa	R_m/MPa	A（%）	Z（%）	KU_2/J	用 途 举 例
40Cr	785	980	9	45	47	重要调质件，如主轴、曲轴、齿轮、连杆等
35CrMn	835	980	12	45	63	中速、重载的大断面齿轮及轴、发电机转子等
30CrMnSi	835	1080	10	45	39	高压鼓风机叶片、联轴器、飞机零件等
38CrMoAl	835	980	14	50	71	渗氮件，如镗杆、蜗杆、高压阀门等
40CrNiMo	835	980	12	55	78	受冲击载荷的高强度件，如锻压机的偏心轴、压力机曲轴等

4. 合金弹簧钢（GB/T 1222—2016）

在弹簧钢中加入合金元素即形成了合金弹簧钢，具有较高强度和疲劳极限，有足够的塑性和韧性。合金弹簧钢中主要加入锰、硅、铬、钨、钼、钒等合金元素。其中，锰、硅主要是提高淬透性，同时能强化铁素体；硅还能显著提高钢的弹性极限和屈强比；钨、钼、钒可使晶粒细化，并能提高耐回火性，还能减少硅、锰带来的脱碳和过热倾向。常用的弹簧钢有60Si2Mn、50CrVA 等。

合金弹簧钢在汽车上的应用实例：55SiMnVB、55Si2Mn 用于板簧；60Si2Mn 用于牵引钩弹簧、板簧等。

常用合金弹簧钢的牌号、性能及用途见表 2-21。

表 2-21 常用合金弹簧钢的牌号、性能及用途

统一数字代号	牌 号	力学性能				用途举例
		R_m/MPa	R_{eL}/MPa	A（%）	Z（%）	
A11602	60Si2Mn	1570	1375	5	20	$\phi 20 \sim \phi 25$mm 弹簧，工作温度低于 230℃
A23503	50CrV	1275	1130	10	40	$\phi 30 \sim \phi 50$mm 弹簧，工作温度低于 210℃ 的气阀弹簧
A28603	60Si2CrV	1860	1665	6	20	$\phi < 50$mm 弹簧，工作温度低于 350℃
A77552	55SiMnVB	1375	1225	5	30	$\phi < 75$mm 弹簧，重型汽车大截面板簧

5. 滚动轴承钢（GB/T 18254—2016）

滚动轴承钢（或其铸钢）是专门用于制造滚动轴承内、外套圈和滚动体的合金结构钢（也可用于制造量具、刃具、冷冲模以及要求与滚动轴承相似的耐磨零件）。

滚动轴承在交变应力作用下工作，各部分之间有强烈摩擦，还受到润滑剂的化学侵蚀。因此，滚动轴承钢必须具有高的硬度和耐磨性，高的弹性极限和接触疲劳强度、足够的韧性和耐蚀性。

中、小型轴承多采用 GCr15（或 ZGCr15）制造，其 ω_C 达 1.0%，ω_{Cr} 为 1.5%。较大型轴承则采用 GCr15SiMn（或 ZGCr15SiMn），加入 Si、Mn 的作用是进一步提高钢的淬透性。牌号中的"G"是滚动轴承钢的代号，"ZG"为铸造滚动轴承钢。

常用滚动轴承钢的牌号、性能及用途（热处理后）见表2-22。

表2-22　常用滚动轴承钢的牌号、性能及用途（热处理后）（GB/T 18254—2016）

牌号	硬度 HRC	用　途　举　例
GCr6	62 ~ 64	$\phi < 10mm$ 的滚动体
GCr9	62 ~ 64	$\phi < 20mm$ 的滚动体
GCr9SiMn	62 ~ 64	壁厚 <12mm、外径 <250mm 的套圈，直径 25 ~ 50mm 的钢球，直径 <22mm 的滚子
GCr15	62 ~ 66	壁厚 >14mm、外径 >250mm 的套圈，直径 20 ~ 50mm 的钢球，直径 >22mm 的滚子
GCr15SiMn	>62	

6. 超高强度钢

超高强度钢是指屈服极限大于1400MPa，抗拉强度大于1500MPa，兼有适当韧性的合金钢，它是在合金调质钢的基础上加入多种合金元素而形成和发展起来的。

我国常用的超高强度钢有 30CrMnTiNi2A、4Cr5MoVSi（碳的平均质量分数为千分数）等；主要用作汽车、航空、航天工业的结构材料，如飞机主梁、起落架、发动机结构零件和汽车车身骨架结构件等。

（四）合金工具钢

合金工具钢是在碳素工具钢的基础上加入少量合金元素（Si、Mn、Cr、W、V 等）制成的，由于合金元素的加入，提高了材料的热硬性，改善了热处理性能。合金工具钢常用来制造各种量具、模具或切削刀具等。

合金工具钢按主要用途可分为三种：合金刃具钢、合金模具钢和合金量具钢。各类合金工具钢没有严格的使用界限，可以交叉使用。

机床切削加工刀具常用高速工具钢制造。高速工具钢是一种含钨、铬、钒、钼等合金元素较多的合金工具钢。它有很高的热硬性，当切削温度高达550℃左右时，硬度仍无明显下降。高速工具钢具备足够的强度和韧性，可以承受较大的冲击和振动。此外，高速工具钢还具有良好的热处理性能和刃磨性能。常用的高速工具钢牌号有 W18Cr4V 和 W6Mo5Cr4V2 等。

常用低合金刃具钢和高速工具钢的牌号、热处理方法、性能及用途见表2-23、表2-24。

表2-23　常用低合金刃具钢的牌号、热处理方法、性能及用途（GB/T 1299—2014）

牌号	淬火/℃	回火后硬度 HRC，不小于	用　途　举　例
Cr2	830 ~ 860 油	62	尺寸较大的钻头、铰刀等
9SiCr	820 ~ 860 油	62	薄刃刀具，如钻头、螺钉旋具等
8MnSi	800 ~ 820 油	60	冷冲模及冲头、冷加工用的模具等
Cr06	780 ~ 810 水	64	冲孔模、冷压模等
9Cr2	820 ~ 850 油	62	木工工具、冷轧辊、冷冲模及冲头
W	800 ~ 830 水	62	小型麻花钻头、丝锥、锉刀、板牙等

表 2-24 常用高速工具钢的牌号、热处理方法、性能及用途（GB/T 9943—2008）

种类	牌号	热处理/℃			回火硬度 HRC	用途举例
		退火	淬火	回火		
钨系	W18Cr4V	860～880	1260～1300	550～570	63～66	一般高速切削刀具，如车刀、铣刀、刨刀、钻头等
	W10Mo4Cr4V3Co10	840～860	1240～1270		63	形状简单，只需很少磨削的刀具
钨钼系	W6Mo5Cr4V2	840～860	1220～1240		63～66	耐磨性与韧性很好配合的高速刀具，如扭制钻头
	W6Mo5Cr4V3	840～885	1200～1240		<65	形状复杂的刀具，如拉刀、铣刀
超硬	W18Cr4VCo10	870～900	1200～1260	540～590	64～66	切削硬金属的刀具
	W6Mo5Cr4V2Al	850～870	1220～1250	550～570	67～69	

（五）特殊性能钢

特殊性能钢是一种含有较多合金元素，并具有某些特殊理化性能或其他性能的钢。常用的特殊性能钢有易切削钢、不锈钢、耐热钢、耐磨钢。

1. 易切削钢（GB/T 8731—2008）

易切削钢是在钢中加入硫、铅、磷、钙等一种或几种合金元素，改善钢材的可加工性。我国常用的易切削钢的牌号、力学性能见表 2-25。

表 2-25 易切削钢的牌号、力学性能

牌号	热轧钢力学性能				冷拉钢力学性能				
	R_m /MPa	A （%）	Z （%）	HBW （不大于）	R_m/MPa			A （%）	HBW
					钢材直径/mm				
					<20	20～30	≥30		
Y12	390～540	22	36	170	530～755	510～735	490～685	7.0	152～217
Y15	490～540	22	36	170	530～755	510～735	490～685	7.0	152～217
Y20	450～600	20	30	175	570～785	530～745	510～705	7.0	167～217
Y30	510～655	15	25	187	570～825	560～765	540～735	6.0	174～223
Y40Mn	590～850	14	20	229					

过去应用的易切削钢主要是碳素易切削钢，随着汽车工业的发展，合金易切削钢的应用日益广泛，常用来制造承受载荷大的齿轮和轴类零件。除表中所列常用牌号之外，还有 Y12Pb、Y15Pb、Y35、Y45Ca 等易切削钢。

2. 不锈钢（GB/T 1220—2007）

不锈钢具有抵抗大气或弱腐蚀介质侵蚀作用的能力。不锈钢中主要的合金元素是铬和镍，铬能在钢的表面形成一层致密的氧化膜，使钢具有良好的耐蚀不锈性能；而且当铬的质量分数超过 12% 之后，钢基体的电极电位大大提高，从而使基体金属受到保护。常用的不锈钢有铁素体不锈钢、马氏体不锈钢、奥氏体不锈钢和奥氏体-铁素体不锈钢等四类，如 10Cr17、12Cr13、12Cr18Ni9、14Cr18Ni11Si4AlTi 等。

汽车用不锈钢主要有用于制造消声器外壳的耐热不锈钢和装饰用的耐蚀不锈钢。

3. 耐热钢（GB/T 1221—2007）

耐热钢是在高温下具有较高抗氧化性和强度的钢，用于制造在高温条件下工作的零件，如内燃机气阀等。耐热钢可分为抗氧化钢和热强钢两类。

（1）抗氧化钢 在钢中加入适量的合金元素铬、硅、铝元素，在高温下与氧生成一层致密而牢固的高熔点氧化膜（Cr_2O_5、SiO_2、Al_2O_3），将钢与外界的高温氧化性气体隔绝，从而保证了钢不被氧化。应用较多的抗氧化钢有 22Cr20Mn10Ni2Si2N 和 26Cr18Mn12Si2N，这类钢不仅抗氧化，而且铸、锻、焊性能较好。

常用抗氧化钢的数字代号、牌号、力学性能及用途见表 2-26。

表 2-26　常用抗氧化钢的数字代号、牌号、力学性能及用途

数字代号	牌　号	力学性能						用　途　举　例
		$R_{p0.2}$/MPa	R_m/MPa	A（%）	Z（%）	A_k/J	硬度HBW不大于	
S41010	12Cr13	345	540	22	55	78	200	制造各种承受应力不大的炉用构件，如汽车排气净化装置等
S11348	06Cr13Al	175	410	20	60		183	
S35850	22Cr20Mn10Ni2Si2N	390	635	35	45		248	加热炉管道等
S35750	26Cr18Mn12Si2N	390	685	35	45		248	制造渗碳炉构件、加热炉传送带、料盘等
S35650	53Cr21Mn9Ni4N	650	885	8	—	—	320	汽油机、柴油机排气阀等

（2）热强钢 在钢中加入钨、钼等合金元素，能提高其再结晶温度，从而阻碍蠕变的发展；加入铌、钒、钨、钼等碳化物形成元素，所形成的碳化物既产生了弥散强化，又阻碍了位错的移动，因而提高了抗蠕变能力，在高温下保持高强度的能力。

常用热强钢的数字代号、牌号、热处理方法、使用温度及用途见表 2-27。

表 2-27　常用热强钢的数字代号、牌号、热处理方法、使用温度及用途

数字代号	牌　号	热　处　理		最高使用温度/℃		用途举例
		淬火/℃	回火/℃	抗氧化性	热强性	
S41010	12Cr13	950~1000水、油	700~750油、水、空	750	500	制造800℃以下的耐氧化部件
S47010	15Cr12WMoV	1000~1050油	680~700空、油	750	580	耐高温减振部件
S48140	40Cr10Si2Mo	1010~1040油、空	720~760空	850	650	内燃机进、排气阀，紧固件
S32590	45Cr14Ni14W2Mo	1170~1200固溶处理	750时效	850	750	内燃机进、排气阀，过热器

汽车上用耐热钢制造的零部件有发动机的进、排气门，涡流室镶块，涡轮增压器转子和排气净化装置等。国产汽车的气门用钢主要有：40Cr10Si2Mo（夏利）、45Cr9Si3（桑塔纳、标致）、80Cr20Si2Ni 等。

三、铸铁

碳的质量分数为 2.11%~6.69% 的铁碳合金称为铸铁。铸铁所需的生产设备和熔炼工

艺简单，价格低廉；同时，铸铁具有良好的铸造性能、可加工性以及减振性、耐磨性等一系列性能特点，因此在工业上及汽车制造中的应用非常广泛。

（一）铸铁的石墨化及铸铁种类

1. 铸铁的石墨化过程及影响因素

（1）铸铁的石墨化过程 铸铁组织中的碳以石墨的形式析出的过程，称为石墨化。

在铁碳合金中，碳的存在形式有两种，一种是渗碳体（Fe_3C），另一种是石墨（G）。铁液以较快的速度冷却时，碳将以渗碳体的形式析出；铁液以较慢的速度冷却时，碳则以石墨的形式析出。渗碳体在高温下保温，还可进一步分解出石墨。

（2）影响石墨化的因素 影响铸铁石墨化的因素主要是铸铁的化学成分和冷却速度。

1）化学成分的影响。铸铁石墨化的主要影响元素有碳、硅、锰、硫、磷等。碳和硅是强烈促进石墨化的元素，铸铁中碳和硅的质量分数越高，石墨化程度就越充分；锰是阻碍石墨化的元素，锰能增加铁、碳原子的结合力，还会使共析转变温度降低，不利于石墨的析出；硫是强烈阻碍石墨化的元素，硫不仅能增加铁、碳原子的结合力，而且还会形成硫化物以共晶体形式分布在晶界上，阻碍碳原子的扩散，不利于石墨化；磷是促进石墨化的元素，但作用不强烈，且磷的存在对铸铁的性能有不利影响，也应严格控制其含量。

2）冷却速度的影响。冷却速度是指铁液从浇注冷却到600℃左右的冷却速度，在这一温度范围的冷却速度对铸铁的石墨化有重要影响。冷却速度越小，越有利于石墨化。影响冷却速度的因素主要有造型材料的性能、浇注温度的高低、铸件壁厚的大小等。图2-51所示为铸铁成分（碳、硅含量）及冷却速度（壁厚）对铸铁组织的影响。可见铸件壁越薄，碳、硅含量越低，越易形成白口组织。

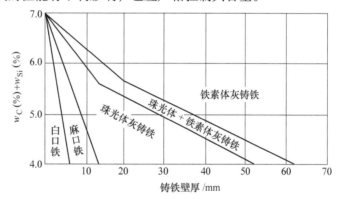

图2-51 铸铁成分（碳、硅含量）及冷却
速度（壁厚）对铸铁组织的影响

2. 铸铁的分类

根据石墨化程度及试样断口色泽的不同，铸铁可以分为白口铸铁、灰铸铁和麻口铸铁。铸铁的分类和组织见表2-28。白口铸铁和麻口铸铁硬而脆，切削加工非常困难，一般不用于制造零件，而主要作为炼钢原料。

表2-28 铸铁的分类和组织

名 称	石墨化程度	显微组织
灰铸铁	较充分	F + G
	较高	F + P + G
	中等	P + G
麻口铸铁	较低	Le′ + P + G
白口铸铁	未进行	Le′ + P + Fe_3C

按铸铁中化学成分和碳的存在形式不同，铸铁常分为灰铸铁、蠕墨铸铁、球墨铸铁和可锻铸铁，工业中所用铸铁几乎都是灰铸铁。

3. 铸铁的性能

1）力学性能较差。这是由于石墨的强度、韧性极低，减小钢基体的有效截面，并引起应力集中，其抗拉强度、塑韧性等力学性能比钢低，但铸铁的抗压强度很高，可与钢相近或更高。

2）耐磨性好。这是由于石墨有利于润滑、储油，提高了铸件的耐磨性。

3）消振性好（是钢的10倍）。这是由于石墨组织松软，能吸收振动能量，提高了铸铁的消振能力。

4）铸造性好。这是由于铸铁中硅的含量高，且成分接近共晶体，熔点低、流动性好、凝固收缩小。

5）可加工性好。石墨使切屑易断，还可润滑刀具。

6）缺口敏感性低。石墨的存在使表面粗糙，对外加的缺口不再敏感，对疲劳极限的影响不明显。

（二）灰铸铁（GB/T 9439—2010）

1. 灰铸铁的牌号、力学性能及用途

灰铸铁的化学成分一般控制在下列范围：$w_C = 2.8\% \sim 3.6\%$，$w_{Si} = 1.1\% \sim 2.5\%$，$w_{Mn} = 0.6\% \sim 1.2\%$，$w_S \leq 0.15\%$，$w_P \leq 0.5\%$。

这类铸铁中的碳全部或大部分以片状石墨的形式存在，其断口呈暗灰色。普通灰铸铁的显微组织除片状石墨外，基体组织有三种：铁素体（F）、铁素体和珠光体（F + P）和珠光体（P）。

按国家标准的规定，灰铸铁的牌号由"HT"和一组数字组成。其中"HT"为灰铸铁的代号，代号后面的数字表示其抗拉强度值（MPa）。如 HT150 表示抗拉强度为150MPa 的灰铸铁。灰铸铁的牌号、力学性能及用途见表2-29。

表 2-29　灰铸铁的牌号、力学性能及用途（GB/T 9439—2010）

牌　号	铸件壁厚/mm		铸件本体预期抗拉强度 R_m(min)/MPa	用途举例[①]
	大于	至		
HT100	5	40	100	适用于载荷小，对摩擦、磨损无特殊要求的零件,如盖、外罩、油底壳、手轮、支架、底板、重锤等
HT150	5	10	155	适用于承受中等应力的零件,如普通机床上的支柱、底座、齿轮箱、刀架、床身、轴承座、工作台、带轮等
	10	20	130	
	20	40	110	
	40	80	95	
HT200	5	10	205	适用于承受大载荷的重要零件,如汽车、拖拉机的气缸体、气缸盖、制动轮等
	10	20	180	
	20	40	155	
	40	80	130	

（续）

牌　　号	铸件壁厚/mm		铸件本体预期抗拉强度 $R_m(min)$/MPa	用 途 举 例[①]
	大于	至		
HT250	5	10	250	适用于承受大应力和重要的零件,如联轴器盘、油缸、阀体、泵体、圆周速度为 12～20m/s 的带轮、化工容器、泵壳及活塞等
	10	20	225	
	20	40	195	
	40	80	170	
HT300	10	20	270	适用于承受高载荷、要求高耐磨和高气密性的重要零件,如剪床、压力机等重型机床的床身、机座机架及受力较大的齿轮、凸轮、衬套、大型发动机的气缸体、气缸套、气缸盖、油缸、泵体、阀体等
	20	40	240	
	40	80	210	
HT350	10	20	315	
	20	40	280	
	40	80	250	

① GB/T 9439—2010 中未列出用途。

片状石墨对基体有割裂作用,使灰铸铁的力学性能较低,但它却有优良的工艺性能,如良好的可加工性、较高的耐磨性、减振性、低的缺口敏感性,且价格低廉。

灰铸铁常用于制造机床床身、机架、箱体、壳体以及承受摩擦的导轨、缸体等零件。在汽车上多用于不镶缸套的整体气缸体、气缸盖等零件的制造,还可用以制造飞轮、飞轮壳、变速器壳及盖、离合器壳及压板、进气支管、排气支管、制动鼓以及液压制动总泵和分泵的缸体等。

2. 灰铸铁的变质处理（孕育处理）

在灰铸铁浇注前往铁液中加入少量变质剂（硅铁、硅钙铁等）,改变铁液的结晶条件,使其获得细小珠光体和细小均匀分布的片状石墨组织,这种处理称为变质处理（孕育处理）。变质处理后的灰铸铁称作变质铸铁或孕育铸铁。灰铸铁经变质处理后,强度有较大的提高,韧性和塑性也得到改善,常用于铸造力学性能要求较高、截面尺寸较大的铸件。

3. 灰铸铁的热处理

灰铸铁的力学性能不高,热处理强化的效果也不明显。所以,灰铸铁的热处理一般只用于消除应力和白口组织,稳定尺寸和提高工作表面的硬度和耐磨性。

（1）去应力退火　对于大型、复杂的铸件或精密铸件,在切削加工前要进行去应力退火。去应力退火是将铸件缓慢加热到 500～600℃,保温一段时间,然后随炉冷却。这种方法又称为人工时效处理。此外,还可将铸件长期放置在露天下,让其应力自然消失,这种方法又称为自然时效处理,但因其处理时间长,效果不佳,较少应用。

（2）消除白口组织退火　铸件冷却时,在薄壁部位及表层处,由于冷却速度较快,容易形成白口组织,使铸件的硬度和脆性增加,造成加工困难并影响正常使用。消除白口组织的方法是将铸件加热到 850～950℃,保温 2～4h,然后随炉冷却至 400～500℃,出炉后空冷。

（3）表面淬火热处理　为了提高灰铸铁件的表面硬度和耐磨性,可选择采用火焰淬火,高频、中频感应淬火和化学热处理等,机床导轨表面可采用接触电阻加热淬火法。

（三）球墨铸铁（GB/T 1348—2009）

球墨铸铁是在灰铸铁的铁液中加入球化剂（稀土镁合金等）和孕育剂（硅铁）进行球化-孕育处理后，得到具有球状石墨的铸铁。球墨铸铁的化学成分大致为：$w_C = 3.8\% \sim 4.0\%$，$w_{Si} = 2.0\% \sim 2.8\%$，$w_{Mn} = 0.6\% \sim 0.8\%$，$w_S \leqslant 0.04\%$，$w_P \leqslant 0.1\%$，$w_{Mg} = 0.03\% \sim 0.05\%$，$w_{RE} \leqslant 0.05\%$（稀土）。一般有 F、F+P 和 P 三种基体组织。

1. 球墨铸铁的牌号、力学性能及用途

球墨铸铁的牌号由"QT"和两组数字组成，其中"QT"为球墨铸铁的代号，代号后面的两组数字分别表示抗拉强度 R_m（MPa）和伸长率 A（%）。例如：QT450-10 表示抗拉强度为 450MPa，伸长率为 10% 的球墨铸铁。球墨铸铁的牌号、力学性能及用途见表 2-30。

表 2-30　球墨铸铁的牌号、力学性能及用途（GB/T 1348—2009）

牌　号	力学性能（不小于）			硬度 HBW	用途举例
	R_m/MPa	$R_{p0.2}$/MPa	A(%)		
QT400-18	400	250	18	120 ~ 175	汽车和拖拉机的牵引框、轮毂、离合器、减速器等的壳体，高压阀门的阀体、阀盖等
QT450-10	450	310	10	162 ~ 210	
QT500-7	500	320	7	170 ~ 230	内燃机机油泵齿轮、水轮机的阀门体、机车车轴的轴瓦等
QT600-3	600	370	3	190 ~ 270	柴油机和汽油机的曲轴、连杆及凸轮轴、缸套，空压机、气压机泵的曲轴、缸体、缸套，球磨机齿轮等
QT700-2	700	420	2	225 ~ 305	
QT800-2	800	480	2	245 ~ 335	

由于石墨呈球状，其对基体的割裂作用较小，因此球墨铸铁的力学性能较高，在抗拉强度、屈强比（$R_{p0.2}/R_m$）、疲劳强度等方面都可以与钢媲美（冲击韧度不如钢）。同时，球墨铸铁具有灰铸铁的许多优点，如良好的减振性、耐磨性、低的缺口敏感性等，都是钢所不及的，而且价格又比钢便宜，所以常用来代替部分铸钢和锻钢（以铁代钢、以铸代锻）制造曲轴、机床主轴、汽车拖拉机底盘零件以及齿轮、阀体等。

曲轴是球墨铸铁在汽车上应用最成功的典型零件。东风 5t 载货汽车的 6100 汽油机采用球铁曲轴已有 20 多年。此外，汽车上的驱动桥壳体、发动机齿轮等重要零件也常采用球墨铸铁制造。汽车工业是球墨铸铁的主要用户，在发达的工业化国家中，球墨铸铁件产量中约有 20% ~ 40% 用于汽车。

2. 球墨铸铁的热处理

由于球状石墨对基体的割裂作用不大，因此，球墨铸铁可通过热处理进行强化。常用的热处理方法有退火、正火、调质、等温淬火等，还可进行表面热处理，如表面淬火、渗氮等。其工艺过程可参考热处理有关资料。

（四）可锻铸铁（GB/T 9440—2010）

可锻铸铁是由白口铸铁经长时间的高温石墨化退火而得到的一种具有团絮状石墨的高强度铸铁。其因塑性优于灰铸铁而得名，实际上并不能进行锻造加工。可锻铸铁的化学成分一般控制在下列范围：$w_C = 2.2\% \sim 2.8\%$，$w_{Si} = 1.2\% \sim 2.0\%$，$w_{Mn} = 0.6\% \sim 1.2\%$，$w_S \leqslant 0.2\%$，$w_P \leqslant 0.1\%$。

可锻铸铁的牌号由"KTH"（或"KTZ"、"KTB"）和两组数字组成。其中，"KT"是可锻铸铁的代号，"H"表示黑心可锻铸铁，"Z"表示珠光体可锻铸铁，"B"表示白心可锻铸铁；代号后面的两组数字分别表示抗拉强度R_m（MPa）和伸长率A（%）。例如：KTH370—12表示抗拉强度为370MPa，伸长率为12%的黑心可锻铸铁。可锻铸铁的牌号、力学性能及用途见表2-31。

表 2-31 可锻铸铁的牌号、力学性能及用途（GB/T 9440—2010）

类型	牌 号	力学性能			用途举例
		R_m/MPa	$R_{p0.2}$/MPa	A(%)	
黑心可锻铸铁和珠光体可锻铸铁	KTH300-06	300		6	用于承受低动载荷、要求气密性好的零件，如管道配件、中低压阀门等
	KTH330-08	330		8	用于承受中等动载荷和静载荷的零件，如犁刀、犁柱、车轮壳、机床用扳手等
	KTH350-10	350	200	10	用于承受较大冲击、振动及扭转载荷的零件，如汽车、拖拉机后轮壳、差速器壳、万向节壳、制动器壳等，铁道零件、冷暖器接头、船用电动机壳、犁刀、犁柱等
	KTH370-12	370		12	
	KTZ450-06	450	270	6	可用于代替低碳钢、中碳钢、低合金钢及有色金属制作的承受较高载荷、要求耐磨和具有韧性的重要零件，如曲轴、凸轮轴、连杆、齿轮、摇臂、轴承、活塞环、犁刀、耙片、万向接头、棘轮、扳手、传动链、矿车轮等
	KTZ550-04	550	340	4	
	KTZ650-02	650	430	2	
	KTZ700-02	700	530	2	
白心可锻铸铁	KTB350-04	350		4	在机械工业中很少使用，适宜制作厚度在15mm以下的薄壁铸件和焊接后不需进行热处理的零件
	KTB380-12	380	200	12	
	KTB400-05	400	220	5	
	KTB450-07	450	260	7	

珠光体可锻铸铁的强度、硬度和耐磨性较高；铁素体可锻铸铁的塑性和韧性较好，但强度和硬度较低。

（五）蠕墨铸铁

蠕墨铸铁是在灰铸铁的铁液中加入蠕化剂（镁钛合金等）和孕育剂（硅铁）进行蠕化-孕育处理后，得到的具有蠕虫状石墨的铸铁。蠕墨铸铁的化学成分大致为：$w_C = 3.7\%$ ~ 3.9%，$w_{Si} = 2.0\%$ ~ 2.8%，$w_{Mn} = 0.3\%$ ~ 0.6%，$w_S \leq 0.025\%$，$w_P \leq 0.06\%$，$w_{Ti} = 0.08\%$ ~ 0.20%，$w_{Mg} = 0.015\%$ ~ 0.03%，$w_{RE} \leq 0.01\%$（稀土）。这类铸铁的石墨短而厚，头部较圆，呈蠕虫状。基体组织有 F、F + P 和 P 三种。

蠕墨铸铁的牌号由"RuT"和两组数字组成，其中"RuT"为蠕墨铸铁的代号，代号后面的一组数字表示抗拉强度R_m（MPa）。例如：RuT300表示抗拉强度为300MPa的蠕墨铸铁。蠕墨铸铁的牌号、力学性能及用途见表2-32。

由于石墨呈蠕虫状，其对基体的割裂作用介于灰铸铁与球墨铸铁之间，因此，蠕墨铸铁的性能也介于灰铸铁和球墨铸铁之间。用蠕墨铸铁制造的制动鼓的使用寿命比灰铸铁的高3倍多。6100汽油机排气管、6100柴油机气缸盖也常用蠕墨铸铁制造。

表2-32 蠕墨铸铁的牌号、力学性能及用途（GB/T 26655—2011）

牌号	基体类型	力学性能（不小于）			硬度（HBW）	用途举例
		R_m/MPa（min）	$R_{p0.2}$/MPa	A（%）		
RuT300	铁素体	300	210	2.0	140～210	排气歧管，大功率船用、机车、汽车和固定式内燃机缸盖，增压器壳体
RuT350	铁素体＋珠光体	350	245	1.5	160～220	机床底座，托架和联轴器，大功率船用、机车、汽车和固定式内燃机缸盖，钢锭模、铝锭模，变速器箱体，液压件
RuT400		400	280	1.0	180～240	内燃机的缸体和缸盖，机床底座、托架和联轴器，载重货车制动鼓、机车车辆制动盘，泵壳和液压件，钢锭模、铝锭模，玻璃模具
RuT450	珠光体	450	315	1.0	200～250	汽车内燃机缸体和缸盖，气缸套，载重货车制动盘，泵壳和液压件，玻璃模具，活塞环
RuT500		500	350	0.5	220～260	高负荷内燃机缸体，气缸套

（六）合金铸铁

为满足工业上对铸铁的特殊性能的要求，向铸铁中加入某些合金元素，从而可获得具有特殊性能的合金铸铁，如耐磨铸铁和耐热铸铁。

（1）耐磨铸铁 在铸铁中加入 P、Cu、Ti、Mn、Mo 等合金元素，可大大提高铸铁的耐磨性。耐磨铸铁应用于机床导轨、汽车气缸套、排气门座圈、活塞环等零件。

（2）耐热铸铁 在铸铁中加入硅、铝、铬等元素，使铸铁表层形成一层致密的保护膜（如 Al_2O_3、SiO_2、Cr_2O_3），具高温抗氧化性。耐热铸铁主要应用于制作炉底、换热器、汽车发动机排气门等。

四、有色金属及其合金

除钢铁材料以外的其他金属材料统称为有色金属，其种类很多，且具备的许多特殊的物理和化学性能，又有一定的力学性能和较好的工艺性能，是工业上不可缺少的工程材料。工程上最常用的有色金属有铝、铜、锌、铅、镁、钛及其合金和轴承合金等。

（一）铝及铝合金

1. 工业纯铝

工业纯铝的纯度为 $w_{Al}=98\%\sim99.7\%$（表2-33）。其代号是以 L（即"铝"的汉语拼音的第一个字母）命名，其后数字为顺序号，数字越小，纯度越高。

表2-33 工业纯铝

代 号	1070A（L1）	1060（L2）	1050A（L3）	1035（L4）	1200（L5）
Al（%）	99.7	99.6	99.5	99.3	99.0

纯铝密度较小，约为 $2.7g/cm^3$，熔点为 660℃，具有良好的导电性和导热性，仅次于银、铜、金而居第四位，其导电能力为铜的 62%；抗大气腐蚀性能好，但不耐酸、碱、盐的腐蚀；强度低（σ_b 仅 80～100MPa），塑性好（$\delta=60\%$，$\psi=80\%$），可通过冷、热加工制成线、板、带、棒、管等型材，经冷变形加工后强度可提高，但塑性下降；主要用于制作导线、配制各种铝合金以及制作要求质轻、导热或耐大气腐蚀的器皿等。

2. 铝合金

二元铝合金一般按图 2-52 所示的共晶相图结晶。根据相图，以 D' 为界将铝合金分为变形铝合金和铸造铝合金两大类。D' 以左的合金，加热时能形成单相 α 固溶体组织，塑性较高，适合压力加工，故称变形铝合金。D' 以右的合金，具有共晶组织，熔点低、流动性好，适于铸造，故称铸造铝合金。变形铝合金有不能用热处理强化合金和能用热处理强化合金两类。

（1）变形铝合金（GB/T 3190—2008）　变形铝合金一般可直接采用国际四位数字×××体系牌号；而未命名为国际四位数字体系牌号的变形铝合金，则采用四位字符牌号×O××（×表示数字，O表示字母）。两者第一位数字 2～8 分别表示以铜（2）、锰（3）、硅（4）、镁（5）、镁和硅（6）、锌（7）和其他合金元素（8）为主要合金元素的铝合金；第二位数字或字母表示原始合金的改型情况（O 或 A 表示原始合金，1～9 或 B～Y 表示改型合金）；牌号最后两位数字用来区分和识别同一组中的不同合金。部分常用变形铝合金的牌号、成分、性能特点及主要应用见表 2-34。

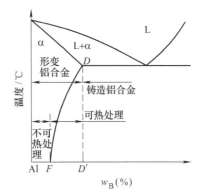

图 2-52　二元铝合金相图及铝合金分类

表 2-34　部分常用变形铝合金的牌号、成分、性能特点及主要应用（GB/T 3190—2008）

类别	牌号	化学成分（%）									性能特点及主要应用
		Si	Fe	Cu	Mn	Mg	Ni	Zn	Ti	Cr	Al	
硬铝	2A01	0.5	0.5	2.2～3.0	0.2	0.2～0.5		0.1	0.15		余量	通过淬火、时效处理，抗拉强度可达 400MPa，比强度高，缺点是不耐海洋、大气腐蚀；主要用于制造飞机骨架、螺旋桨叶片、铆钉等
	2A11	0.7	0.7	3.8～4.8	0.4～0.8	0.4～0.8		0.1	0.15		余量	
	2A12	0.5	0.5	3.8～4.9	0.3～0.9	1.2～1.8	0.1	0.3	0.15		余量	
锻铝	2A50	0.7～1.2	0.7	1.8～2.6	0.4～0.8	0.4～0.8		0.1	0.3	0.15		余量	力学性能与硬铝相近，并有良好的热塑性，适于锻造；主要用于制造航空、仪表工业中形状复杂、质量小、强度要求高的锻件及冲压件，如压气机叶轮、飞机操纵臂等
	2A70	0.35	0.9～1.5	1.9～2.5	0.2	1.4～1.8	0.9～1.5	0.3	0.02～0.1		余量	
	2A14	0.6～1.2	0.7	3.9～4.8	0.4～1.0	0.4～0.8	0.1	0.3	0.15		余量	
防锈铝	5083	0.4	0.4	0.10	0.5～1.0	4.3～5.2		0.25	0.15	0.05～0.25	余量	具有优良的塑性，良好的耐蚀性。但不能热处理强化；用于制造有耐蚀性要求的容器，如焊接油箱、铆钉、蒙皮骨架以及受力小的零件
	5A05	0.5	0.5	0.10	0.3～0.6	4.8～5.5		0.2			余量	
	5A12	0.3	0.3	0.05	0.4～0.8	8.3～9.6	0.1	0.2	0.05～0.15		余量	

　　铝合金的热处理方法是淬火（固溶）+时效处理，即通过淬火而得到过饱和固溶体，再通过时效处理而使组织、性能稳定。这是铝合金的主要强化手段，在其他有色金属中也有广泛应用。

　　（2）铸造铝合金（GB/T 1173—2013）　铸造铝合金密度小，比强度高，具有优良的耐蚀性和铸造性能；按主加元素不同可分为 Al-Si 系、Al-Cu 系、Al-Mg 系和 Al-Zn 系。其牌号同铸造有色金属合金牌号的表示方法。此外也可用代号表示，代号由字母"ZL"及其后的三位数字组成：ZL 表示铸铝，ZL 后面的第一位数字 1、2、3、4 分别表示铝硅、铝铜、铝镁、铝锌系列，后面第二、第三位的两个数字表示顺序号。

　　铝硅合金是最常见的铸造铝合金，硅的质量分数为 4.5% ~ 13%，俗称硅铝明。当只有铝、硅两种成分时称为简单硅铝明，如 ZAlSi12（代号 ZL102），其抗拉强度较低，约为 150MPa，且不能热处理强化。为了提高这类合金的力学性能，生产中常采用变质处理的方法，即在浇注前向液态合金中加入质量约为合金总量 2% ~ 3% 的变质剂（常用 2/3NaF + 1/3NaCl），以细化晶粒，改善合金的力学性能。

　　部分常用铸造铝合金的牌号、成分、力学性能及用途见表 2-35。

表 2-35　部分常用铸造铝合金的牌号、成分、力学性能及用途（GB/T 1173—2013）

代号	化学成分（%）						力学性能			用途举例
	Si	Cu	Mg	Zn	Mn	Al	R_m /MPa	A （%）	HBW ≥	
ZL101	6.0 ~ 8.0		0.2 ~ 0.4			余量	210	2	60	形状复杂的砂型、金属型和压力铸造零件，如飞机、仪器零件、水泵壳体、工作温度不超过 185℃ 的化油器等
ZL104	8.0 ~ 10.5		0.17 ~ 0.30		0.2 ~ 0.5	余量	200	1.5	70	砂型、金属型和压力铸造的形状复杂、在 200℃ 以下工作的零件，如发动机机匣、气缸体等
ZL203		4.0 ~ 5.0				余量	230	3	70	砂型铸造，中等载荷和形状比较简单的零件，如托架和工作温度不超过 200℃ 并要求可加工性好的小零件
ZL302	0.8 ~ 1.3		4.5 ~ 5.5	0.1 ~ 0.4		余量	150	1	50	腐蚀性介质作用下的中等载荷零件，在严寒大气中以及工作温度不超过 200℃ 的零件，如海轮配件和各种壳体
ZL401	6.0 ~ 8.0		0.1 ~ 0.3	9.0 ~ 13.0		余量	250	1.5	90	压力铸造零件，工作温度不超过 200℃，结构形状复杂的汽车、飞机零件

　　铝合金在汽车上的应用实例：ZL103 用于风扇、离合器壳体、前盖、主动板等；ZL104 用于气缸盖盖罩、挺杆室盖板、离心式机油滤清器底座、转子罩、转子体、外罩及过滤法兰等；ZL108 用于发动机活塞。

（二）铜及铜合金

　　铜及铜合金是历史上应用最早的金属，具有良好的耐蚀性和导电、导热性能，铜合金还有较高的力学性能，目前工业上使用的铜及铜合金主要有工业纯铜、黄铜、青铜和白铜（铜镍合金）等。

1. 工业纯铜（GB/T 5231—2012）

纯铜呈紫红色，密度约为 8.9g/cm³，熔点为 1083℃，具有很高的导电性、导热性和耐蚀性，强度低（R_m 为 200～250MPa），塑性高（A 为 35%～45%），便于冷、热锻压加工。工业纯铜的纯度为 w_{Cu} = 99.5%～99.95%，其牌号、成分、力学性能及用途见表 2-36。

表 2-36 纯铜的牌号、成分、力学性能及用途（GB/T 5231—2012）

牌 号	成分 Cu(%)	力学性能		用 途
		R_m/MPa	A(%)	
T1	99.95			电线、电缆、导电螺钉等
T2	99.90	200～250	35～45	
T3	99.70			电气开关、垫圈、铆钉、油管等
T4	99.50			

2. 铜合金

工业上常用的铜合金有黄铜和青铜，如下所述。

（1）黄铜（GB/T 5231—2012） 黄铜是以锌为主要合金元素的铜合金，按成分和应用的不同，又可分为普通黄铜、特殊黄铜和铸造黄铜。

铜、锌两元合金称为普通黄铜，牌号用黄的拼音第一字母"H"加数字表示，数字代表铜的百分含量。普通黄铜的常用牌号有 H70、H68、H62、H58 等，可用于制作复杂的冲压件、散热器外壳、轴套、弹壳等。

在普通黄铜的基础上再加入少量的其他合金元素（铝、硅、锰、锡等）而得到的铜合金称为特殊黄铜。合金元素的加入可提高铜合金的强度、硬度和耐磨性，增加耐蚀性，改善可加工性和铸造性能等。因此特殊黄铜的性能均优于普通黄铜。

将黄铜合金熔化后浇注到铸型中去而获得零件毛坯的材料称为铸造黄铜，常用牌号有：ZCuZn38、ZCuZn31Al2、ZCu40Mn2、ZCuZn16Si4 等。铸造黄铜可以直接获得形状复杂零件的毛坯，并显著减少机械加工的工作量，因此获得广泛应用。

常用黄铜的牌号、化学成分、力学性能及用途见表 2-37。

表 2-37 常用黄铜的牌号、化学成分、力学性能及用途（GB/T 5231—2012）

类 别	牌 号	主要成分(%)			力学性能		用途举例
		Cu	Zn	其他	R_m/MPa	A(%)	
普通黄铜	H80	78.5～81.5			320	52	色泽美观，用于镀层及装饰
	H70	68.5～71.5			320	53	多用于制造弹壳，有弹壳黄铜之称
	H68	67～70	余量		320	55	管道、散热器、铆钉、螺母、垫片等
	H62	60.5～63.5			330	49	散热器、垫圈、垫片等
特殊黄铜	HPb59-1	57～60		Pb 0.8～1.9	400	45	热冲压件和切削零件
	HMn58-2	57～60		Mn 1.0～2.0	400	40	耐腐蚀和弱电用零件

（续）

类别	牌号	主要成分(%)			力学性能		用途举例
		Cu	Zn	其他	R_m/MPa	A(%)	
铸造黄铜	ZCuZn31Al2	66~68	余量	Al 2.0~3.0	295 390	12 15	常温下要求耐蚀性较高的零件
	ZCuZn16Si4	79~81		Si 2.5~4.5	345 390	15 20	接触海水工作的管配件及水泵叶轮、旋塞等

注：铸造黄铜力学性能中的两项指标分别为砂型铸造和金属型铸造的性能指标。

（2）青铜（GB/T 5231—2012） 除黄铜和白铜（铜-镍合金）以外的其他铜合金统称为青铜，加入元素分别有锡、铝、硅、铍、锰、铅、钛等。当主要加入元素为锡时称为锡青铜，其余均称为特殊青铜。青铜按工艺特点可分为压力加工青铜和铸造青铜两类。

锡青铜中一般 w_{Sn} 为3%～14%，具有良好的耐蚀性和耐磨性，常用于制造轴承、蜗轮等耐磨零件以及弹性零件。

常用特殊青铜有铝青铜（ZCuAl10Fe3）、铅青铜（ZCuPb30）、铍青铜（QBe2）等。其中，铝青铜具有可与钢相比的强度，高的韧性和疲劳强度，耐蚀、耐磨，受冲击时不产生火花，铸造生产的零件致密性好；常用于制造齿轮、摩擦片、蜗轮等要求高强度、高耐磨性的零件。

压力加工青铜牌号的表示方法为：Q + 主加元素符号和含量 + 其他加入元素含量，如QSn4-3 表示含锡 w_{Sn} =4%、含锌 w_{Zn} =3%，其余为铜的锡青铜。铸造锡青铜的牌号按铸造有色金属合金牌号的表示方法，如 ZCuSn5Pb5Zn5、ZCuSn10Pb5、ZCuSn10Zn2 等。

常用青铜的牌号、化学成分、力学性能及用途见表2-38。

表2-38 常用青铜的牌号、化学成分、力学性能及用途（GB/T 5231—2012）

类别	牌号	主要成分(%)			力学性能		用途举例
		Sn	Cu	其他	R_m/MPa	A(%)	
加工锡青铜	QSn4-3	3.5~4.5	余量	Zn 2.7~3.3	350	40	弹簧、管配件和化工机械等较次要的零件
	QSn6.5-0.1	6.0~7.0		P 0.1~0.25	300	38	耐磨及弹性零件
	QSn4-4-2.5	3.0~5.0		Zn3.0~5.0 Pb1.5~3.5	300	35	轴承和轴套的衬垫等
铸造锡青铜	ZCuSn10Zn2	9.0~11.0		Zn 1.0~1.3	240 245	6 12	在中等及较高负荷下工作的重要管配件,阀、泵、齿轮等
	ZCuSn10P1	9.0~11.5		P 0.5~1.0	200 310	3 2	重要的轴瓦、齿轮、连杆和轴套等
特殊青铜	ZCuAl10Fe3	Al 8.5~11.0		Fe 2.0~4.0	490 540	13 15	重要的耐磨、耐蚀重型铸件,如轴套、螺母、蜗轮等
	QBe2	Be 1.9~2.2		Ni 0.2~0.5	500	3	重要仪表的弹簧、齿轮、航海罗盘等
	ZCuPb30	Pb 27.0~33.0		—	—	—	高速双金属轴瓦、减磨零件等

铜合金在汽车上的应用实例：H68 用于散热器夹片、散热器本体主片、暖风散热器主片等；HPb59-1 用于化油器配制针、制动阀阀座、曲轴箱通风阀座、储气筒放水阀本体及安全阀座等；ZCuPb30 用于曲轴轴瓦、曲轴止动垫圈等；QSn4-4-2.5 用于活塞销衬套、发动机摇臂衬套等；ZCuSn5Pb5Zn5 用于离心式润滑油滤清器上、下轴承。

（三）镁及镁合金（GB/T 5153—2016）

1. 工业纯镁

镁在实用金属中是最轻的金属，镁的比重大约是铝的 2/3，是铁的 1/4，具有高强度和高刚性。其熔点为（650±1）℃，在熔化温度时极易氧化甚至燃烧；固态下晶体结构为密排六方晶格，冷变形能力很差，但高纯度镁具有一定的塑性变形能力；强度低，大致与铝差不多。纯镁的牌号、成分及力学性能见表 2-39。

表 2-39　纯镁的牌号、成分及力学性能

牌　　号	成　分 Mg（%）	力 学 性 能				
		R_m/MPa	$R_{p0.2}$/MPa	A（%）	Z（%）	HBW
M99.95	99.95					
M99.50	99.50	115	25	8	9	30
M99.00	99.00					

2. 镁合金

镁合金是以镁为基础加入其他元素组成的合金。主要合金元素有铝、锌、锰、铈、钍以及少量锆或镉等。目前，使用最广的是镁铝合金，其次是镁锰合金和镁锌锆合金。性能上，镁合金的密度小（1.8g/cm³ 左右）、散热快、质量轻、刚性好、具有一定的耐蚀性和尺寸稳定性、抗冲击、耐磨、衰减性能好，易于回收。另外，还有高的导热和导电性能、无磁性、屏蔽性好且无毒。因而，广泛应用于航空、航天、运输、化工、火箭等工业部门。例如：镁合金的比重虽然比塑料重，但单位重量的强度和弹性比塑料高，所以，在同样强度零部件的情况下，镁合金的零部件能做得比塑料的薄而轻。镁合金的比强度也比铝合金和铁高，因此，在不减少零部件的强度下，可减轻零部件的重量。镁合金在弹性范围内受到冲击载荷时，吸收的能量比铝合金件大一半，在相同载荷下，减振性是铝的 100 倍，钛合金的 300~500 倍，呈现了良好的抗振减噪性能。镁合金的散热相对于其他合金来说有绝对的优势，对于相同体积与形状的镁合金与铝合金材料的散热器，某热源生产的热量（温度）镁合金比铝合金更容易由散热片根部传递到顶部，镁合金的散热时间用不到铝合金的一半。

（四）钛及钛合金（GB/T 3620.1—2016）

1. 纯钛

钛的化学活性极高，易与氧、氢、氮和碳等元素形成稳定的化合物，这使钛的冶炼非常困难。纯钛有高纯度钛和工业纯钛。高纯度钛的纯度为 99.9%，而工业纯钛的纯度为

99.5%。

钛的密度为 4.5g/cm³，熔点为 1668℃，钛在固态下具有同素异构转变，转变温度因纯度的不同而异。高纯度钛的转变温度为 882℃。882℃以下，钛的晶体结构为密排六方晶格，用 α-Ti 表示；882℃以上，钛的晶体结构为体心立方晶格，用 β-Ti 表示。

高纯度钛的室温强度不高（R_m 一般为 250～300MPa），但塑性很好（A 可达 50%～70%，Z 为 85%）。钛能与氧和氮形成化学稳定性的致密氧化物和氮化物保护膜，在气体、淡水和海水中具有极高的耐蚀性，比铝合金、不锈钢和镍基合金都好。钛在大部分酸性液体中具有耐蚀性，但在任何浓度的氢氟酸中都能迅速溶解。

工业纯钛因含有较多的杂质元素，因此强度明显提高，而塑性显著下降。工业纯钛具有极高的冷加工硬化效应，高温强度和抗蠕变能力不高，低温性能较好，耐蚀性低于高纯度钛，与不锈钢相近。工业纯钛主要用于飞机、船舶、化工以及海水淡化工业方面，用以制造各种零部件以及制造在 350℃以下工作的耐热零件，如换热器等。

工业纯钛的牌号、成分及力学性能见表 2-40。

表 2-40　部分工业纯钛的牌号、成分及力学性能（GB/T 3620.1—2016）

牌号	元素质量分数(%)，不大于					力学性能		
	O	N	C	H	Fe	R_m/MPa	$R_{p0.2}$/MPa	$A(\%)$ 不小于
TA1	0.20	0.03	0.1	0.015	0.25	≥240	140～310	30°
TA2	0.25	0.05	0.1	0.015	0.30	≥400	270～452	25°
TA3	0.3	0.05	0.10	0.015	0.40	≥580	380～550	20°

2. 钛合金

钛合金中常加入的主要合金元素有锆、锡、铝、钒、钼、铜、硅等。按退火组织不同，钛合金可分为 α 型钛合金、β 型钛合金和 α-β 型钛合金三大类，它们的牌号分别用 TA、TB、TC 加顺序号表示。

（1）α 型钛合金　这类钛合金的主要合金元素是 α 稳定元素铝，其次是中性元素锡和锆。α 型钛合金不能热处理强化，主要性能特点是具有良好的热稳定性和热强性、优良的焊接性，但塑性变形能力较其他类型的钛合金差。

TA4、TA5、TA6 合金主要用作钛合金的焊丝材料。TA7 合金具有良好的热塑性和焊接性，热强性和热稳定性也较好，可制造在 500℃以下长期工作的零件。

（2）α-β 型钛合金　这类钛合金的主要合金元素是 β 稳定元素钒、锰、铬、铁、钼等，此外还加入 α 稳定元素铝，有时也加入中性元素锡。α-β 型钛合金的强化方法除固溶强化外，还可通过热处理强化。其主要性能特点是具有较高的力学性能和优良的高温变形能力，但热稳定性较差，焊接性不如 α 型钛合金。

TC1、TC2 合金的力学性能接近于工业纯钛，并有优良的低温性能，可作低温材料使用。TC3、TC4、TC10 合金的性能特点是具有良好的综合力学性能，组织稳定性高，能在较宽的温度范围使用，应用广泛，可用作火箭发动机外壳、航空发动机压气机盘和叶片、结构锻件和紧固件等。

（3）β 型钛合金　目前工业上使用的 β 型钛合金都是淬火后得到的介稳定 β 型合金，合金中的主要合金元素是 β 稳定元素钒、铬、钼等，其总含量高达 18% ~ 19% 。

β 型钛合金有 TB2 ~ TB17 16 个牌号，其特点是在淬火状态下具有很好的塑性，可以冷成形，淬火时效后具有很高的强度，焊接性好，高的屈服强度和高韧性，但热稳定性差；主要用于制造螺栓、铆钉、冷轧板材、带材等，可用作宇航工业的结构材料。

钛合金可通过热处理的方法进行强化，基本原理既与铝合金相似，属于淬火时效强化类型，又与钢的热处理相似，也有马氏体相变。

（五）轴承合金

轴承合金是用来制造滑动轴承（轴瓦和轴承衬）的专用合金。当轴在轴承中运转工作时，轴承的表面要承受一定的交变载荷，并与轴发生强烈的摩擦。为了减少轴承对轴的磨损，保证轴的运转精度和机器的正常工作，轴承合金应具备如下性能要求：足够的强度、硬度和耐磨性；足够的塑性和韧性；较小的摩擦因数和高的磨合能力；良好的导热性、耐蚀性和低的膨胀系数等。

为了满足上述要求，轴承合金的理想组织应由塑性好的软基体和均匀分布在软基体上的硬质点构成（或者相反）。软基体组织塑性高，能与轴（颈）磨合，并承受冲击载荷；软组织被磨凹后可储存润滑油，以减少摩擦和磨损，而凸起的硬质点则起支承作用。

目前汽车上应用较多的轴承合金是铜基合金（铜铅合金及铅青铜）和铝基合金（铝锡合金、铝铅合金及铝硅合金），锡基和铅基巴氏合金在现代汽车工业上的应用范围已经很小。

1. 锡基和铅基轴承合金

锡基轴承合金和铅基轴承合金是具备上述组织（软基体上均匀分布硬质点）的典型合金。

（1）锡基轴承合金（锡基巴氏合金）　锡基轴承合金是 Sn-Sb-Cu 系合金，实质上是一种锡合金。其组织是由锑溶入锡中形成的固溶体作为软基体，以锡与锑、锡与铜形成的化合物为硬质点组成的。这种合金具有良好的磨合性、韧性、导热性、耐蚀性和抗冲击性，适于制造最重要的轴承，如汽轮机、涡轮机、内燃机、压气机等的高速、重载轴承。

（2）铅基轴承合金（铅基巴氏合金）　铅基轴承合金是 Pb-Sb-Sn-Cu 系合金，实质上是一种铅合金，它的性能略低于锡基轴承合金。但由于锡基轴承合金的价格昂贵，所以对某些要求不太高的轴承常用价廉的铅基轴承合金，如汽车、拖拉机的曲轴轴承、电动机轴承等一般用途的工业轴承。

锡基、铅基轴承合金的牌号由 "Z" 加基本元素符号、主加元素符号，再加主加元素和辅加元素的质量分数表示。例如 ZSnSb11Cu6，表示主加元素锑的质量分数为 11%，辅加元素铜的质量分数为 6% ，余量为锡的铸造锡基轴承合金。

常用锡基及铅基轴承合金的牌号、成分和性能见表 2-41 和表 2-42。

表 2-41　常用锡基轴承合金的牌号、成分和性能（GB/T 1174—1992）

牌　号	主要成分（%）			主要性能			
	Sb	Cu	Sn	R_m/MPa	A(%)	HBW	a_K/(J·cm^2)
ZSnSb11Cu6	10.0 ~ 12.0	5.5 ~ 6.5	余量	90	6.0	27	6.0
ZSnSb8Cu4	7.0 ~ 8.0	3.0 ~ 4.0		80	10.6	24	11.7
ZSnSb4Cu4	4.0 ~ 5.0	4.0 ~ 5.0		80	7.0	20	—

表 2-42　常用铅基轴承合金的牌号、成分和性能（GB/T 1174—1992）

牌　号	主要成分（%）				主要性能			
	Sb	Sn	Cu	Pb	R_m/MPa	A(%)	HBW	a_K/J·cm^{-2}
ZPbSb16Sn16Cu2	15.0 ~ 17.0	15.0 ~ 17.0	1.5 ~ 2.0	余量	78	0.2	30	1.4
ZPbSb15Sn5	14.0 ~ 16.0	5.0 ~ 6.0	2.5 ~ 3.5		68	0.2	32	1.5
ZPbSb15Sn10	14.0 ~ 16.0	9.0 ~ 11.0	—		60	1.8	24	4.4

2. 铜基和铝基轴承合金

铜基轴承合金和铝基轴承合金大多属于硬基体软质点组织，其承载能力强，但磨合能力较差。铝基轴承合金的线胀系数较大，易与轴咬合，因此使用时需要增大轴承间隙。这两类轴承合金可用于一些要求不高的低速、轻载轴承。

除上述各种轴承合金外，可作滑动轴承材料的还有粉末冶金制造的含油轴承、聚四氟乙烯的工程塑料。

（六）粉末冶金材料

1. 粉末冶金简介

粉末冶金是利用金属粉末（或金属粉末与非金属粉末的混合物）为原料，将其混匀后压制成形，再经高温烧结而获得材料或零件的加工方法。近年来，粉末冶金在机械、冶金、化工、交通运输、轻工、电子、宇航等领域得到广泛的应用。用粉末冶金的方法可以生产多种具有特殊性能的金属材料，如硬质合金、难熔金属材料、耐热材料、减磨材料、摩擦材料、磁性材料等，也可以制造许多机械零件，如齿轮、凸轮、轴套、衬套、摩擦片、含油轴承等。粉末冶金零件在汽车上的使用越来越多，如发动机的双顶置凸轮轴和多气门化，使粉末冶金链轮、带轮、气门座及自动变速器的粉末冶金结构件日趋增多。

粉末冶金的生产过程包括粉末的生产、混料、压制成形、烧结以及烧结后的处理等工序。与一般零件的生产方法相比，它具有少切削或无切削、生产率高、材料利用率高等特点。

2. 硬质合金

硬质合金是以碳化钨（WC）、碳化钛（TiC）等高熔点、高硬度的碳化物粉末与起粘结作用的金属钴粉末经混合、压制成形，再烧结而制成的粉末冶金制品，也称金属陶瓷硬质合金或烧结硬质合金。硬质合金具有高硬度（69 ~ 81HRC）、高热硬性（可达900 ~ 1000℃）、高耐磨性和较高的抗压强度，主要用于制造各种刀具，其切削速度、耐磨性及寿命都比高速钢高。硬质合金还可用于制造某些冷作模具、量具以及不受冲击、振动的高耐磨零件。

（1）钨钴类硬质合金　主要成分为碳化钨和钴，其牌号用"YG"加数字表示，数字代表合金中钴的质量分数。如 YG6 表示钴的质量分数为 6%，其余含量为碳化钨的钨钴类硬质合金。常用牌号有 YG3、YG6、YG8 等。这类合金制造的刀具主要用于加工断续切削的脆性材料。

（2）钨钴钛类硬质合金　主要成分为碳化钨、碳化钛和钴，其牌号用"YT"加数字表示，数字代表合金中碳化钛的质量分数。如 YT15 表示碳化钛的质量分数为 15% 的钨钴钛类硬质合金。常用牌号有 YT5、YT15、YT30 等。这类合金制造的刀具主要用于加工韧性材料，如各种钢材。

（3）通用硬质合金　这类合金是以碳化钽（TaC）或碳化铌（NbC）取代钨钴钛类硬质合金中的一部分碳化钛制成的。通用硬质合金又称为万能硬质合金，其牌号用"YW"加代表序号的数字表示。这类合金制造的刀具适于加工各种钢材，特别是不锈钢、耐热钢及高锰钢等难加工的钢材。

（4）钢结硬质合金　这类合金是以一种或几种碳化物（如 TiC、WC 等）为强化相，以合金钢（如高速工具钢、铬钼钢等）的粉末为粘结剂而制成的。这类合金具有耐热、耐蚀和抗氧化等性能，可以进行焊接和锻造加工，退火后可进行切削加工，淬火、回火后具有高硬度（可达 70HRC）和耐磨性，制造的刀具寿命与钨钴类硬质合金相近。由于它可切削加工，故适于制造各种形状复杂的刃具、模具及耐磨零件。

*第四节　金属材料在汽车上的应用

一、典型汽车零件的选材

零件的合理选材对产品有着重要的意义。下面通过几个典型汽车零件的选材和工艺路线的选择实例，介绍汽车零件选材的一般方法步骤。

1. 汽车齿轮的选材

汽车齿轮的选材要从齿轮的工作条件、失效形式及其对材料性能的要求等方面综合考虑。图 2-53 所示为汽车变速齿轮。

（1）汽车齿轮的工作条件　汽车齿轮主要分装在变速器和差速器中。在变速器中，通过它改变发动机、曲轴和主轴齿轮的速比；在差速器中，通过齿轮增加转矩，调节左右轮的转速。汽车上全部发动机的动力均通过齿轮传给车轴，推动汽车运行。所以，汽车齿轮受力较大，受冲击频繁，其耐磨性、疲劳强度、心部强度以及冲击韧性等，均要求比机床齿轮高。

齿轮主要用于传递转矩和调节速度，其工作时的受力情况为：由于传递转矩，齿根承受很大的交变弯曲应力；换档、起动或啮合不均匀时，齿部承受一定冲击载荷；齿面相互滚动或滑动接触，承受很大的接触应力及摩擦力的作用。

（2）汽车齿轮的主要失效形式　按照工作条件的不同，汽车齿轮的主要失效形式见表 2-43。

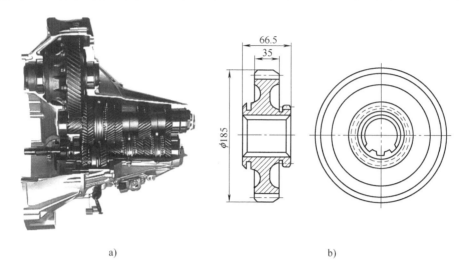

图 2-53 汽车变速齿轮

a）汽车变速器 b）汽车变速器齿轮

表 2-43 汽车齿轮的主要失效形式

失 效 形 式	失 效 表 现
疲劳断裂	主要从根部发生，这是齿轮最严重的失效形式，常常一齿断裂会引起数齿甚至所有齿的断裂
齿面磨损	由于齿面接触区摩擦，使齿厚磨损变薄
齿面接触疲劳破坏	在交变接触应力作用下，齿面产生微裂纹，微裂纹的发展，引起点状剥落（或称麻点）
过载断裂	主要是冲击载荷过大造成的断齿

（3）对汽车齿轮的性能要求　根据工作条件及失效形式的分析，可以对齿轮材料提出如下性能要求：

1）高的弯曲疲劳强度。

2）高的接触疲劳强度和耐磨性。

3）较高的强度和冲击韧度。

4）较好的热处理性能，热处理变形小。

（4）典型汽车齿轮选材　在我国，应用最多的汽车齿轮用材是合金渗碳钢 20Cr 或 20CrMnTi，并经渗碳、淬火和低温回火。渗碳后表面碳含量大大提高，保证淬火后提高硬度、耐磨性和接触疲劳抗力。由于合金元素提高淬透性，淬火、回火后可使心部获得较高的强度和足够的冲击韧度。为了进一步提高齿轮的耐用性，渗碳、淬火、回火后，还可采用喷丸处理，增大表面压应力，有利于提高疲劳强度，并清除氧化皮。

（5）合金渗碳齿轮的工艺路线　一般的齿轮加工工艺路线：下料→锻造→正火→切削加工→渗碳、淬火及低温回火→喷丸→磨削加工。

2. 汽车发动机曲轴

曲轴是汽车发动机中形状复杂的重要零件之一，如图 2-54 所示。

（1）汽车发动机曲轴的工作条件　汽车发动机曲轴的作用是输出动力，并带动其他部件运动。曲轴在工作中受到弯曲、扭转、剪切、拉压、冲击等交变应力；而且，曲轴的形状极不规则，其上的应力分布极不均匀；曲轴颈与轴承还发生滑动摩擦。

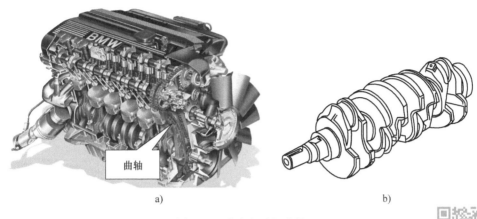

图 2-54 汽车发动机曲轴

a) 宝马发动机 b) 发动机曲轴

（2）曲轴的主要失效形式 由上述工作条件及受力情况可知，曲轴的主要失效形式是疲劳断裂和轴颈严重磨损两种。

（3）对曲轴的性能要求 根据曲轴的失效形式，可以对曲轴材料提出如下性能要求：

1）高的强度。

2）一定的冲击韧度。

3）足够的弯曲、扭转疲劳强度。

4）足够的刚度，轴颈表面有高的硬度和耐磨性。

（4）典型曲轴的选材 实际生产中，按照制造工艺将汽车发动机曲轴分为锻钢曲轴和铸造曲轴。锻钢曲轴一般采用优质中碳钢和中碳合金钢制造，如 30、45、35Mn2、40Cr、35CrMo 等。铸造曲轴主要由铸钢、球墨铸铁、珠光体可锻铸铁及合金铸铁等制造，如 ZG230-450、QT600-3、QT700-2、KTZ450-5、KTZ500-4 等。

（5）曲轴典型的工艺路线 可根据材质不同分为两类。

1）铸造曲轴的典型工艺路线：铸造→高温正火→高温回火→切削加工→轴颈气体渗碳。

2）锻钢曲轴的典型工艺路线：下料→模锻→调质→切削加工→轴颈表面淬火。

3. 汽车板簧

汽车板簧是汽车悬架系统中最传统的弹性元件，如图 2-55 所示。

（1）汽车板簧失效形式及性能要求 汽车板簧用于缓冲和吸振，承受很大的交变应力和冲击载荷。汽车板簧的主要失效形式为刚度不足引起的过度变形或疲劳断裂。因此，对汽车板簧的性能要求是材料要有较高的屈服强度和疲劳强度。

（2）典型板簧选材 汽车板簧一般选用弹性高的弹簧钢来制造，如 65Mn、65Si2Mn 钢等。对于中型或重型汽车，板簧还采用 50CrMn、55SiMnVB 钢；对于中型载货汽车用的大截面积板簧，则采用 55SiMnMoV、55SiMnMoVNb 钢制造。

（3）工艺路线 汽车板簧一般采用如下加工工艺路线：热轧钢板冲裁下料→压力成形→淬火→中温回火→喷丸强化。

喷丸强化也是表面强化的手段，目的是提高零件的疲劳强度。

a)

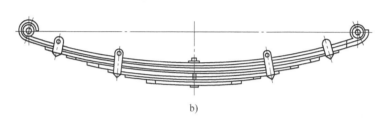

b)

图 2-55 汽车板簧

a) 汽车悬架 b) 汽车板簧

二、金属材料在汽车上的应用

目前，金属材料在汽车上的应用占主导地位。表 2-44 和表 2-45 分别为汽车发动机、底盘及车身零件用材情况。

表 2-44 汽车发动机零件用材情况

代表零件	材料种类及牌号	使用性能要求	主要失效方式	热处理及其他方式
气缸体、气缸盖、飞轮、正时齿轮	灰铸铁：HT200	刚度、强度、尺寸稳定性	产生裂纹、孔壁磨损、翘曲变形	不处理或去应力退火；也可用 ZL104 铝合金制作缸体缸盖，固溶处理后时效
缸套、排气门座等	合金铸铁	耐磨性、耐热性	过量磨损	铸造状态
曲轴等	球墨铸铁：QT600-3	刚度、强度、耐磨性	过量磨损、断裂	表面淬火、圆角滚压、渗氮，也可以用锻钢件
活塞销等	渗碳钢：20、20Cr、18CrMnTi、12Cr2Ni4	强度、冲击韧度、耐磨性	磨损、变形、断裂	渗碳、淬火、回火
连杆、连杆螺栓、曲轴等	调质钢：45、40Cr、40MnB	强度、疲劳抗力、冲击韧度	过量变形、断裂	调质、探伤
各种轴承、轴瓦	轴承钢、轴承合金	耐磨性、疲劳抗力	磨损、剥落、烧蚀破裂	不热处理（外购）
排气门	高铬耐热钢：40Cr10Si2Mo、45Cr14Ni14W2Mo	耐热性、耐磨性	起槽、变宽、氧化烧蚀	淬火、回火
气门弹簧	弹簧钢：65Mn、50CrVA	疲劳抗力	变形断裂	淬火、中温回火
活塞	高硅铝合金：ZL108、ZL110	耐热强度	烧蚀、变形、断裂	固溶处理及时效
支架、盖、罩、挡板、油底壳等	钢板：08、20、16Mn、Q235	刚度、强度	变形	不热处理

表 2-45 汽车底盘及车身零件用材情况

代表零件	材料牌号	使用性能要求	主要失效方式	热处理及其他
纵梁、横梁、传动轴（4000r/min）保险杠、钢圈等	钢板：25、16Mn	强度、刚度、韧性	弯曲、扭斜、铆钉松动、断裂	要求用冲压工艺性能好的优质钢板
前桥（前轴）转向节臂（羊角）、半轴等	调质钢：45、40Cr、40MnB	强度、韧性、疲劳抗力	弯曲变形、扭转变形、断裂	模锻成形、调质处理、圆角滚压、无损探伤
变速器齿轮、后桥齿轮等	渗碳钢：20、CrMnTi、40MnB	强度、耐磨性、接触疲劳抗力及断裂抗力	麻点、剥落、齿面过量磨损、变形、断齿	渗碳（渗碳层深度0.88mm 以上）淬火、回火，表面硬度 58 ~ 62HRC
变速器壳、离合器壳	灰铸铁：HT200	刚度、尺寸稳定性、一定强度	产生裂纹、轴承孔磨损	去应力退火
后桥壳等	可锻铸件：KTH350-10 球墨铸铁：QT400-18	刚度、尺寸稳定性、一定强度	弯曲、断裂	后桥还可用优质钢板冲压后焊成或用铸钢
钢板弹簧	弹簧钢：65Mn、60Si2Mn、55SiMnVB	耐疲劳、冲击和腐蚀	折断、弹性减退、弯度减小	淬火、中温回火、喷丸强化
驾驶室、车厢、罩等	08 钢板、20 钢板	刚度、尺度稳定性	变形、开裂	冲压成形
分泵活塞、油管	有色金属：铝合金、纯铜	耐磨性、强度	磨损、开裂	按合金种类定

下面就汽车典型零件的用材作一个简要的说明。

（一）汽车结构零件用材

汽车结构零件材料多为发动机零件和底盘零件，如图 2-56 所示。一般采用钢铁材料居多，一些零件还采用了有色金属合金和粉末冶金材料。

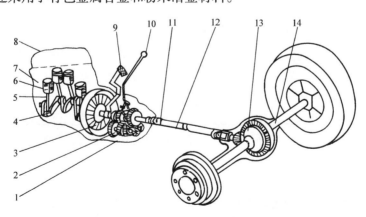

图 2-56 汽车发动机和传动系统示意图

1—变速器 2—变速齿轮 3—离合器 4—曲轴 5—连杆 6—活塞
7—气缸体 8—气缸盖 9—离合器踏板 10—变速手柄 11—万向节
12—传动轴 13—后桥齿轮 14—半轴

1. 发动机气缸体和气缸套材料

发动机气缸体是发动机的骨架和外壳，在气缸体内、外安装着发动机主要的零部件。汽车发动机气缸体结构如图 2-57 所示。

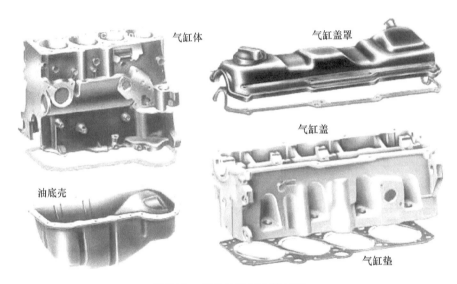

气缸体　气缸盖罩

气缸盖

油底壳

气缸垫

图 2-57　汽车发动机缸体结构

发动机的工作循环是在气缸内完成的。气缸体在工作时要承受燃气压力的拉伸和燃气压力与惯性力联合作用下的扭转和弯曲，以及螺栓预紧力的综合作用，会使缸体产生横向和纵向的变形，超过许用值时将影响与机座相联部件的可靠性和工作能力，尤其是活塞、连杆和曲轴等零件的工作可靠性和耐磨性会受到严重影响，并导致发动机不能正常运转。因此气缸体材料必须具有良好的铸造性、可加工性，且价格低廉。

气缸体常用的材料有灰铸铁和铝合金两种。铝合金的密度小，但刚度差、强度低、价格贵。所以，除了某些发动机为减轻重量而采用铝合金外，一般气缸体材料均采用灰铸铁。

气缸内与活塞接触的内壁面，由于直接承受燃气的冲刷，并与活塞存在着具有一定压力的高速相对运动，使气缸内壁受到强烈的摩擦，造成磨损，气缸内壁的过量磨损是造成发动机大修的主要原因之一。因此，气缸的气缸体一般采用普通铸铁或铝合金，而气缸工作面则用耐磨材料，制成气缸套镶入气缸。

常用气缸套材料为耐磨合金铸铁，主要有高磷铸铁、硼铸铁、合金铸铁等。为了提高气缸套的耐磨性，可以用镀铬、表面淬火、喷镀金属钼或其他耐磨合金等办法对气缸套进行表面处理。

2. 发动机气缸盖

气缸盖主要用来封闭气缸构成燃烧室。气缸盖承受着燃气的高温、高压作用，由于温度高、形状复杂、受热不均匀使气缸盖上的热应力很大，严重时可造成气缸盖变形甚至出现裂纹。根据上述工作条件，缸盖应用导热性好、高温机械强度高、能承受反复热应力、铸造性能良好的材料来制造。

目前使用的气缸盖材料有两种：一种是灰铸铁或合金铸铁；另一种是铝合金。铸铁发机气缸盖具有高温强度、铸造性能好、价格低等优点，但其导热性差、重量轻、高温强度低、使用中容易变形、成本较高。

3. 活塞组

汽车发动机活塞连杆组如图2-58所示。

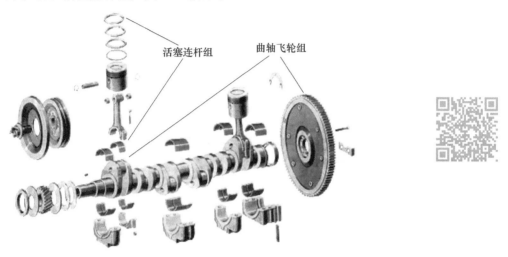

图2-58　汽车发动机活塞连杆组

活塞、活塞销和活塞环等零件组成活塞组，如图2-59所示。活塞组与气缸体、气缸盖配合形成一个容积变化的密闭空间，以完成内燃机的工作过程；同时，它还承受燃气作用力并通过连杆把力传给曲轴输出。活塞组工作条件十分苛刻，在工作中受到周期性变化的高温、高压燃气(工作温度最高可达2000℃,压力最高达13～15MPa)作用,并在气缸内作高速往复运动,产生很大的惯性载荷。活塞在传力给连杆时,还承受着交变的侧压力。活塞组最常见的失效形式有磨损、塑性变形和断裂等。

对活塞用材料的要求是热强度高、导热性好、吸热性差、膨胀系数小，减摩性、耐磨性、耐蚀性和工艺性好等。常用的活塞材料是铝硅合金，其性能特点是导热性好、密度小、膨胀系数较小，耐磨性、耐蚀性、硬度、刚度和强度提高。铝硅合金活塞需进行固溶处理及人工时效处理，以提高表面硬度。

活塞销承受交变载荷，传递的力最高达数万牛。这就要求活塞销材料应有足够的强度、刚度及耐磨性，同时具有较高的疲劳

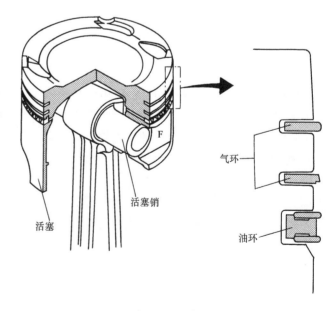

图2-59　活塞组

强度和冲击韧度。活塞销材料一般用20、20Cr、20CrMnTi等低碳、低碳合金钢，表面进行渗碳或氮碳共渗处理，以满足材料外表面硬而耐磨、内部韧而耐冲击的要求。

活塞环材料应具有耐磨性好、易磨合、韧性好以及良好的耐热性、导热性和易加工性等性能特点。目前一般多用珠光体基体的灰铸铁或在灰铸铁基础上添加一定量的铜、铬、钼及钨等合金元素的合金铸铁，也有的采用球墨铸铁或可锻铸铁。为了改善活塞环的工作性能，活塞环宜进行表面处理。目前应用最广泛的是镀铬，可使活塞环的寿命提高2～3倍。其他表面处理的方法还有喷钼、磷化、氧化、涂敷合成树脂等。

4. 连杆

连杆连接活塞和曲轴，其作用是将活塞的往复运动转变为曲轴的旋转运动，并把作用在活塞上的力传给曲轴以输出功率。连杆组的结构如图2-60所示。连杆在工作过程中，除承受燃烧室燃气产生的压力外，还要承受纵向和横向的惯性力。因此，连杆在一个很复杂的应力状态下工作。连杆的主要失效形式是疲劳断裂和过量变形。连杆的工作条件要求连杆具有较高的强度和疲劳强度；又要求具有足够的刚性和韧性。

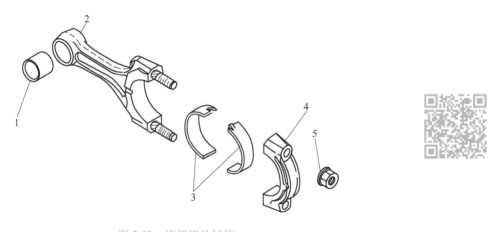

图2-60　连杆组的结构

1—连杆衬套　2—连杆　3—连杆轴承　4—连杆盖　5—连杆螺母

连杆材料一般采用45钢、40Cr或40MnB等调质钢。合金钢虽具有很高强度，但对应力集中很敏感。所以，在连杆外形、过渡圆角等方面需严格要求，还应注意表面加工质量以提高疲劳强度，否则高强度合金钢的应用并不能达到预期效果。

5. 气门

汽车发动机气门的主要作用是打开、关闭进、排气道，如图2-61所示。气门在工作时，需要承受较高的机械负荷和热负荷，尤其是排气门工作温度高达650～850℃；另外，气门头部还承受气体压力及落座时因惯性力而产生的相当大的冲击。对气门的主要要求是保证燃烧室的气密性。

气门材料应选用耐热、耐蚀、耐磨的材料。进、排气门工作条件不同，材料的选择也不同。进气门一般可用40Cr、38CrSi、42Mn2V等合金钢制造；排气门则要求用高铬耐热钢制造，采用40Cr10Si2Mo作为气门材料时工作温度可达550～650℃。

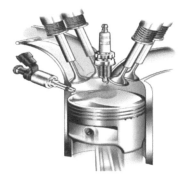

图 2-61　汽车发动机气门

6. 半轴

汽车半轴是驱动车轮转动的直接驱动零件，也是汽车后桥中的重要受力部件，其结构如图 2-62 所示。汽车运行时，发动机输出的转矩经过变速器、差速器和减速器传给半轴，再由半轴传给车轮，推动汽车行驶。半轴在工作时主要承受扭转力矩、交变弯曲以及一定的冲击载荷。因而，要求半轴材料具有高的抗弯强度、疲劳强度和较好的韧性，即有较高的综合力学性能。

通常选用调质钢制造半轴。中、小型汽车的半轴一般用 45 钢、40Cr，而重型汽车则用 40MnB、40CrNi 或 40CrMnMo 等淬透性较高的合金钢制造。半轴加工中常采用喷丸处理及滚压凸缘根部圆角等强化方法。

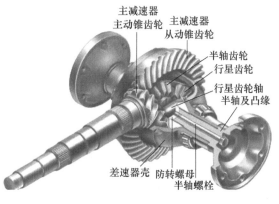

a)

7. 螺栓、铆钉等冷镦零件

汽车结构中的螺栓和铆钉等冷镦零部件，主要起联接、坚固、定位以及密封汽车各零部件的作用。

在汽车行驶过程中，由于螺栓联接的零部件不同、这些零部件所受的载荷各不相同，故不同螺栓的应力状态也不相同。有的承受弯曲或剪切应力，有的承受反复交变的拉应力和压应力，也有的承受冲击载荷或同时承受上述几种载荷。此外，由于螺栓的结构及其所传递的载荷

b)

图 2-62　汽车驱动桥和半轴

的特性，螺栓具有很高的应力集中。因此，应根据螺栓的受力状态合理地选用材料。常

用的螺栓材料有 10、15（木螺栓、铆钉）、35（普通螺栓）、40Cr 和 15MnVB（重要螺栓）等。

（二）汽车冷冲压零件用材

在汽车零件中，冷冲压零件种类繁多，一般占总零件数的 50%～60%。汽车冷冲压零件的材料有钢板和钢带，其中主要是钢板，包括热轧钢板和冷轧钢板，如 08、20、25 和 Q345 等。

热轧钢板主要用来制造一些承受一定载荷的结构件，如保险杠、制动盘、纵梁等。这些零件不仅要求钢板具有一定刚度、强度，而且还要具有良好的冲压成形性能。冷轧钢板主要用来制造一些形状复杂，受力不大的机器外壳、驾驶室、轿车的车身等覆盖零件。这些零件对钢板的强度要求不高，但却要求具有优良的表面质量和冲压性能，以保证高的成品合格率。

近年开发的加工性能良好、强度（屈服强度和抗拉强度）高的薄钢板——高强度钢板，由于其可降低汽车自重、提高燃油经济性而在汽车上获得应用，如已用于制造车身外面板（包括车顶、前脸、后围、发动机罩、车门、行李箱等）、车身内部保险杠、横梁、边梁、支架、发动机框架等。高强度钢板在轿车中的使用部位如图 2-63 所示。

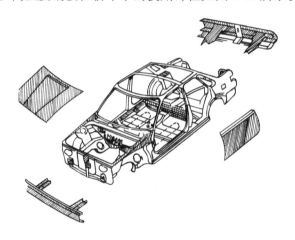

图 2-63　高强度钢板在轿车中的使用部位

能 力 测 试

一、填空题

1. 碳素钢是指碳的质量分数小于_____%，并含有少量 Si、Mn、S、P 杂质元素的合金。碳素钢按含碳量的多少可分为_____、_____和_____。

2. 45 钢按用途分类，它属于_____钢；按钢中有害杂质 S、P 含量多少分类，它属于_____钢。

3. 钢的热处理是通过钢在固态下_____、_____、_____的操作来改变其_____，从而获得所需_____的一种工艺方法。

4. 热处理根据目的和要求不同可分为_____和_____两大类。其中常用的普通热处理方法有_____、_____、_____、_____等。表面热处理的方法有_____和_____。

5. 表面淬火是快速加热钢件表面达到淬火温度，而不等热量传至中心迅速予以冷却的方法来实现的，主要目的是_____。常用表面加热淬火方式有_____和_____。

6. 合金钢就是在碳钢的基础上，为了获得特定的功能有目的地加入_____或_____元素的钢。

7. 20Cr是_____钢，加入铬的主要作用是_____，最终热处理是_____，它可制作_____。

8. 可锻铸铁中石墨呈_____状，大大减轻石墨对金属基体的_____作用，故可锻铸铁相比于灰口铸铁具有较高的_____，还具有较高的_____、_____。

9. 球墨铸铁中石墨呈_____状，其机械性能和_____相近，_____甚至比某些钢还高，同时又具有灰铸铁的一系列优点，故广泛用来制造_____、_____、_____和_____要求高的机械零件。

10. 铝合金根据成分和加工特点，可分为_____和_____两类。其中，铝硅合金属于_____，硬铝合金属于_____。

11. 滑动轴承合金的理想组织，一般是由软_____和在它上面均匀分布着的_____构成。除了铸造青铜以外，常用轴承合金还有_____轴承合金、_____轴承合金和_____轴承合金三类，其中_____和_____轴承合金又称为巴氏合金。

二、选择题

1. 采用冷冲压的方法制造汽车油底壳应选用（　　　）。

A. 45 钢　　　　　　　B. T10A 钢　　　　　　C. 08 钢

2. 20 钢可制造汽车的（　　　）。

A. 驾驶室　　　　　　B. 风扇叶片　　　　　　C. 凸轮轴

3. 用 45 钢制作的凸轮轴锻件在机加工前应采用（　　　）处理。

A. 淬火＋回火　　　　B. 正火　　　　　　　　C. 完全退火

4. 气缸体在铸造后要进行退火，用得最普遍的是进行（　　　）。

A. 完全退火　　　　　B. 去应力退火

5. 用 40Cr 钢制的缸盖螺栓，要求具有良好的综合机械性能，最终热处理是（　　　）。

A. 淬火　　　　　　　　　　　　　B. 淬火和中温回火

C. 淬火和低温回火　　　　　　　　D. 调质处理

6. 为了保证气门弹簧的性能要求，65Mn 钢制的气门弹簧最终要进行（　　　）处理。

A. 淬火　　　　　　　　　　　　　B. 淬火和中温回火

C. 淬火和低温回火　　　　　　　　D. 调质

7. 合金结构钢有（　　　）；合金工具钢有（　　　）；制造气门弹簧用（　　　）；制造变速器二轴用（　　　）。

A. 40MnB　　　　　B. 15Cr　　　　　C. 65Mn　　　　　D. CrWMn

E. 9SiCr

8. 选择合适材料牌号分别用于制造汽车零件：气缸盖采用（　　　）；前、后制动鼓采用（　　　）；后桥壳采用（　　　）；发动机摇臂采用（　　　）；曲轴采用（　　　）。

    A. HT150   B. HT200   C. KTH350-10   D. QT600-3

9. 发动机的气缸盖和活塞环是用（　　）制造的；排气门座是用（　　）制造的。

    A. 耐热钢   B. 耐磨铸铁   C. 灰铸铁   D. 耐热铸铁

    E. 可锻铸铁

10. 将下列各材料分别填到它们所制造的汽车零件中：化油器上、中、下体采用（　　）；曲轴轴瓦采用（　　）；万向节衬套采用（　　）。

    A. 20 高锡铝轴承合金   B. ZL108   C. 巴氏合金

    D. 压铸锌合金   E. HPb59-1   F. HSn90-1

    G. ZCnPb30

三、判断题（正确的打"√"，错误的打"×"）

1. 铸造一般用于形状复杂、难以进行锻造、要求有较高的强度和韧性、能承受冲击载荷的零件。（　　）

2. 钢在常温时的晶粒越细小，强度和硬度越高，塑性和韧性越低。（　　）

3. 钢在淬火前先进行正火，可使组织细化，能减少淬火变形和开裂的倾向。（　　）

4. 淬透性很好的钢，淬火后硬度一定很高。（　　）

5. 除含铁、碳外，还含有其他元素的钢就是合金钢。（　　）

6. 35 钢制造的汽车曲轴正时齿轮经淬火、低温回火以后硬度为 56HRC，如果再进行高温回火可使材料硬度降低。（　　）

7. 低碳钢与中碳钢常用正火代替退火，改善其组织结构和切削加工性。（　　）

8. 合金钢不经过热处理，其机械性能比碳钢提高不多。（　　）

9. 制作汽车大梁的 16Mn 钢是一种平均含碳量为 0.6% 的较高含锰量的优质碳素结构钢。（　　）

10. 纯铜具有很高的导电性和导热性，也有优良的塑性，强度不高，不宜用于制造承受载荷的汽车零件。（　　）

四、简答题

1. 解释下列名词：晶体、合金、组元、相、组织、固溶体、固溶强化、过冷度、淬透性、调质处理。

2. 实际的金属晶体结构存在哪些晶体缺陷？对金属性能有何影响？

3. 试在铁碳合金相图中找出包晶、共晶、共析这三个基本相变的特征线。

4. 根据铁碳合金相图，说明产生下列现象的原因：

1）碳的质量分数为 0.9% 的钢比碳的质量分数为 0.45% 的钢的硬度高。

2）钢能进行铸造，铸铁不能进行锻造。

5. 直径为 6mm 的共析钢试样，加热到 A_1 以上 30℃，用图 2-64 所示的各种冷却曲线进行冷却，说明各属于什么热处理方法？分析其所得的组织。

6. 根据所学知识，解释下列现象：

1）在相同状态下，T10 钢的硬度比 50 钢高。

2）在室温下，退火状态 T8 钢比 T12 钢的抗拉强度高。

3）在 1100℃ 温度下，40 钢可进行锻造加工，而 HT250 则不能。

4）钢铆钉一般用低碳钢制造。

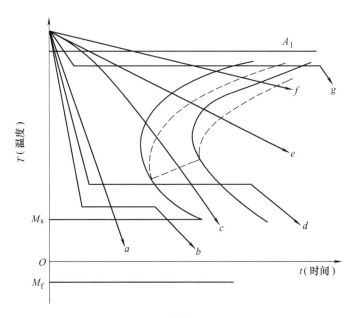

图 2-64　简答题 5 图

5）捆绑物体一般用低碳钢丝，而起吊重物则用中碳钢丝绳。

6）锯 T8、T10、T12 等钢料比锯 10、20 等钢料费劲些，且锯条更易磨钝。

7）钢适合于通过压力加工成形，而铸铁只能采用铸造成形。

高分子材料

本章导入

高分子材料又称为高分子化合物或高分子聚合物（简称高聚物），是以高分子化合物为主要组分的有机材料，可分为天然高分子材料和合成高分子材料两大类。

天然高分子材料普遍存在于自然界，许多材料早已为人们熟知和应用，如蚕丝、纤维素、羊毛、蛋白质、淀粉、天然橡胶等；合成高分子材料则是通过人工合成而得到的材料，如塑料、合成橡胶、合成纤维、合成胶粘剂和涂料等，在20世纪50年代迅猛发展。

合成高分子材料具有质轻、耐腐蚀和电绝缘等许多优良性能，而且具有可塑性好、加工成形方便、原料丰富、价格低廉等特点，可以制成各种颜色和不同形状的产品，因而发展迅速。其应用已遍及人们的衣、食、住、行、用，以及信息、能源、国防和航空航天等各个领域，在各行业得到广泛的应用。

由于全球汽车工业向节能化、环保化发展，降低油耗是汽车发展的要求。对于轿车而言，减轻汽车自重是降低油耗的重要手段，因此，在轿车上，非金属材料的应用越来越广泛。现代汽车中高分子材料用量占汽车自重的12% ~16%。

本章主要介绍了汽车工业中主要应用的高分子材料，包括塑料、橡胶、合成纤维、车用涂料、胶粘剂等。

教学目标

1. 能力目标

1）能够区分各种不同高分子材料种类，能够描述各种不同非金属材料的性能及在汽车上的应用。

2）能够正确选配和识别高分子材料汽车零件，能够正确选择汽车用轮胎。

2. 知识目标

1）了解汽车工业中主要应用的高分子材料类型。

2）认识塑料、橡胶、合成纤维、车用涂料、胶粘剂性能、种类及应用。

3）了解汽车上高分子材料件的位置、名称。

第一节　高分子材料概述

一、高分子化合物的组成结构与形成

1. 高分子材料的基本结构

高分子化合物的最基本特征是相对分子质量很大。一般低分子化合物的相对分子质量在 500 以下，而高分子化合物的相对分子质量则在 5000 以上，有的甚至高达几百万。

高分子化合物的分子质量虽然很大，但化学组成并不复杂，都是由一种或几种低分子化合物通过聚合反应获得的。这些低分子化合物称作单体，单体是高分子化合物的合成原料。也就是说，高分子化合物是由单体合成的。例如，聚乙烯是由乙烯（$CH_2 = CH_2$）单体聚合而成的，合成聚氯乙烯的单体为氯乙烯（$CH_2 = CHCl$）。

高分子化合物主要呈长链形，因此常称为大分子链或高分子链。大分子链由许多结构相同的基本单元重复连接构成。组成大分子链的这种结构单元称作链节。当高分子化合物只由一种单体组成时，单体的结构即为链节的结构，也是整个高分子化合物的结构。图 3-1 所示为高分子链的形状示意图。

高分子链可以呈不同的几何形状，一般可分为三种：线型分子链（图 3-1a），由许多链节组成的长链，通常是曲卷成团状，其直径小于 1nm；支链型分子链（图 3-1b），在主链上带有长短不一的支链；体型分子链（图 3-1c），分子链间有许多链节相互交联，呈网状，使聚合物之间不易相互流动，这种形态也称为网状结构。

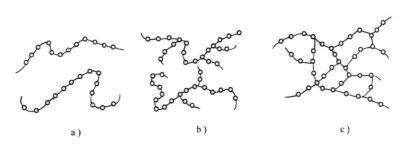

a）　　　　　　　　b）　　　　　　　　c）

图 3-1　高分子链的形状示意图

a）线型分子链　b）支链型分子链　c）体型分子链

高分子链的形态对聚合物的性能有显著的影响。线型分子链、支链型分子链构成的聚合物统称为线型聚合物。这类聚合物的弹性好、塑性好、硬度低，可以通过加热和冷却的方法使其重复地软化（或熔化）和硬化（或固化），故又称为热塑性聚合物材料，例如涤纶、尼龙、生橡胶等。体型分子链构成的聚合物称为体型聚合物，这类聚合物的强度高、脆性大、无弹性和塑性，在加热、加压成形固化后，不能再加热熔化或软化，故又称为热固性聚合物材料，例如酚醛塑料、环氧树脂、硫化橡胶等。

2. 高分子材料的人工合成方式

人工合成高分子材料的基本方式可分为加成聚合反应（简称加聚反应）和缩合聚合反

应（简称缩聚反应）两类。

加聚反应是指一种或几种单体相互"链接"成聚合物的反应，如图3-2所示。反应过程中没有副产物生成，因此生成物与其单体具有相同的成分。如乙烯单体 $CH_2 = CH_2$ 在一定条件下，将双链打开，由单链逐一串联成长长的大分子，进行加聚反应，生成聚乙烯。加聚反应是当前高分子合成工业的基础，约有80%的高分子材料是利用加聚反应生产的。

图 3-2 加聚反应示意图

缩聚反应是指一种或几种单体通过缩合连接形成聚合物，同时析出（缩去）某种低分子物质（如：水、氨、醇、卤化氢等）的反应，如图3-3所示。缩聚反应是一种可逆反应，反应过程较复杂，但同样具有很大的使用价值。其反应生成物与原料物质的组成不同，一般的相对分子质量不超过30000。工程上常用的酚醛塑料、聚酰胺（尼龙）、有机硅等重要的高分子材料都是由缩聚反应合成的。

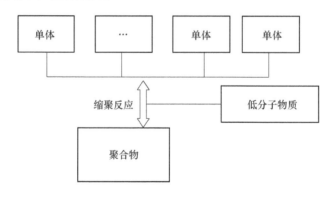

图 3-3 缩聚反应示意图

二、高分子材料的特性

（1）**高弹性** 高弹性主要的特征是：有很大的弹性形变，有显著的松弛现象，而且弹性形变随时间延长而逐渐发展。

一般的高分子材料与金属相比，其弹性模量低，弹性变形大，伸长率大，如橡胶的伸长率可达100%～1000%，而一般金属材料只有0.1%～1.0%。

（2）**黏弹性** 高分子化合物是一种黏弹性材料，它既不是理想的弹性固体，又不是理想的黏性液体，而是兼有弹性和黏性两种特征，故表现出黏弹性。例如橡胶是在低温和老化状态时，高弹性表现出强烈的对时间的依赖性。黏弹性的主要外在表现为蠕变、应力松弛和内耗等。

（3）高冲击强度　冲击韧度是材料在高速冲击状态下的韧性或对断裂的抗力，在高分子化合物中也称为冲击强度。由于高分子化合物在断裂前能吸收较大的能量，因此高分子化合物的韧性较好。例如，热塑性塑料冲击韧度一般为 $2 \sim 15kJ/m^2$，热固性塑料冲击韧度一般为 $0.5 \sim 5kJ/m^2$。但是，由于高分子化合物强度低，高分子化合物的冲击韧度比金属的小得多，仅为其百分之一。这也是高分子化合物作为工程结构材料使用时遇到的主要问题之一。

（4）高的减摩性和耐磨性　大多数塑料对金属和对塑料的摩擦因数一般为 $0.2 \sim 0.4$，但有一些塑料的摩擦因数很低。例如，聚四氟乙烯对聚四氟乙烯的摩擦因数只有 0.04，是所有固体中最低的。几种常见摩擦副的静摩擦因数见表3-1。

表3-1　几种常见摩擦副的静摩擦因数

摩擦副材料	摩擦因数
软钢—软钢	0.30
硬钢—硬钢	0.15
软钢—软钢（油润滑）	0.08
聚四氟乙烯—聚四氟乙烯	0.04

一部分高分子材料除了摩擦因数低以外，更主要的优点是磨损率低。其原因是它们的自润滑性能较好，消声、吸振能力强，同时，对工作条件及磨粒的适应性、就范性和埋嵌性好。所以，高分子材料是很好的轴承材料及其他耐磨件的材料。在无润滑和少润滑的摩擦条件下，它们的耐磨性、减摩性是金属材料无法比拟的。

（5）易老化　老化是指高分子材料在长期使用和存放过程中，由于受到氧、光、热以及微生物等的作用，使其物理化学性能随时间增长不断恶化，逐渐丧失使用价值的过程。老化的主要表现为材料的硬度、脆性提高，强度降低。对于橡胶材料，老化主要表现为变脆、龟裂或变软、发黏；对于塑料，老化则表现为褪色、失去光泽和开裂。由于这些现象是不可逆的，所以老化是高分子材料的一个主要缺点。

第二节　常用高分子材料

高分子材料根据其性能及使用情况，通常分为塑料、橡胶、合成纤维、涂料及胶粘剂等。

一、塑料

塑料是一种以有机合成树脂为主要组成的高分子材料，它通常可在加热、加压条件下被塑造或固化成型，得到所需的固体制品，故称为塑料。它具有质量小、比强度高、耐腐蚀、消声、隔热、良好的减摩性、耐磨性和电性能等特点，随着工程塑料的快速发展，塑料在制造业中得到了广泛的应用。

（一）塑料的组成及分类

1. 塑料的基本组成

塑料的主要成分是有机合成树脂，也可加入各种增强材料、填料、增塑剂、固化剂、稳定剂、着色剂和阻燃剂等，如图3-4所示。

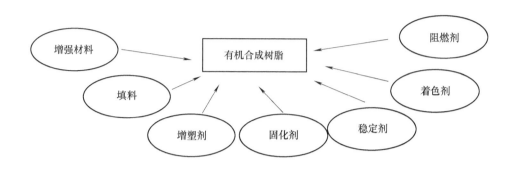

图3-4 塑料的基本组成

（1）有机合成树脂 有机合成树脂是由低分子化合物在一定温度和压力下通过缩聚或加聚反应合成的高分子化合物，如酚醛树脂、聚乙烯等。合成树脂是塑料的主要组成物，是塑料的基体材料，它决定了塑料的基本性能，并起着胶粘剂的作用。在一定的温度和压力的条件下，合成树脂可软化并塑造成形。在工程塑料中，合成树脂的含量一般占40%～100%。

（2）添加剂 添加剂是指为改善或弥补塑料使用性能而特别加入的其他成分的助剂。添加剂包括如下种类：

1）填料或增强材料。填料在塑料中主要起到增强作用，例如加入石墨、石棉纤维或玻璃纤维等，可以改善塑料的力学性能。有时填料也可改善或提高塑料的某些特殊性能，例如加入石棉粉可提高塑料的耐热性，加入云母粉可提高塑料对光的反射能力等。通常填料的用量可达20%～50%。

2）固化剂。固化剂的作用是使树脂具有体型网状结构，成为较坚硬和稳定的塑料制品。

3）增塑剂。用以提高树脂可塑性和柔性的添加剂。例如聚氯乙烯树脂中加入邻苯二甲酸二丁酯，可使塑料变得柔软而有弹性。

4）稳定剂。加入稳定剂是为了防止塑料受热、光等的作用而过早老化。例如添加酚类和胺类等有机物能抗氧化，添加炭黑则可使塑料吸收紫外线。

此外，还有其他一些添加剂加入塑料，可优化塑料各种特定性能，如润滑剂、着色剂、阻燃剂、抗静电剂和发泡剂等。

2. 塑料的分类

（1）按照塑料的物理、化学性能分类 可分为热塑性工程塑料和热固性工程塑料两类。

1）热塑性工程塑料：在特定的温度范围内能反复加热软化和冷却硬化的塑料，如聚乙烯、聚氯乙烯、聚丙烯塑料等。

2）热固性工程塑料：因受热或其他条件能固化成不溶性物料的塑料，如酚醛塑料、环氧塑料等。

（2）按照塑料的用途分类 可分通用塑料、工程塑料和特种塑料三种。

1）通用塑料：一般指量大、用途广、成型性好、力学性能表现一般、价廉的塑料，主要品种有聚乙烯、聚氯乙烯、聚丙烯、聚苯乙烯塑料等。

2）工程塑料：一般是指能承受一定的外力作用，并有良好的力学性能和尺寸稳定性，在高、低温和较苛刻的环境条件下仍能保持其优良的力学性能、耐磨性，可以作为工程结构件的塑料。其主要品种有聚酰胺、聚砜、聚苯醚、耐热环氧等。

3）特种塑料：一般是指具有一定的功能和应用要求的塑料，如耐辐射塑料、超导电塑料、医用塑料、导磁塑料、感光塑料等。这类塑料包括氟塑料、有机硅塑料、聚酰亚胺等。

（二）塑料的性质

塑料是生产和日常生活中应用广泛的材料之一。由于塑料的组成和结构的特点，使塑料具有许多特殊的性能。其性质见表3-2。

表3-2　塑料的物理、化学性质

优　点	缺　点
重量轻；成型自由，可制造复杂性状，加工成本低；良好的耐腐蚀性；优良的绝缘性；自润滑性；着色自由、手感柔性；可进行二次加工（着色、光亮处理、涂装、浮雕等）	强度低；耐热性差；耐疲劳性差；修理性不好；耐候性差；耐蠕变性差；尺寸不稳定；废弃处理困难

（三）常用的工程塑料

1. 热塑性工程塑料

热塑性工程塑料的特点是加热时材料会软化并熔融，可塑造成型，冷却后即可成型并保持既得形状，而且具有重复使用性。其树脂结构为线型或支链型结构。这类塑料的优点是加工成型简便，具有较高的机械性能，缺点是耐热性和刚性比较差。

目前，热塑性塑料在数量上占绝对优势，大约占总塑料产量的80%左右。常用的热塑性塑料名称、性能和用途见表3-3。

表3-3　常用的热塑性塑料的名称、性能和用途

名称（代号）	主要性能	用途举例
聚乙烯（PE）	具有相对密度小、耐溶剂性和耐水性好、介电常数小、电绝缘性高等特点。按合成方法不同，分为高、中、低三种。高压聚乙烯化学稳定性高，有良好的电绝缘性、柔软性、耐冲击性和透明性，无毒等；低压聚乙烯质地坚硬，有良好的耐磨性、耐蚀性和电绝缘性；可在 -15～60℃使用。 是目前最重要的通用塑料，其产量历年来居世界塑料工业之首位	高压聚乙烯用于制作塑料薄膜、塑料瓶、食品袋以及电线和电缆的包皮、化工耐腐蚀管道；低压聚乙烯用于制造塑料管、板、绳、载荷不高的齿轮、轴承等，还可作粉末涂料
聚丙烯（PP）	乳白色半透明，无毒无味，不吸水，质轻（在常用的塑料中密度最小，为 0.9g/cm³）。强度、硬度、刚性、耐热性均优于低压聚氯乙烯，电绝缘性好，不受湿度影响，耐蚀性好，但低温脆性大，不耐磨，易老化，可在 100～120℃使用	制作一般的零件，如齿轮、接头；制作耐蚀件，如化工管道、容器；制作绝缘件，如电视机壳；制作生活用品，如食品用具、水桶、口杯、热水瓶壳

（续）

名称（代号）	主要性能	用途举例
聚氯乙烯（PVC）	有硬质和软质之分。前者强度、硬度高，耐蚀、耐油、耐水性好，阻燃性好；后者强度、硬度低，耐蚀性较差，易老化，但气密性好	前者常用于制造塑料管、塑料板（如输油管、容器、阀门管件等），后者多用于制造薄膜、软管等
聚四氟乙烯（PTFE）	属于氟塑料，被誉为"塑料王"，具有非常优良的耐高、低温性能，可长期在 -190～250℃ 使用，并具有极高的耐蚀性，任何强酸、强碱、强氧化剂都对它不起作用。它的摩擦因数极低，是优良的减摩、自润滑材料。但加工成型性能不好，价格较高	常用于制造各种机械的减摩密封圈、化工耐蚀零件、活塞环、轴承及医疗代用血管、人工心脏等
聚甲基丙烯酸甲酯（PMMA）	亦称为"有机玻璃"，是塑料中透明性最好的一种材料，耐水性、电绝缘性好，可耐稀酸、碱，不易老化，但表面硬度低，易擦伤，较脆	广泛用于航空、汽车、仪表、光学等工业中，多用于制造有一定透明度要求的零件，如制作风窗、舷窗、透明管道、仪器仪表护罩、外壳以及油标、油杯，设备标牌等
丙烯腈 - 丁二烯 - 苯乙烯共聚物（ABS）	具有良好的耐热、耐蚀性和一定的表面硬度，较高的刚性，良好的加工工艺性能和着色性；具有良好的综合性能	可用来制造轴承、齿轮、叶片、叶轮、设备外壳、管道、容器和仪器仪表零件以及把手、挡泥板、汽车车身等
聚苯乙烯（PS）	耐蚀性、绝缘性、透明性好，吸水性小，强度较高，不耐冲击，耐热性（80℃）、耐磨性差和耐有机溶剂性能差，易燃，易脆裂	用于制造仪表透明罩板、外壳、日用品、装饰品等
聚酰胺（PA，尼龙）	无毒无味，具有很好的机械强度（拉伸、压缩、冲击、刚性、韧性等），润滑性优异，是优良的自润滑材料；导热性差，吸水性高	制作合成纤维、衣料、滤布、渔网、绳带、轮胎软线、轴承、齿轮等
聚甲醛（POM）	乳白色不透明的粉末，其耐疲劳在热塑性树脂中是最好的，硬度和刚性很高，着色性好，耐磨性好，耐化学腐蚀性和电绝缘性好，但热稳定性较差，一次可加工成形状复杂的制品，可代替各种有色金属和合金	可作减摩、耐磨及传动件，如各种轴承、齿轮、凸轮、管道、滑轮、塑料弹簧、鼓风机叶片、化工容器等
聚碳酸酯（PC）	强度高，尺寸稳定性、抗蠕变性、透明性好，吸水性小，耐磨性和耐疲劳性不如尼龙和聚甲醛，可在 -60～120℃长期使用	制作齿轮、凸轮、蜗轮、电器仪表零件、大型灯罩、防护玻璃、飞机挡风罩、高级绝缘材料等
聚氨酯（PUR）	是一种密实制品，性能介于塑料和橡胶之间，既有橡胶的高弹性，又有塑料的热塑加工性，是一类新兴的高分子材料；具有较好的耐磨性和耐老化性，耐化学性和耐油性良好，抗裂强度大，富有弹性和强韧性	可以用作汽车轮胎、汽车零件、制鞋材料、建筑材料

2. 热固性塑料

热固性塑料是把相对分子质量为 1000 以下的一次树脂加热融化，浇入模中加热，使一次树脂连接而成高分子的成型品。其特点是初加热时软化，可塑造成形，但固化后再加热时将不再软化，也不溶于溶剂。这类塑料有酚醛、环氧、氨基、不饱和聚酯等。它们具有耐热性高，受压不易变形等优点。缺点是力学性能不好，但可加入填料来提高其强度。常用的热固性塑料见表 3-4。

表 3-4　常用的热固性塑料的名称、性能和用途

名称（代号）	主要性能	用途举例
酚醛塑料（PE）	具有强度高、耐冲击性好以及耐磨性、尺寸稳定好，在水润滑条件下摩擦因数小，价格低；但脆性大、耐光性、加工性差，工作温度 >100℃	制作仪表外壳、电器开关、插座、灯头、电器绝缘板、无声齿轮、水润滑轴承、汽车制动片、内燃机曲轴带轮等
氨基塑料（UF）	颜色鲜艳且有光泽，又有良好的绝缘性，俗称"电玉"，有较高的表面硬度，耐水性差	常见的制品有仪表外壳、电话机外壳、开关、插座等
环氧塑料（EP）	是环氧树脂加入固化剂后形成的塑料　强度高、韧性、化学稳定性、绝缘性、耐热性、耐寒性好，能防水、防潮，粘结力强，成型工艺简便，成形后收缩率小，可在 −80～155℃ 长期使用；缺点是有些毒性	可制作模具、量具，仪表电器零件
聚氨酯（PUR）	成形工艺性、低温性好，耐油和耐化学药品，隔热性、吸振性好，但具有某些毒性	制作软质和硬质泡沫塑料、合成橡胶、胶粘剂和涂料，也用于制作保温材料

（四）塑料在汽车上的应用

1. 汽车用塑料概述

汽车工业的发展与塑料工业的发展是密不可分的。据了解，塑料件被用于汽车领域始于 20 世纪 50 年代，1959 年福特汽车公司首先将聚氯乙烯溶胶应用于汽车制造业。20 世纪 60 年代中期，已有少量的塑料件开始商业化生产。20 世纪 70 年代合成树脂工业的迅速发展，为其在汽车领域的应用打下了坚实的基础。特别是 20 世纪 80 年代，轿车工业的快速发展促使车用材料也紧紧围绕着环保、节能、安全、舒适性和低成本这五个主题展开。目前，塑料在整车重量中的比例占到 10%～15%。

近年来，汽车轻量化已成为汽车材料发展的主要方向。汽车轻量化为塑料工业的发展提供了广阔的空间。据业内专家介绍，发达国家已将汽车用塑料量的多少作为衡量汽车设计和制造水平的一个重要标志。汽车一般部件重量每减轻 1% 可节油 1%；运动部件每减轻 1% 可节油 2%。国外汽车自身重量同过去相比已减轻了 20%～26%。预计在未来的 10 年内，轿车自身的重量还将继续减轻 20%，而塑料在汽车中的应用将使汽车轻量化成为现实。

从现代汽车使用的材料看，无论是外装饰件、内装饰件，还是功能与结构件，到处都可以看到塑料制件。外装饰件的应用特点是以塑代钢，减轻汽车自重，主要部件有保险杠、挡

泥板、车轮罩、导流板等；内装饰件的主要部件有仪表板、车门内板、副仪表板、杂物箱盖、座椅、后护板等；功能与结构件主要有油箱、散热器冷却液室、空气过滤器罩、风扇叶片等。图3-5所示为现代承载式汽车上使用塑料件的部位。

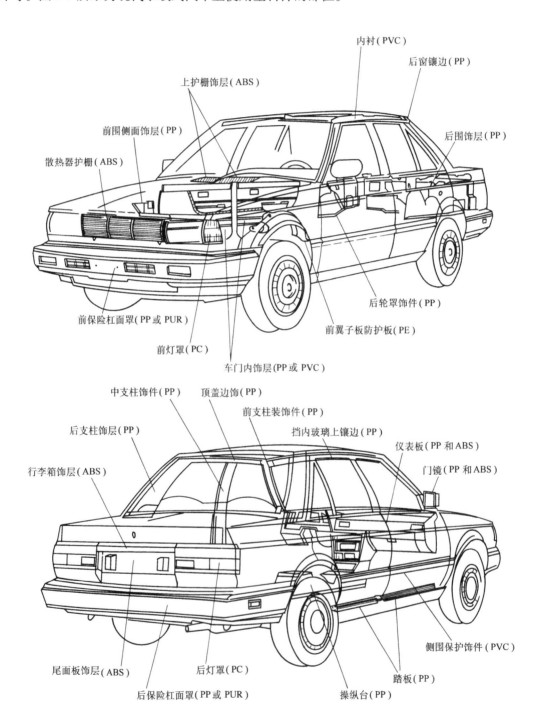

图3-5　现代承载式汽车上使用塑料件的部位

2. 汽车常用塑料

汽车用塑料按照用途可分为内饰件用塑料、外装件用塑料和工程塑料。

（1）汽车内饰用塑料　汽车内饰用塑料要求具备吸振性能好、手感好、耐用性好的特点，以满足安全、舒适、美观的目的。内饰用塑料品种主要有：聚氨酯（PU）泡沫、聚氯乙烯（PVC）、聚丙烯（PP）和 ABS 等。它们用于制作座垫、仪表板、扶手、头枕、门内衬板、顶篷里衬、地毯、控制箱、转向盘等内饰塑料制品。内饰用塑料在汽车上的应用如图3-6 所示。在内饰件方面，汽车和内饰制造商不断推出新型内饰材料，满足用户舒适性和安全感。

a)

b)

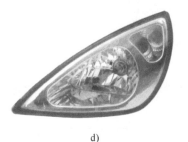

c)　　　　　　　　　　　　　　　　　　　d)

图3-6　内饰用塑料在汽车上的应用实例

a）转向盘及仪表盘　b）汽车内饰　c）汽车前保险杠罩　d）车灯

（2）汽车用工程塑料　工程塑料在汽车上主要用于结构件，要求塑料具有足够的强度、抗蠕变性及尺寸稳定性等特性。汽车上常用的工程塑料有聚丙烯（PP）、聚乙烯（PE）、聚苯乙烯（PS）、ABS、聚酰胺（PA）、聚甲醛（POM）、聚碳酸酯（PC）、酚醛树脂（EP）等。采用工程塑料取代金属制造汽车配件，可直接取得汽车轻量化效果，还可改善汽车的某些性能，如防腐蚀、防锈蚀、减振、控制噪声、耐磨等。

（3）汽车的外装及结构件　汽车的外装及结构件包括传动轴、车架、发动机罩等，要求具备高强度，因此多采用纤维增强塑料基复合材料制造。

汽车用主要塑料的名称、变形温度及使用零件见表3-5。

表3-5　汽车用主要塑料的名称、变形温度及使用零件

塑料名称（符号）	变形温度/℃	使用场合
聚氨酯（PU） 热固性泡沫塑料	60~80	为汽车的主要内饰材料 用于制造汽车座垫、汽车仪表板、扶手、头枕等缓冲材料 用于制造汽车保险杠、仪表板、挡泥板、前端部、发动机罩等大型部件
聚氯乙烯塑料（PVC）	55~75	在汽车上的用量一般占汽车用塑料总量的20%~30%，主要用于制造各种表皮材料和电线包皮。如聚氯乙烯人造革用于汽车座垫、车门内板及其他装饰覆盖件上；聚氯乙烯地毯则用于货车驾驶室等部件
聚丙烯塑料（PP）	50~110	聚丙烯主要用于通风采暖系统、发动机的某些配件以及外装件，汽车转向盘、仪表板、前保险杠、后保险杠、加速踏板、蓄电池壳、空气滤清器、冷却风扇、风扇护罩、散热器格栅、转向机套管、分电器盖、灯壳、电线覆皮等
聚乙烯（PE）	40~82	用于制造汽油箱、挡泥板、转向盘、各种液体储罐、车厢内饰件以及衬板等
ABS树脂（ABS）	70~107	散热器护栅、驾驶室仪表盘、控制箱、装饰类、灯壳、嵌条类
丙烯树脂（PMMA）	70~98	灯玻璃类
聚酰胺（尼龙PA）	80~182	用于制造燃油滤清器、空气滤清器、机油滤清器、正时齿轮、水泵壳、水泵叶轮、风扇、制动液罐、动力转向液罐、刮水器齿轮、前照灯壳、百叶窗、轴承保持架、熔丝盒、速度表齿轮等
聚甲醛（POM）		各种阀门，如排水阀门、空调器阀门；各种叶轮，如水泵叶轮、暖风器叶轮、油泵轮；轴套及衬套如行星齿轮和半轴垫片、钢板弹簧吊耳衬套；轴承保持架等机能结构件，各种电器开关及电器仪表上的小齿轮，各种手柄及门锁等
聚碳酸酯（PC）	140	保险杠、刻度板、加热器底板
聚酯树脂（UP）	60~205	挡泥板、车身装饰件、轮毂防尘罩、加热装置、驾驶室仪表板
酚醛塑料（PE）		制动衬片、离合器摩擦片、分电器盖
饱和聚酯、对苯二甲酸丁醇酯（PBT）、聚对苯二甲酸乙二醇酯（PET）		后窗通风格栅、车尾板通风栅、前挡泥板延伸部分、灯座、车牌支架等车身部件，分电器盖、点火线圈架、开关、插座等电器零件，冷却风扇、刮水器杆、油泵叶轮和壳体、镜架、各种手柄等机能结构件

二、橡胶

橡胶是在使用温度范围内处于高弹性状态的高分子材料。橡胶广泛地应用于弹性材料、密封材料、减振防振材料和传动材料，在汽车工业生产中有着重要的地位，是一种重要的汽车工业材料。

（一）橡胶的特性

橡胶最显著的特点是具有高的弹性、回弹性、强度和可塑性。

（1）高弹性　指橡胶在使用温度下处于高弹力状态。高弹性是橡胶性能的主要特征。在 $-50 \sim +150$℃的温度范围内，当橡胶受外力作用时会产生高弹变形，而且这种变形是可逆的高弹性变形，伸长率可达 100% ~1000%，外力除去后，只需千分之一秒便可恢复到原来的形状；橡胶还具有良好的回弹性，天然橡胶的回弹高度可达 70% ~80%。

（2）黏弹性　在低温和老化状态时，当外力作用在橡胶上，高弹形变缓慢发展，外力去除后，弹性变形随时间延长而逐渐恢复。由于橡胶的黏弹性，使橡胶表现为内耗，应力松弛、蠕变，这也是橡胶的又一显著特征。

（3）强度　橡胶有优良的伸缩性和储存能量的能力，有一定的强度和优异的抗疲劳性。橡胶的相对分子质量越大，其强度值就越高。

（4）耐磨性　橡胶有良好的耐磨性。橡胶的磨损是由于表面摩擦而引起的，在热和机械力的作用下，大分子链开始断裂，使小块橡胶从表面撕裂下来。所以，橡胶强度越高，磨损量越小，耐磨性越好。

（5）可塑性　橡胶弹性太大，难以塑性变形，不易加工成形。同时，橡胶还具有绝缘性，隔声、防水、缓冲、吸振等性能。

（二）橡胶的基本组成

橡胶是以生胶为原料，加入适量的配合剂，经硫化后得到的一种材料。

1. 生胶

生胶是指没有经过加工和配合的橡胶。按其来源不同，生胶可分为天然胶和合成胶两大类。橡胶的性质主要决定于生胶的性质。

天然胶主要取自橡胶树上流出的天然白色胶乳，经一定的处理和加工，可直接用来制作各种胶乳制品，也可制成固体的天然橡胶，作为生产原材料。

合成胶是以从石油、天然气中得到的某些低分子不饱和烃作为原料，在一定条件下经聚合反应而得到的产物。

由于生胶的分子结构多为线型或支链型长链状分子，其性能不稳定，如受热发黏、遇冷变硬，只能在 $5 \sim 35$℃范围内保持弹性，且强度低、耐磨性差、不耐溶剂等，故生胶一般不能直接用来制造橡胶制品。

2. 配合剂

为了制造可以使用的橡胶制品，改善橡胶的工艺性能和降低制品成本，还需在生胶中加入其他辅助化学组分，这些组分称为配合剂。按照各种配合剂在橡胶中所起到的主要作用不同，可以分为硫化剂、硫化促进剂、硫化活性剂、防焦剂、防老剂、补强填充剂、软化剂、着色剂等。对于一些特殊用途的橡胶，还有专用的发泡剂、硬化剂溶剂等。

此外，在制作橡胶制品时，还常用天然纤维棉、人造纤维、金属材料等制成骨架，以防止橡胶制品的变形，增加其强度。

（三）常用橡胶材料

生产上常用的橡胶材料有天然橡胶、合成橡胶和再生胶。

1. 天然橡胶

天然橡胶材料是指以天然胶为生胶制成的橡胶材料，代号为 NR。天然橡胶属于通用橡胶。它具有优良的弹性，弹性温度范围为 – 70 ~ + 130℃；具有较高的强度和优异的耐屈挠疲劳性能、耐磨性、耐寒性、防水性、绝热性和电绝缘性；具有良好的加工性能。其缺点是耐老化性和耐候性差，耐油性和耐溶剂性较差，易溶于汽油和苯类等溶剂，易受强酸侵蚀，且易自燃。

天然橡胶材料有广泛的用途，大量用于制造各类轮胎，尤其是子午线轮胎和载货汽车轮胎。另外，还用于制造胶带、胶管、各种工业用橡胶制品，以及胶鞋等日常生活用品和医疗卫生制品。

2. 合成橡胶

随着石油工业的迅速发展，合成橡胶由于原料来源丰富、成本低廉，在各行各业得到了广泛的应用，也成为汽车工业的一种重要的材料。

合成橡胶的种类繁多，目前，合成橡胶分为通用合成橡胶和特种合成橡胶。通用合成橡胶的主要品种有：丁苯橡胶、顺丁橡胶、丁腈橡胶、氯丁橡胶、异戊橡胶、丁基橡胶、乙丙橡胶、丙烯酸酯橡胶、氯醇橡胶、聚氨酯橡胶、硅橡胶、氟橡胶等。常用合成橡胶的特性和用途见表3-6。

表3-6　常用合成橡胶的特性和用途

名称	代号	主要原料	特性(与天然橡胶比较)	主要用途
丁苯橡胶	SBR	丁二烯苯乙烯	较高的耐磨、耐候、耐热、耐老化、耐油性;但弹性、耐寒性、加工性能差	是产量和消耗量最大的通用合成橡胶;多用于制造轮胎,通用橡胶工业制品及生活日用品
顺丁橡胶	BR	丁二烯	很高的弹性、良好的耐低温性、优异的耐磨耗性、耐热、耐老化,生产成本低,但抗张强度、抗撕裂性较差,加工性能差	大部分用于制造轮胎,特别是乘用轮胎,也可用于制造胶带、胶管、胶辊等
氯丁橡胶	CR	2—氯—1 3—丁二烯	抗张强度较高,耐老化性、耐候性、耐热性、耐油性良好,不易燃烧,气密性好;但储存稳定性、电绝缘性、耐寒性较差,加工时对温度敏感	广泛用于制造轮胎胎侧、耐热运输带、耐油和耐蚀胶管、容器衬里、汽车和拖拉机配件、胶板、胶辊、电线和电缆外皮、门窗密封条等
异戊橡胶	IR	异戊二烯	综合性能最好,各种物理、力学性能、电绝缘性、耐水性、耐老化性均优于天然橡胶,但强度、硬度略差,成本较高	与天然橡胶相似,用于制造轮胎的胎面胶、胎体胶、胎侧胶,也可制作胶带、胶管、胶鞋、工业制品、医疗制品和食品用制品
丁基橡胶	IIR	异丁烯 异戊二烯	气密性非常好,化学稳定性很高,极好的耐热性、耐老化性、耐候性、耐寒性、绝缘性、减振性,耐化学药品;但加工性能不好,耐油、耐溶剂性差	广泛用于制造充气轮胎的内胎,电线电缆绝缘材料,以及胶布、化工耐蚀容器衬里、防振橡胶制品等
丁腈橡胶	NBR	丁二烯 丙烯烃	优异的耐油性,良好的耐磨性、耐老化性、气密性、耐热性等;但耐寒性、电绝缘性较差	广泛用于耐油橡胶制品如油封、轴封、垫圈等,还可制作耐油胶管、输送带、胶辊等

（续）

名称	代号	主要原料	特性（与天然橡胶比较）	主要用途
乙丙橡胶	ERM EPDM	乙烯 丙烯	耐老化性、耐候性、耐蚀性优异，具有很好的弹性；但加工性能差	制造耐热运输带、蒸汽胶管、耐腐蚀密封件，以及垫片、密封条、散热器胶管等汽车零件
丙烯酸酯橡胶	ACM ANM	丙烯酸酯	很高的稳定性，优异的耐热、耐老化、耐油性；但耐旱、耐水差，弹性和耐磨性不够好	制造汽车的耐热密封垫、油封和耐热、耐油海绵制品
氯醇橡胶	CO ECO	环氧氯丙烷	具有优良的耐臭氧性、耐热性、耐老化性、耐寒性、耐油性；但密度较大	制造汽车、飞机及仪器仪表等的橡胶配件，还可制造胶管、胶布、印刷胶辊、耐油和耐高低温的密封制品
聚氨酯橡胶	PU	聚酯、聚醚、二异氰酸酯	强度高，耐磨耗性高，优异的弹性、耐老化性、气密性、耐油性、耐溶剂性；但耐水性差	制造胶带、耐油胶管、胶辊以及耐磨耗的工业橡胶制品，如汽车实心轮胎，密封圈等
硅橡胶	SI	硅氧烷	优越的耐高低温性能，在 $-100 \sim +300$℃保持弹性，以及耐臭氧老化、耐热氧老化、耐气候老化、绝缘、稳定性好；但强度、耐磨耗较低，价格昂贵	多用于工业和航空事业的密封、减振及绝缘材料
氟橡胶	FPM	含氟单体	耐热氧老化性能极好，耐高温、耐化学腐蚀、耐油性能优异；但耐寒性、加工性能差，价格昂贵	多用于国防工业部门制作各种密封材料；也用于化学工业、电器等部门

3. 再生胶

再生胶是硫化胶的边角废料和废旧橡胶制品经粉碎、化学和物理方法加工后，去掉硫化胶的弹性，恢复塑性和黏性，可重新再硫化的橡胶。再生胶对于环保和生产资料的再利用有着重要的意义。再生胶的主要特性是强度较低，硫化速度快，操作比较安全，并有良好的耐老化性，加工容易，成本低廉。

再生胶广泛地用于各种橡胶制品的生产。轮胎工业中用于制造垫带、钢丝圈胶、三角胶条、封口胶条等。汽车上也用作胶板、橡胶地毡、汽车用橡胶零件等。再生胶也可掺用于制作胶管、胶带、各种模型制品，还可以掺用于制造胶鞋的鞋底、海绵胶等。

（四）橡胶制品在汽车上的应用

橡胶是汽车上常用的一种重要材料。一辆轿车上的橡胶件质量一般占整车质量的 4% ～ 5%。轮胎是汽车的主要橡胶件，此外还有各种橡胶软管、密封件、减振垫等约 300 余件。

1. 轮胎

轮胎是汽车上的重要部件之一，其结构如图 3-7 所示。轮胎的主要材料有生胶（包括天然橡胶、合成橡胶、再生胶）、骨架材料（即纤维材料、棉纤维、人造丝、尼龙、聚酯、玻璃纤维、钢丝等）以及炭黑等。

生胶是轮胎最重要的原材料，轮胎用的生胶约占轮胎全部原材料质量的 50%。载货汽车轮胎以天然橡胶为主，而轿车轮胎则以合成橡胶为主。

天然橡胶在许多性能方面优于通用型合成橡胶，其主要特点是强度高、弹性高，生热和滞后损失小，耐撕裂，有着良好的工艺性、内聚性和黏着性。用它制成的轮胎耐刺扎，特别对使用条件苛刻的轮胎，其胎面上层胶大多完全采用天然橡胶。

轮胎用合成橡胶中，丁基橡胶是一种特种合成橡胶，具有优良的气密性和耐老化性。用它制造的内胎，气密性比天然橡胶内胎好，使用中不必经常充气，轮胎使用寿命也相应提高。它也是无内胎轮胎密封层的最好材料。

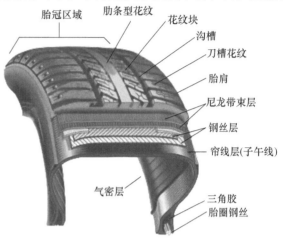

图 3-7　汽车轮胎的结构

2. 其他橡胶配件

除轮胎以外，汽车用橡胶配件还有各种胶管、传动带、油封，以及高压密封、减振缓冲胶垫、窗玻璃密封条等。其他橡胶件如图 3-8 所示。这些零部件应用于轿车的各部位，数量虽然不大，但对汽车的性能和质量却起着相当重要的作用。

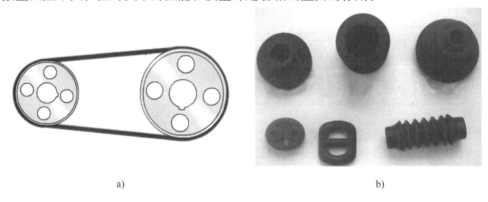

a)　　　　　　　　　　　　　　　　　b)

图 3-8　其他橡胶件

a）车用传动带　b）车用密封圈

（1）车用胶管　车用胶管包括水、气、燃油、润滑油、液压油等的输送管。对于制造这些橡胶零件的橡胶材料，对其耐油性要求很高，要确保橡胶与各种工作油接触后，性能不会发生恶化。通常，这类零件采用丁腈橡胶、氯丁橡胶等材料制造，而且多采用内层橡胶、增强材料（纤维、玻璃等）和表皮橡胶复合的形式。

（2）车用胶带　车用胶带大多是无接头的环形带。如传动带等，要求噪声低、使用寿命长、耐磨损等，多用氯丁橡胶制作。

（3）车用橡胶密封件　车用橡胶密封件以油封为主，包括 O 形圈、密封圈、衬垫等，用于前轴、后轴、曲轴、离合器、变速器、减速器、差速器、制动系统和排气系统等部位。要求气密性好、耐热、耐老化等的零件，多采用丙烯酸酯橡胶、硅橡胶等制作。对于轿车的门窗玻璃密封条，则要求防雨、防风，并具有优良的耐候性，这类零件多用乙丙橡胶制造，也有将氯丁橡胶或丁苯橡胶与乙丙橡胶并用的，以达到经久耐用的目的。

（4）防振橡胶　为了提高舒适性，降低振动噪声，汽车各处还采用了防振橡胶，如发动机支承、扭振缓冲器行驶部分的支撑缓冲橡胶、轴套、橡胶耦合器等。防振橡胶具有稳定的弹性，耐候性、耐热性好，无弹力衰减，并且与金属零件的粘接性好，以保证良好的减振性能。

三、合成纤维

纤维是指长度比直径大得多，并且有一定柔韧性的细长物质，包括天然纤维、人造纤维和合成纤维等几种。

合成纤维是以石油、天然气、煤和石灰石等为原料，经过提炼和化学反应合成高分子化合物，再将其熔融或溶解后纺丝制得的纤维。

（一）合成纤维的性能

合成纤维具有比天然纤维和人造纤维在物理、化学性能和力学性能上更优越的性能，如强度高、密度小、弹性好，耐磨、耐酸碱性好，不霉烂、不怕虫蛀、隔热、隔光、隔声，密封性、电绝缘性较好等，而且表面较光亮，纤维弹力高，色泽牢固鲜艳，耐皱性、耐磨性、耐冲击性好，具有良好的化学稳定性，在一般条件下不怕汗液、海水、肥皂、碱液等的侵蚀，不易发霉。其缺点是耐热性的表现一般。

合成纤维除广泛用作衣料等生活用品外，在工农业生产、国防等部门也有许多重要的用途，如大量用于汽车、飞机轮胎帘子线、传动带、渔网、索桥、船缆、降落伞及绝缘布等，是一种发展迅速的工程材料。

（二）常用合成纤维

合成纤维的发展极为迅速，目前品种繁多，大规模生产的约有三四十种，其中发展最快的是：聚酯纤维（涤纶）、聚酰胺纤维（锦纶）、聚丙烯腈纤维（腈纶）、聚乙烯醇纤维（维纶）、聚丙烯纤维（丙纶）和聚氯乙烯纤维（氯纶），通称为"六大纶"。其中最主要的是涤纶、锦纶和腈纶三个品种，它们的产品占合成纤维总产量的90%以上。目前，碳纤维、氟纶等作为高科技领域中的新型工业材料代表，对国防军工和国民经济的发展有着举足轻重的影响。

表3-7为主要合成纤维的性能和用途。

表3-7　主要合成纤维的性能和用途

商品名称	化学名称	强度		耐磨性	耐日光性	耐酸性	耐碱性	工业应用
		干态	湿态					
涤纶	聚酯纤维	中	中	优	优	优	优	高级帘子布、渔网、缆绳、帆布
锦纶	聚酰胺纤维	优	中	最优	差	中	优	约2/3用于工业帘子布、渔网、降落伞、运输带、宇宙飞行服
腈纶	聚丙烯腈纤维	优	中	差	最优	优	优	制作碳纤维及石墨纤维的原料
维纶	聚乙烯醇纤维	中	中	优	优	中	优	约2/3用于工业帆布、过滤布、渔具、缆绳

（续）

商品名称	化学名称	强　度		耐磨性	耐日光性	耐酸性	耐碱性	工业应用
		干态	湿态					
丙纶	聚丙烯纤维	优	优	优	差	中	优	军用被服、绳索、渔网、水龙带、合成纸
氯纶	聚氯乙烯纤维	优	中	中	中	优	优	导火索皮、口罩、劳保用品
芳纶	芳香族聚酰胺纤维	优	优	中	优	中	中	飞机轮胎帘子线、宇航服
碳纤维	聚丙烯腈基碳纤维 沥青基碳纤维 粘胶基碳纤维	优	优	优	优	优	优	宇宙航行、飞机制造、原子能
氟纶	聚四氟乙烯纤维	优	优	优	优	优	优	制造飞机、导弹、汽车等的无油轴承，密封填料，人造血管，军用外衣等

（三）常用汽车内饰纤维材料

纤维材料在汽车上多用于内部装饰。

常用汽车织物纤维有棉纤维、羊毛纤维和合成纤维等。合成纤维在现代汽车中大量使用，应用得最多的是车内饰物，如座椅、车篷等，最早为尼龙。现代汽车中，尼龙材料正在被耐光性优良的聚酯纤维所替代。表3-8为日本、美国、欧洲车辆内饰用原材料。

表 3-8　日本、美国、欧洲车辆内饰用原材料　　　　　　　　　　（%）

原材料 ＼ 国家		日本	美国	欧洲
种类	尼龙	45	35	11
	聚酯	54	60	66
	丙烯、其他	1	5	23
形态类别	平织	18	16	54
	机制割绒	20	30	12
	径编	54	22	21
	其他	8	32	13

纤维材料在汽车上的使用部位主要是座椅罩布、顶篷、地毯、车门内护板饰面、行李箱护板饰面等。不同的使用部位用材的要求也不相同，主要有以下几点。

（1）纺织纤维材料　轿车座椅面料主要是根据车辆的档次和风格而选择织物品种，大部分采用纺织纤维材料。它具有价格低廉、强度较高、透气性好、阻燃隔热、装饰性好的特点，提高了乘坐的舒适性。座垫及靠背蒙皮可用以下几种材料：棉织品如灯芯绒、沙发布等，化学纤维如尼龙、聚酯及混纺织物等，也可用涤、毛织物等。

（2）毛毡　毛毡因其价廉、减振及隔热性好，在汽车上得到大量应用。例如，用于轿车的前挡板的上部、中部及左、右两侧；仪表板的左、右两侧及右下护板；变速杆顶部；前、后门里护板；顶篷；后围和行李箱等部位。常见的毛毡有玻璃纤维毡、再生纤维毡等。

（3）防水篷布　防水篷布用于高栏板汽车及某些汽车驾驶室内及汽车顶篷。它是将维纶帆布或板帆布、亚麻帆布等，经防水、防腐涂层联合处理而成目前经常使用的帆布材质有棉维纶、尼龙和聚酯等。

（4）车用地毯　车用地毯除应具有良好的外观、踏感、优良的保温性、吸湿性和吸尘性外，还要具有更好的耐磨性、耐候性、耐水性、耐油性、尺寸稳定性及与地板的良好吻合性。常用材料为涤纶、锦纶、腈纶、丙纶纤维等。另外，采用聚乙烯橡胶等做裱里涂层。

（5）人造革　人造革也是广泛应用于汽车的内饰材料。它和天然皮革相比，裁剪方便，几乎无气味，厚薄均匀，不吸水，耐晒性、耐磨性良好，可制成各种花纹和颜色。常用的品种有帆布聚氯乙烯人造革、鼠纹布聚氯乙烯人造革和细平纹布聚氯乙烯人造革。

另外，纤维材料也可以作为汽车轮胎的帘线、复合材料的强化纤维材料等。

四、涂装材料

涂装材料是一种呈液态的或粉末状态的有机物质，可以采用不同的工艺将其涂覆在物体表面上，形成粘附牢固、具有一定强度的连续固态薄膜。涂覆形成的膜通称涂膜，又称漆膜或涂层。涂料对所形成的涂膜而言是涂膜的半成品，涂料只有经过使用，即涂覆到被涂物件的表面形成涂膜后才能表现出其作用。

（一）涂料的作用及特点

1. 涂料的作用

（1）保护作用　涂料在物件表面形成一层保护膜，能阻止或延迟材料在大气等各种介质中的锈蚀、腐朽和风化等破坏现象的发生和发展，使材料的使用寿命延长。

（2）装饰作用　涂料可以改善材料表面的外观形象，起到美化的作用。

（3）特殊功能作用　涂料能够提供多种不同的特殊功能，如改善材料表面的力学、物理、化学和微生物学等方面的性能。

2. 涂料的特点

1）适用面广，可广泛应用于各种不同材质的物体表面。

2）能适应不同性能的要求。

3）使用方便，一般用比较简单的方法和设备就可以进行施工。

4）涂膜容易维护和更新。这是应用涂料的优越性之一。

5）涂膜大都为有机物质，且一般涂层较薄，其装饰保护作用有一定的局限性，只能在一定的时间内发挥一定程度的作用。

（二）涂料的组成

涂料包含成膜物质、颜料、溶剂、助剂四个组分。

（1）成膜物质　成膜物质是组成涂料的基础，它具有粘结涂料中其他组分形成涂膜的作用，对涂料和涂膜的性质起着决定性的作用。

（2）颜料　颜料是有颜色的涂料，即色漆的一个重要组分。颜料使涂膜具有一定的遮盖能力，以发挥其装饰和保护作用。颜料还能增强涂膜的力学性能和耐久性能，并赋予涂膜某种特殊功能，如耐腐蚀、导电、防延燃等。颜料一般为微细粉末状有色物质，按其来源可分为天然颜料和合成颜料两类；按其化学组成可分为无机颜料和有机颜料；按其在涂料中所起的作用可分为着色颜料、体质颜料、防锈颜料等。

（3）溶剂　溶剂的作用是将涂料的成膜物质溶解或分散为液态，以便于施工成薄膜而施工后又能从薄膜中挥发出来，从而使薄膜形成固态的涂层。所以溶剂通常也称为挥发剂。水、无机化合物和有机化合物等都可用作溶剂，其中以有机化合物品种最多，常用的有脂肪烃、芳香烃、醇、酯、醚、酮等，总称为有机溶剂。虽然溶剂的主要作用是将成膜物质变成液态的涂料，但它对涂料的生产、储存、施工、成膜和涂膜的性能及外观等都会产生重要的影响。

（4）助剂　助剂也称为材料的辅助成分，其作用是改善涂料或涂膜的某些性能。助剂的作用有不同类型：对涂料生产过程发生作用的助剂，如消泡剂、润湿剂、分散剂、乳化剂等；对涂料储存过程发生作用的助剂，如防沉剂、防结皮剂等；对涂料施工成膜过程发生作用的助剂，如催干剂、固化剂、流平剂等；对涂膜性能产生作用的助剂，如增塑剂、平光剂、防静电剂等。

（三）涂料的种类及用途

涂料工业发展很快，品种繁多，按其主要成膜物质的不同可分为若干系列，主要有三大类：以单纯油脂为成膜物质的油性涂料，如清油、厚漆、油性调合漆；以油、天然树脂为成膜物质的油基涂料，如磁性调合漆；以合成树脂为主要成膜物质的各类涂料等。工业上的金属设备常用的涂料多以合成树脂作为主要成膜物质，主要有酚醛树脂涂料、醇酸树脂涂料、氨基树脂涂料、环氧树脂涂料和防锈涂料等。常用涂料的性能和用途见表 3-9。

表 3-9　常用涂料的性能和用途

型　号	性能与用途
纯酚醛清漆 F01-15	漆膜光亮坚硬、耐水性好，自干、烘干均可，适用于交通工具及食品容器外壁涂装
各色酚醛磁漆 F04-1	附着力好、色彩鲜艳、光泽好、可常温干燥，适用于机械设备、交通工具等金属表面涂装
醇酸清漆 C04-48	耐水性、附着力好，适用于桥梁等钢结构表面涂覆
各色醇酸磁漆	漆膜坚韧光亮、色彩鲜艳、耐油、耐水、耐热、附着力较好，适用于汽车、船舶、机械等表面涂覆
氨基烘干清漆 A01-10	漆膜坚硬、平滑光亮、耐候、耐潮，适用于各种汽车、车辆等金属表面作保护性涂饰
各色氨基烘干磁漆 A04-11，A04-15	漆膜色彩鲜艳光亮，耐湿热、耐候，适用于各种汽车、车辆等金属表面作保护性涂饰
各色环氧磁漆 H04-8	漆膜光亮、耐汽油性能好，常温干燥，适用于柴油机表面涂装
红丹醇酸防锈漆 C53-31	桥梁、机车、船舶等钢结构及钢结构建筑物防锈底漆

（四）常用汽车涂料

汽车涂装修补采用的材料包括漆前处理材料、涂料、漆后处理材料和辅助材料等。汽车涂装修补常用材料的作用与分类见表3-10。

表3-10 汽车涂装修补常用材料的作用与分类

名 称	作 用	分 类
漆前处理材料	漆前清除被涂表面上所有污物	脱脂、除锈、磷化及钝化材料
涂料	涂覆在物体表面上，干燥固化后形成连续的牢固附着的一层膜	底漆、中间涂料、面漆、抗石击涂料、密封涂料、腻子及修补涂料
漆后处理材料	修饰喷完面漆后出现的漆膜表面缺陷和提高防锈性能	增光、抛光及保护材料
辅助材料	消除涂层表面的缺陷，提高平整度，同时也防止噪声、振动、热量的产生与传播	打磨、擦净、遮蔽、密封、仿生、绝热材料

汽车车身涂装工序实例如图3-9所示。

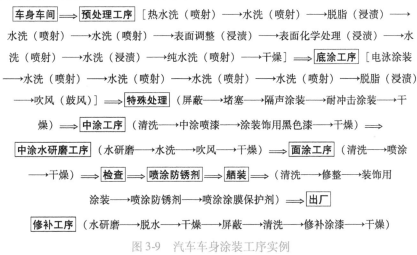

图3-9 汽车车身涂装工序实例

五、胶粘剂

胶粘剂又称粘合剂或粘接剂，俗称胶。它是一类通过粘附作用使同质或异质材料连接在一起，并在胶接面上有一定强度的物质。

胶接是采用胶粘剂连接工件的连接形式，近年来与焊接、铆接、螺栓连接等传统的连接形式并驾齐驱。胶粘技术是一种实用性很强，并已在许多领域得到广泛应用的新技术、新工艺，它已成为一门新兴的独立的边缘科学。它所具有的快速、牢固、密封、经济、节能等特点，在某种场合下发挥的作用是传统连接方式所无法取代和胜任的。

（一）胶粘剂的组成与分类

1. 胶粘剂的组成

胶粘剂通常是一种混合料，由基料、固化剂与硫化剂、增塑剂与增韧剂、稀释剂、填料及其他敷料配合而成。胶粘剂的组成是根据使用性能要求而采用不同的配方的，胶粘剂中的其他添加剂是根据胶粘剂的性质及使用要求选择的。

（1）基料 基料是胶粘剂的主要组分，它对胶粘剂的性能起主要作用，因此必须具有足够的粘附力及良好的耐热性、抗老化性等。常用的黏性基料有淀粉、蛋白质、动物的骨和血、虫胶及天然橡胶、环氧树脂、酚醛树脂、聚氨酯树脂、氯丁橡胶、丁腈橡胶等。

（2）固化剂　固化剂又称为硬化剂，它能使线性分子形成体型网状结构，从而使胶粘剂固化。按基料固化反应的特点和形成胶膜的要求以及使用时的情况等来选择固化剂。例如以环氧树脂为基料的胶粘剂，可选用胺类、酸酐类及高分子化合物固化剂等。

（3）填料　填料的加入可以增加胶粘剂的弹性模量，降低线胀系数，减少固化收缩率，增加热导率、冲击韧度，增加固化后胶膜吸收振动的能力，增加最高使用温度、耐磨性能和胶接强度，改善胶粘剂的耐水、耐介质性能和耐热老化性能等。粉末状填料有高岭土粉、硅藻土粉、石墨粉、炭黑、氧化铝粉、金刚砂粉、玻璃粉等。

（4）增韧剂　能改良胶粘剂的性能，增加韧性，降低脆性，提高接头结构的抗剥离、抗冲击能力，而且可以改善胶粘剂的流动性、耐寒性与抗振性等。但它的加入会使胶粘剂的抗剪强度、弹性模量、抗蠕变性能、耐热性能有所下降。

2. 胶粘剂的分类

胶粘剂品种繁多，用途不同，组成各异，通常按胶粘剂中基料的类型、胶粘剂的用途分类。

按胶粘剂的基料类型可分为两大类，即天然胶粘剂和合成胶粘剂，如图3-10所示。

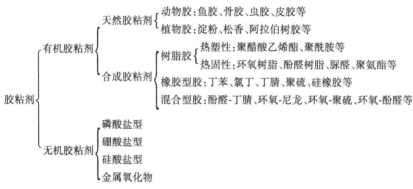

图3-10　常见胶粘剂的分类

（二）常用胶粘剂

1. 树脂型胶粘剂

（1）热塑性树脂胶粘剂　该类胶粘剂是以线型热塑性树脂为基料，与溶剂配制成溶液或直接通过熔化的方式进行胶接。这类胶粘剂使用方便、容易保存，具有良好的柔韧性、耐冲击性和初黏能力；但耐溶剂性和耐热性较差，强度和抗蠕变性能低。

常用的热塑性树脂胶粘剂是聚醋酸乙烯酯胶粘剂，它是以聚醋酸乙烯酯为基料的胶粘剂。可以制备成乳液胶粘剂、溶液胶粘剂或热熔胶等，其中乳液胶粘剂是使用最多也是最重要的品种，具有树脂的相对分子质量高、胶接强度好、黏度低、使用方便、无毒、不燃等优点。这类胶粘剂适宜于胶接多孔性易吸水的材料，如纸张、木材、纤维织物，也可用于塑料及铝箔等的粘合。它在装订、包装、无纺布制造、家具生产和建筑施工中都得到了广泛的应用。

（2）热固性树脂胶粘剂　该类胶粘剂以单体或低分子聚体为基料，在一定的固化条件下通过化学反应，交联成体型结构的胶层来进行胶接。这类胶粘剂的胶层呈刚性，有很高的胶接强度和硬度，良好的耐热性与耐溶剂性，优良的抗蠕变性能；缺点是起始胶接力较小，固化时容易产生体积收缩和内应力，一般需加入填料来弥补这些缺陷。

环氧树脂胶粘剂是一种常用的热固性树脂胶粘剂，其基料是环氧树脂，主要品种为双酚A缩水甘油醚树脂，又称双酚A型环氧树脂。环氧树脂的突出优点是：

1) 黏附力强。对金属、陶瓷、塑料、木材、玻璃等都有很强的黏附力，被称之为"万能胶"。

2) 内聚力强。树脂固化后，胶层的内聚力很大，以致在被胶物受力破坏时，断裂往往发生在被胶粘物体内部。

3) 工艺性能好。胶接时可以不加压或仅使用接触应力，并可在室温或低温快速固化。

4) 收缩率低。收缩率一般小于2%，有的甚至可低至1%左右。

5) 耐温性能较好。既有一定的低温性能，又有一定的耐热性。另外，环氧树脂胶粘剂的机械强度高，蠕变性和吸水性小，有较好的化学稳定性和电绝缘性能。

环氧树脂胶粘剂的主要缺点是耐热性差，耐候性尤其是耐紫外线性能较差，部分添加剂有毒，配制后需尽快使用，否则将固化。

环氧树脂胶粘剂常用来胶接各种金属和非金属材料，在机械、化工、建筑、航空、电子等工业部门得到广泛的应用。

2. 橡胶型胶粘剂

橡胶型胶粘剂是以氯丁、丁腈、丁苯、丁基等合成橡胶或天然橡胶为基料配制成的一类胶粘剂。这类胶粘剂具有较高的剥离强度和优良的弹性，但其拉伸强度和剪切强度较低，主要适用于柔软的或膨胀系数相差很大的材料的胶接。橡胶型胶粘剂的主要品种有以下几种。

(1) 氯丁橡胶胶粘剂　它的基料为氯丁橡胶，具有较高的内聚强度和良好的粘附性，耐燃性、耐气候性、耐油性和耐化学试剂性能等均较好。它的主要缺点是稳定性和耐低温性能较差。

氯丁橡胶胶粘剂广泛用于非金属、金属材料的胶接，在汽车、飞机、船舶制造和建筑等方面，得到广泛应用。

(2) 丁腈橡胶胶粘剂　其基料为丁腈橡胶。该类胶粘剂的突出特点是耐油性好，并有良好的耐化学介质性和耐热性能。丁腈橡胶胶粘剂对极性材料具有很强的粘附性，但对非极性材料的胶接稍差。丁腈橡胶胶粘剂适用于金属、塑料、木材、织物以及皮革等多种材料的胶接，尤其在各种耐油产品中得到广泛的应用。值得一提的是，对通常难以粘合的聚乙烯塑料，采用丁腈橡胶胶粘剂来粘接尤其适合。

3. 混合型胶粘剂

混合型胶粘剂又称复合型胶粘剂。它由两种或两种以上高分子化合物彼此掺混或相互改性而制得，构成胶粘剂基料的是不同种类的树脂或者树脂与橡胶。

(1) 酚醛-聚乙烯醇缩醛胶粘剂　酚醛-聚乙烯醇缩醛胶粘剂简称酚醛-缩醛胶粘剂，它以甲基酚醛树脂为主体，加入聚乙烯醇缩醛类树脂（如聚乙烯醇缩甲醛、缩丁醛、缩糖醛等）进行改性而成。由于它兼具了酚醛树脂和聚乙烯醇缩醛树脂在结构方面的某些特征，因此不仅克服了酚醛树脂性脆和聚乙烯醇缩醛树脂耐热性差的弱点，而且具有二者的长处，表现出良好的综合性能。这类胶粘剂对金属和非金属都有很好的粘附性，加之胶层固化后呈网状结构，其胶接强度高，抗冲击和耐疲劳性能良好。此外，它还具有良好的耐大气老化和耐水性，是一种应用广泛的结构型胶粘剂。

酚醛-缩醛胶粘剂适用于金属、陶瓷、玻璃、塑料及木材等的胶接，它是目前最通用的飞机结构胶之一，可用于胶接金属结构和蜂窝结构。此外，还可用于汽车制动片、轴瓦、印制电路板及导波元件等的胶接。

近年来，在这类胶粘剂的基础上加入环氧树脂，从而制得酚醛-缩醛-环氧胶粘剂，其胶接强度大大提高，性能进一步改善，耐热性、耐湿热老化和耐介质性能均较好，尤其适用于铝、铜、钢等金属及玻璃的胶接。

（2）酚醛-丁腈胶粘剂　酚醛-丁腈胶粘剂综合了酚醛树脂和丁腈橡胶的优点，既有良好的柔韧性，又有较高的耐热性，是综合性能优良的结构胶粘剂。

酚醛-丁腈胶粘剂性能的主要特点是：胶接强度高、耐振动、冲击韧度大，其抗剪强度随温度变化不大，可以在 $-55 \sim 180^{\circ}\text{C}$ 下长时间使用，其耐水、耐化学介质以及耐大气老化性能都较好。但是，这种胶粘剂固化条件严格，必须加压、加温才能固化。酚醛-丁腈胶粘剂可用于金属和大部分非金属材料的胶接，如汽车制动片的粘合、飞机结构中轻金属的粘合，印制电路板中铜箔与层压板的粘合以各种机械设备的修复等。

（三）胶粘剂的选用

胶粘剂的选用通常应综合考虑胶粘剂的性能、胶接对象、使用条件、固化工艺和经济成本等各方面的因素。

1. 胶粘剂的性能

不同品种胶粘剂的性能差异较大，适用范围也不相同。胶粘剂的各种性能，还与所加入的填料、固化剂、稀释剂、增韧剂等的性能与数量密切相关。因此，要做到正确选用胶粘剂，保证胶接件的质量及使用要求，必须充分把握和了解胶粘剂的品种、组成，特别是性能参数。

2. 胶接对象

在实际工作中经常会遇到各种各样的被胶接材料，例如各种金属、陶瓷、玻璃、塑料、橡胶、皮革、木材及纺织材料等。由于同一种胶粘剂对不同材料的粘接力各不相同，因此对不同的胶接对象，所选用的胶粘剂也不可能完全一样。仅就强度指标而言，当橡胶与其他非金属材料胶接时，主要考虑剥离强度；当橡胶与金属胶接时，不仅要考虑剥离强度，还要考虑均匀扯离强度；当金属与金属胶接时，则主要考虑抗剪强度。也就是说，在选用胶粘剂时，必须认真考虑胶接对象的种类与性质。

3. 使用条件

被胶接件的使用环境和用途要求是选用粘接剂的重要依据。如果用于受力结构件的胶接，则需选用强度高、韧性好、抗蠕变性优良的结构型胶粘剂；如果用于在特定条件下使用（如耐高温、耐低温、导热、导磁等）的被胶接件的胶接，则应选用特种胶粘剂。

（四）胶粘剂在汽车上的应用

胶粘剂和密封胶在汽车工业中是粘接各种零件和防漏的重要材料之一。它在汽车的防振、隔热、防漏、防松和降噪等方面起着重要的作用。我国每辆汽车上的胶粘剂和密封胶的用量约达 30kg，其中车身用胶量居首位。在我国已开发并应用于生产中的汽车胶粘剂品种约有 40 余种，如点焊密封胶、焊缝密封胶、折边密封胶、风窗玻璃胶粘剂等。

胶粘剂在汽车上的应用范围十分广泛，其典型胶接部位如图 3-11 所示，图中各胶接部位与胶粘剂类见表 3-11，密封部位与密封胶种类见表 3-12。

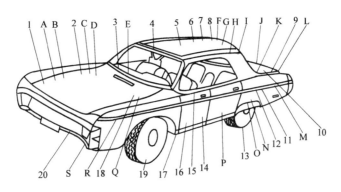

图 3-11　胶粘剂在汽车上的典型应用

（用数字表示胶接部位，用字母表示密封部位）

表 3-11　胶接部位与胶粘剂种类

部位	胶接部位	胶粘剂种类
1	发动机罩内、外挡板胶接	热固化乙烯基塑料溶胶
2	车身外的贴花加工	丙烯酸酯压敏胶
3	风窗玻璃胶接	聚硫多组分反应性高含固量胶粘剂
4	聚氯乙烯顶篷接缝胶接	聚酯、聚酰胺热熔胶
5	顶篷隔声衬垫胶接	丁苯橡胶为基料的溶剂型胶粘剂
6	聚氯乙烯顶篷胶接	氯丁橡胶为基料的溶剂型胶粘剂
7	顶篷拱形加固梁与顶篷的结构胶接	热固化高含固量的聚氯乙烯塑料溶胶
8	顶篷衬里胶接	丁苯橡胶为基料的溶剂型胶粘剂
9	压盖板防雨条胶接	氯丁橡胶为基料的溶剂型胶粘剂
10	后盖隔声材料胶接	高含固量的再生胶
11	聚氯乙烯成型防护侧条胶接	丙烯酸酯压敏胶
12	接缝装饰条胶接	丙烯酸酯或橡胶型压敏胶
13	制动衬里与制动块胶接	酚醛-缩醛、酚醛-丁腈或酚醛-缩醛-有机硅等热固性胶粘剂
14	木纹聚氯乙烯侧面装饰板胶接	丙烯酸酯压敏胶
15	座椅衬垫与聚氯乙烯塑料片胶接	丁苯胶或乙烯-醋酸乙烯共聚体热熔胶
16	车门内装饰板胶接	氯丁橡胶溶剂型胶粘剂
17	车门防风防雨条胶接	氯丁橡胶溶剂型胶粘剂
18	电动机带与离合器的结构胶接	酚醛-丁腈胶等热固性胶粘剂
19	制动块底座与圆盘衬垫的胶接组装	酚醛树脂胶
20	装饰标、商标等胶接	丙烯酸酯型压敏胶

表 3-12　密封部位与密封胶种类

部位	密封部位	密封胶种类
A	气缸盖垫片密封	半干性黏弹型密封胶
B	螺栓密封	氯丁橡胶乳液或厌氧胶
C	绝热隔板接缝密封	再生胶

（续）

部位	密封部位	密封胶种类
D	绝热隔板密封	环氧树脂胶或聚氨酯胶
E	外层窗玻璃密封	丁基橡胶-聚异丁烯胶
F	后窗玻璃密封	丁基胶
G	后窗外层辅助密封	软性丁基橡胶-聚异丁烯胶
H	顶篷排水槽外密封	聚氯乙烯塑料溶胶
I	顶篷至车舱后部位塑料挡板胶接密封	高含固量聚氯乙烯塑料溶胶
J	油箱输油管密封	高含固量、可膨胀、热固化氯丁胶
K	行李箱接缝密封	高含固量聚氯乙烯塑料溶胶
L	后盖排水槽外缝密封	高含固量热固化聚氯乙烯塑料溶胶
M	非膨胀性焊接内缝密封	高含固量热固化聚氯乙烯塑料溶胶
N	可膨胀性焊接内缝（后盖挡板及挡泥板）密封	可膨胀、热固化丁苯胶
O	挡泥板高、低板填充密封	高含固量聚氯乙烯塑料溶胶
P	底板内缝密封	以沥青为基料的高含固量胶粘剂
Q	罩板总装的膨胀性焊接缝密封	丁苯胶
R	减振器垫片密封	热固化氯丁胶
S	油漆层下的外缝密封	高含固量、热固化型聚氯乙烯塑料溶胶

能 力 测 试

一、填空题

1. 塑料按受热时性质分为_____和_____两类；按应用范围不同分有_____、_____和_____。

2. 工程塑料的品种很多，主要有_____、_____、_____、_____、_____等。

3. 橡胶的主要特性有_____，良好的_____和_____，以及耐磨、耐蚀、绝缘性等；主要的缺点是_____。

4. 橡胶可分为_____和_____两类。合成橡胶根据其性能和用途可分_____和_____两类。

5. 合成橡胶的种类较天然橡胶多，汽车上常用的合成橡胶有_____、_____、_____、_____、_____和_____等。

6. 汽车维修中常用的粘接剂有_____、_____和_____等几种。

二、选择题

1. （　　）属于合成高分子材料。

A. 聚氯乙烯塑料　　　　　　　　B. 头发

C. 硅酸钠　　　　　　　　　　　D. 蛋白质

2. 高弹性是（　　）类聚合物特有的属性。

A. 塑料　　　　　　　B. 纤维　　　　　　　C. 橡胶　　　　　　　D. 塑料和纤维

3. 按塑料受热所呈现的基本行为分类，（　　　）是热塑性塑料。

A. 三聚氰胺——甲醛树脂　　　　　　　B. 酚醛树脂

C. 脲醛树脂　　　　　　　　　　　　　D. 聚乙烯

4. 以下属于透明的塑料是（　　　）。

A. PE　　　　　　　　B. PVC　　　　　　　C. PS　　　　　　　D. PP

5. 以下属于难燃塑料的是（　　　）。

A. PE　　　　　　　　B. PVC　　　　　　　C. PS　　　　　　　D. PP

6. 以下（　　　）类聚合物不适宜做塑料薄膜袋。

A. PE　　　　　　　　B. 软质 PVC　　　　　　C. PS　　　　　　　D. PP

三、判断题（正确的打"√"，错误的打"×"）

1. 高分子材料的减振性较好，可用于制造不承受高载荷的减振零件。　　　（　　　）

2. 陶瓷材料有很高的硬度和耐磨性，因而适合于制造齿轮。　　　　　　（　　　）

3. 高分子链能形成的构象数越多，柔顺性越大。　　　　　　　　　　　（　　　）

4. 涂料可以在物体表面形成一层保护膜，对制品具有保护作用。　　　　（　　　）

5. 聚合物分子的运动是一个松弛过程。　　　　　　　　　　　　　　　（　　　）

6. 聚丙烯是所有合成树脂中密度最小的一种。　　　　　　　　　　　　（　　　）

7. 顺丁橡胶的低温性能好，可在寒带地区使用。　　　　　　　　　　　（　　　）

8. 聚氯乙烯属于热固性塑料。　　　　　　　　　　　　　　　　　　　（　　　）

四、简答题

1. 何谓高分子材料？怎样防止老化？

2. 试述常用工程材料的组成、性能和应用。

3. 列举常用的热塑性、热固性塑料，说明其用途。

4. 常见的合成纤维有哪些？

汽车其他工程材料

本章导入

现代汽车在不断提高产品质量、增加年产量的同时，更需要通过不断创新设计来满足国内外市场的需要。而现阶段采用金属材料结构为主体、以传统工艺生产的汽车，已难以克服投资大、风险高、工艺复杂、工装设备庞大、生产线长、原材料消耗大、能耗大、成本高、制造周期长的基本弱点，亦难以符合用户对新潮款式、绿色环保、高能效、低成本汽车的要求。与传统材料相比，新型汽车材料由于大都具有刚度大、强度高、质量小等特点，可根据使用条件进行设计与制造，且制品集成度高、成形周期短、生产效率高，能满足各种特殊用途要求，可以极大地提高工程结构的性能。在汽车工业中，各种新型汽车材料已被广泛应用于发动机、车身、灯壳罩、前后护板、保险横杠、板弹簧、座椅架、驱动轴等零部件的设计与制造中，随着材料科学技术发展和工艺水平的提高，新型汽车应用材料在汽车制造领域的应用将更加广泛。

新型汽车应用材料按照性能特点和用途大致分为结构材料和功能材料两大类。

结构材料：主要用于制造汽车外板、汽车结构件、发动机及发动机周边部件等，要求其具备一定的强度、硬度、韧性和耐磨性，如金属材料、高分子材料、陶瓷材料等，复合材料也属于结构材料，并有着极其广泛的应用。

功能材料：指具有某种或某些特殊物理性能或功能的材料，如具备特殊的声、光、电、磁、热等物理性能。功能材料包括电功能材料、磁功能材料、热功能材料、光功能材料和智能功能材料等。这些材料正逐步引起人们的重视。例如，在汽车音响零件、电子元器件、车载智能化控制系统及显示系统等方面已得到广泛开发和利用。

教学目标

1. 能力目标

1）能够区分各不同新型材料类型及其在汽车上的使用。

2）能够正确选择、使用新型材料制造汽车零件。

2. 知识目标

1）掌握车用复合材料的性能特点及应用。

2）认识陶瓷材料的性能特点及应用。

3）了解汽车用新型材料的类型及性能特点。

第一节 复合材料

汽车产业在世界各地蓬勃发展的同时，也带来了环境污染和能源短缺等许多负面的影响。为了有效地解决这个问题，汽车轻量化、节能和环保已成为国际汽车的主流发展方向。由于复合材料与传统金属材料相比，具有重量轻、比强度高、比模量高、抗疲劳性能好、减振性能好、成形工艺简单、可实现复杂零件集成化生产、对环境污染更小等诸多优点，在车身轻量化过程中被广泛应用，例如，玻璃纤维增强高分子基复合材料（FRP）等新品种已随着技术的成熟而代替钢铁材料，应用于车身的内饰件、外装件和功能件，达到了车身轻量化的目的。

一、复合材料的分类

复合材料是指由两种或两种以上的、物理和化学性质不同的物质，撷取各组成成分的优点组合起来而得到的一种多相固体材料。如图 4-1 所示，这些组分虽宏观上相互牢固地结合成一个整体，但它们之间既不产生化学反应，也不相互溶解，各组分的界面能明显区分开来。例如钢筋混凝土是钢筋、水泥和砂石组成的人工复合材料；现代汽车中的玻璃纤维挡泥板，就是由脆性的玻璃和韧性的聚合物相复合而成的。因此，复合材料的性能最大的特点是它具有了对所组成材料相互取长补短的良好综合性能，比原组成材料具有的性能要更加优越。

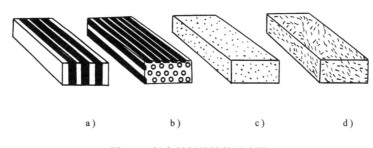

图 4-1　复合材料的结构示意图

a）层叠复合　b）连续复合　c）颗粒复合　d）短纤维复合

复合材料的分类方法很多，在汽车行业应用的复合材料主要根据基体材料和增强材料的种类来分。

按照基体材料来分，复合材料有聚合物基复合材料、金属基复合材料、陶瓷基复合材料、石墨基复合材料（碳–碳复合材料）、混凝土基复合材料等。按照用途来分，复合材料有用于制造结构零件的结构复合材料，如汽车生产中常见的纤维增强聚合物基复合材料；有具有特种物理或化学性能的复合材料（如导电、导热和磁性材料）等。按照增强材料来分，复合材料有碳纤维增强复合材料、玻璃纤维增强复合材料等。

常见的复合材料的分类如图 4-2 所示。

二、复合材料的特性

（1）比重轻、比强度与比模量高　材料的比强度（屈服极限/相对密度）与比模量（弹性模量/相对密度）是衡量汽车用材料优劣的重要指标。复合材料的这两项指标比其他材料高得多，这表明复合材料具有较高的承载能力。通常，碳纤维增强环氧树脂复合材料的比强度是钢的7倍、比模量是钢的5.6倍。此外，它不仅具有强度高，而且还有重量轻的特点，这对要求减轻自重和高速运转的结构和零件是非常重要的。因此，将复合材料用于动力设备可大大提高动力设备的效率。例如，可采用金属基复合材料来制作汽车活塞、制动部件和连杆等零件。由复合材料制成的汽车与使用钢材制造的汽车质量相比要小1/3～1/2，这对提高整车动力性能，降低油耗，增加负载非常有益。

常用工程材料和复合材料的性能比较见表4-1。

（2）良好的抗疲劳性能　复合材料有高疲劳强度。由于纤维复合材料特别是纤维树脂复合材料对缺口、应力集中敏感性小，而且纤维和基体界面能够阻止和改变裂纹扩展方向，因此复合材料有较高的疲劳极限。例如，碳纤维增强聚酯树脂的疲劳强度为其抗拉强度的70%～80%，而大多数金属材料只有其抗拉强度的40%～50%。

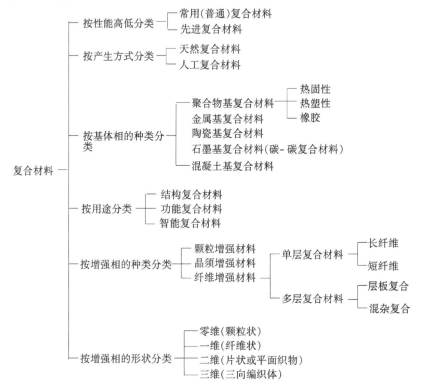

图4-2　常见的复合材料的分类

表4-1　常用工程材料和复合材料的性能比较

材料名称	密度/ $g \cdot cm^{-3}$	抗拉强度 /MPa	弹性模量 /MPa	比强度 /$(\times 10^4 N \cdot m \cdot kg^{-1})$	比模量 /$(\times 10^4 N \cdot m \cdot kg^{-1})$
钢	7.8	1030	210 000	13	2.7
铝	2.8	470	75 000	17	2.6
钛	4.5	960	114 000	21	2.5
玻璃钢	2.0	1060	40 000	53	2.1
硼纤维/铝	2.65	1000	200 000	38	7.5

（续）

材料名称	密度/ $g \cdot cm^{-3}$	抗拉强度 /MPa	弹性模量 /MPa	比强度 /($\times 10^4 N \cdot m \cdot kg^{-1}$)	比模量 /($\times 10^4 N \cdot m \cdot kg^{-1}$)
硼纤维/环氧	2.1	1380	210 000	66	10
高强碳纤/环氧	1.45	1500	140 000	103	2.1
高模碳纤/环氧	1.6	1070	240 000	67	15
有机纤维 PRD/环氧	1.4	1400	80 000	100	5.7
SiC 纤维/环氧	2.2	1090	102 000	50	4.6

（3）过载时安全性能好　纤维增强复合材料是由大量单根纤维合成，平均每平方厘米面积上有几千到几万根纤维，超载后即使有少量纤维断裂，载荷也会迅速重新分布，由未断裂的纤维承担，这样可使构件丧失承载能力的过程延长，断裂安全性能较好。

（4）减摩、减振性能好　复合材料具有高的比模量，因此也具有高的自振频率，可以有效地防止在工作状态下产生共振及由此引起的早期破坏。对相同形状和尺寸的梁共同进行振动实验，即轻合金梁与碳纤维复合材料的梁同时起振，前者需要 9s 才能停止振动，而复合材料的梁只需 2.5s 就静止了。同时，一些复合材料的摩擦因数低，具有良好的减摩性。

（5）耐热性能好　由于复合材料增强纤维的熔点均很高，一般都在 2000℃ 以上，而且在高温条件下仍然可保持较高的高温强度，故用它们增强的复合材料具有较高的高温强度和弹性模量，特别是金属基复合材料，更显出其优越性。例如，铝合金材料在 400℃ 时，弹性模量接近于零，强度值也从室温的 500MPa 降到 30～50MPa，而弹性模量几乎降为零。而碳纤维或硼纤维增强铝合金复合材料，在 400℃ 时强度和弹性模量几乎可保持室温时的水平。通常，聚合物基复合材料的使用温度也在 100～200℃ 之间，耐热性要比相应的塑料有明显的提高。

（6）成形工艺简便灵活，可设计性强　使用复合材料制造汽车改变了传统工艺流程和生产模式，对于形状复杂的构件，根据受力情况采用模具可以一次整体成形，减少了零件、紧固件和接头数目，材料利用率较高，充分发挥技术集成的优势，达到精简零部件数量、减少加工工序、裁减加工设备及生产线、减少中间环节、降低材料消耗、裁减工作人员、提高产品质量、削减投资、降低生产成本、提高消费比的目的。例如日产布尔巴特汽车前端板，用钢板制造时由 20 多个零件组成，而用纤维增强塑料复合材料，则用 7 个零件就可以；采用硼纤维增强复合材料，用 1000N 的原料可获得 800N 的零件。

三、汽车常用复合材料

1. 高分子基复合材料（FRP）

FRP 是汽车轻量化的最重要的材料。世界各国汽车工业中，美国于 1953 年就开始在汽车上使用 FRP；日本于 1955 年开始使用。现在 FRP 在汽车工业中已得到广泛的使用。由于 FRP 的大量应用，使轿车的平均密度大为降低。例如，日本小型轿车的平均密度由 1974 年的 $4.78 g/cm^3$ 降低到 1992 年的 $3.77 g/cm^3$。目前，利用 FRP 制作的汽车部件有：车身车顶壳体、发动机部件、仪表盘、阻流板、车灯、前隔栅、夹层板、后闸板等。FRP 中较典型的有玻璃纤维增强塑料和碳纤维增强塑料。

（1）玻璃纤维增强塑料　玻璃纤维增强塑料是指由玻璃纤维与热固性树脂或热塑性树

脂复合的材料。通常又称之为玻璃钢，它是20世纪40年代发展起来的第一代复合材料。由于它具有强度高、价格低、来源丰富、工艺性能好等特点，比普通塑料有更高的强度（包括抗拉、抗弯、抗压）和冲击韧度，热膨胀系数减小，尺寸稳定性增加，在汽车行业有广泛的应用。

根据基体的不同，玻璃钢又可分为热塑性和热固性两大类。

1）热塑性玻璃钢。它是以玻璃纤维为增强剂和以热塑性树脂为粘结剂制成的复合材料。玻璃纤维柔软如丝，比玻璃的强度和韧性高得多，其抗拉强度可达1000~3000MPa，比高强度钢还高出两倍；耐热性高，在250℃以下力学性能变化不大；化学稳定性好；主要缺点是脆性较大。玻璃纤维与合成树脂结合在一起，便形成了性能较好的玻璃钢。应用较多的热塑性树脂是尼龙、聚烯烃类、聚苯乙烯类、热塑性聚酯和聚碳酸酯五种，但以尼龙的增强效果最好。汽车上常用的热塑性玻璃钢是聚苯乙烯玻璃钢、尼龙66玻璃钢，主要用于制作汽车内饰材料、汽车仪表壳罩、汽车灯罩等。

热塑性玻璃钢同热塑性塑料相比，基体材料相同时，强度和疲劳性能可提高2~3倍以上，冲击韧度提高2~4倍，蠕变极限提高2~5倍，达到或超过了某些金属的强度（例如，40%玻璃纤维增强尼龙的强度超过了铝合金而接近于镁合金的强度），因此可以用来取代这些金属。在汽车发动机气缸盖等部位采用了玻璃纤维强化热塑性树脂（GFRTP），比用铸铁制造的同样部件的质量减小45%；汽车底盘采用玻璃纤维补强树脂（GFRP），其质量比钢铁材料减小80%，从20世纪80年代起已被世界各大汽车公司采用。

2）热固性玻璃钢。它是以玻璃纤维为增强剂和以热固性树脂为粘结剂制成的复合材料。常用的热固性树脂为酚醛树脂、环氧树脂、不饱和聚酯树脂和有机硅树脂四种。酚醛树脂出现最早，环氧树脂性能较好，应用都较普遍。热固性玻璃纤维增强塑料集中了其组成材料的优点，即质量小、比强度高、耐腐蚀性好、介电性能优越，成形性能良好，它们的比强度比铜合金和铝合金高，甚至比合金钢还高，但刚度较差，仅为钢的1/10~1/5，耐热性不高（低于200℃），容易老化、容易蠕变等。汽车常用的热固性玻璃钢为聚酯树脂玻璃钢。

（2）碳纤维增强塑料　碳纤维增强塑料是指具有基体和碳纤维复合特性的复合材料。它的抗拉强度和疲劳强度高，密度低，耐磨性好，耐蚀性好，膨胀系数小，能导电，延伸率小，抗冲击性差。常用的碳纤维补强树脂基复合材料（CFRP）的比强度高、质量小、抗冲击。可根据碳纤维编织取向和含量的合理设计，灵活利用材料的各向异性特征和可调刚性，将CFRP压制成任何所需的形状。由CFRP制成的驱动轴，一根可代替两根钢铁轴，使质量减小60%，并大幅度降低车内噪声，还可使车身前后方向振动大幅降低。

碳纤维增强塑料将是汽车工业大量使用的增强材料。目前汽车耗油量要求逐年下降，要使汽车轻量化、发动机高效化、车形阻力小等，都要求有质轻和一才多能的轻型结构材料，而碳纤维增强塑料则是最理想的材料。它主要的应用有：发动机系统中的推杆、连杆、摇杆、水泵叶轮、传动系统中的传动轴、离合器片、加速装置及其罩等，底盘系统中的悬置件、弹簧片、框架、散热器等，车体上的车顶内衬、外衬、地板、侧门等。

2. 金属基复合材料

增强金属基复合材料通常是由低强度、高韧性的基体和高强度、高弹性模量的纤维组成的。金属基复合材料的基体大多采用铝、铜、铝合金、铜合金、镁合金和镍合金。增强材料一般为纤维状、颗粒状和晶须状的碳化硅、硼、氧化铝和碳纤维，要求具有高的强度和弹性模量（抵抗变形及断裂）、高抗磨性（防止表面损伤）与高化学稳定性（防止与空气和基体发生化学反应）。

汽车工业上应用的碳化硅颗粒铝合金基复合材料发展最快。它的强度比中碳钢好，与钛合金相近而又比铝合金略高，其耐磨性也比钛合金、铝合金好，密度只有钢的1/3，与铝相近；在汽车上用来制作汽车活塞、制动部件等。

另外，纤维补强金属基复合材料（FRM）是利用纤维的特性制造轻质结构材料的成功例子。常用的纤维（或晶须）有SiC、B、Al_2O_3和C等材料。与FRP相比，FRM在耐高温和力学性能等方面有一定的优势。1982年，日本丰田汽车公司使用了FRM材料制造的活塞环。由于Ai_2O_3短纤维、碳纤维和硼酸铝晶须强化的金属基复合材料抗磨性好，耐热性提高，由这种材料制造的活塞环减小了质量，从而使发动机的质量减小。

3. 陶瓷基复合材料

陶瓷具有耐高温、抗氧化、高弹性模量和高抗压强度等优点。但由于脆性大经不起冲击和热冲击，因而限制了陶瓷的使用。20世纪80年代以来，通过在陶瓷材料中加入颗粒、晶须及纤维等得到的陶瓷基复合材料，使得陶瓷的韧性大大提高。

陶瓷基复合材料具有高强度、高弹性模量、低密度、耐高温、高的耐磨性和良好的韧性，目前已用于高速切削工具和内燃机部件上。汽车工业的研究重点是替代金属制造发动机的零部件。汽车发动机部件以至整机，用陶瓷材料可以提高热效率、无须水冷，而且比硬质合金的重量轻得多。例如，采用氮化硅陶瓷复合材料制造发动机的涡轮增压器，比镍基热合金涡轮增压器的质量减小34%，起动到10^4 r/min所需的时间缩短了36%。

第二节　陶　瓷　材　料

传统上的陶瓷一词是陶器和瓷器的总称，陶瓷的定义为：凡经原料配制、坯料成形、窑炉烧成工艺制成的产品，都称为陶瓷（这也包括了粉末冶金制品）。现代陶瓷材料是以特种陶瓷为基础、由传统陶瓷发展起来的、有鲜明特点的一类新型工程材料。它早已超出了传统陶瓷的概念和范畴，扩大到了所有无机非金属材料，是一种高新技术的产物。

一、陶瓷材料的性能

（1）力学性能　与金属材料相比，陶瓷的弹性模量大、硬度高、抗压强度高；但脆性大，抵抗裂纹扩展的能力很低。

（2）热性能　陶瓷属于耐高温材料，它的熔点高，大多数在2000℃以上，具有比金属材料高得多的抗氧化性和耐热性。陶瓷的抗蠕变能力强，热膨胀系数和导热系数小，热硬性可达1000℃。但多数陶瓷材料的抗热振性都很差。

（3）化学性能　陶瓷的化学性能非常稳定，具有优良的抗氧化性和耐烧性，一般不会被氧化。此外，陶瓷对酸、碱、盐和熔融的有色金属有较强的耐蚀性，不会发生老化。

（4）电性能　陶瓷材料的电性能可在很大的范围内变化。室温下的大多数陶瓷都是电绝缘体，因此陶瓷材料大量用于制造隔电的瓷质绝缘器件。某些特种陶瓷具有导电性和导磁性，是作为功能材料开发的特殊陶瓷品种。

二、常用工业陶瓷

陶瓷的种类很多，通常可分为普通陶瓷和特种陶瓷两大类。

1. 普通陶瓷

以黏土、长石、石英等天然原料为主，经粉碎、成形、烧结工艺制成的产品均属普通陶瓷也称传统陶瓷。如日用陶瓷、建筑陶瓷、卫生陶瓷、低压和高压电瓷、化工陶瓷（耐酸、碱）、多孔陶瓷。

2. 特种陶瓷

特种陶瓷是指用化工原料制成的、具有许多优异性能的陶瓷。所有新型无机非金属材料都属于特种陶瓷。

（1）氧化铝陶瓷　氧化铝陶瓷的主要成分是 Al_2O_3，又称为刚玉瓷。它具有高硬度，高温强度高，有良好的耐磨性、绝缘性和化学稳定性；但抗热振性能差，不能承受温度的突变。由于它优异的综合性能，使其成为应用最广泛的高温陶瓷，主要用于制造刀具、坩埚、热电偶的绝缘套管等。

氧化铝陶瓷在汽车工业中的典型用途为火花塞绝缘体、汽车排气净化器、发动机缸盖底板、气缸套、活塞顶等。

（2）氮化硅陶瓷　氮化硅陶瓷的显著特点是抗热振性能好，具有自润滑性优异的电绝缘性；常用作高温轴承、耐蚀水泵密封环等。

（3）碳化硅陶瓷　碳化硅陶瓷是目前高温强度最高的陶瓷，它在 1400℃ 的高温下仍能保持 $500 \sim 600MPa$ 的抗弯强度；常用于火箭尾喷嘴、燃气轮机的叶片、核燃料的包装材料等，也可制作耐磨密封圈。

（4）敏感陶瓷　敏感陶瓷是一种采用粉末冶金的方法制成的精细陶瓷，按其功能和敏感效应又分为半导体陶瓷、介电陶瓷、铁电陶瓷、热电陶瓷、压电陶瓷、导电陶瓷和磁性陶瓷等。

陶瓷类敏感元件或传感器是借助于敏感陶瓷的物理量（或化学量）对电参量变化的敏感性，实现对温度、湿度、电、磁、声、光、力和射线等信息进行检测的器件，而敏感陶瓷作为其主体材料得到日益广泛的应用。

敏感陶瓷的材料设计是根据敏感技术的要求，从微观结构的尺度确定材料的组成、结构和生产工艺过程。作为一种重要的信息材料，敏感陶瓷是一种技术密集的高技术材料，它的研制、开发、应用和发展对于材料科学的发展有着重要的意义。

三、汽车上常用的功能陶瓷

作为结构材料和功能材料，陶瓷在汽车中有广泛的用途。20 世纪 80 年代后，随着新型陶瓷材料的开发，陶瓷在汽车上的应用越来越广泛。经过实验与工业化应用证明：一些陶瓷材料优越的机械特性及高温化学性能，已远远超过金属材料或其他材料制成的零部件。表 4-2 列举了部分装备的陶瓷，这些部件体积很小，而且材料的密度较小、重量轻、灵敏度高，对恶劣环境的适应性好。另外，金属体表面喷涂耐磨润滑陶瓷在汽车上也有应用，如活塞环表面耐磨涂料层（Al_2O_3、Cr_2O_3、WC、Al_2TiO_5 等），转动部件的润滑耐磨涂层、隔热涂层和耐磨涂层等。

表 4-2　汽车中应用的功能陶瓷

	材　料	特　性	制　品
氧化物	Al_2O_3	绝缘性	基板，封袋
	MgO		温度敏感器
	硅酸盐	透光性	车窗挡风调光
	$BaTiO_3$	导电性	回路部件
	（MnNiZn）Fe_3O_4	磁性	电动机
	$B''\text{-}Al_2O_3$	导体	NaS 电池
	ZrO_2		测氧测温元件，燃料电池
	过渡金属氧化物	半导体	热敏湿敏元件
	PZT	压电性	机电转换器，加速传感器
	PT		流量计，压力传感器
	水晶	透光性	工艺品
非氧化物	ZnS	发光性	液晶计时器，光电开关
	SiC	导电性	气体点火器，发热体

陶瓷应用于汽车上，可以有效地降低车辆的重量，提高发动机的热效率，降低油耗，减少排气污染，对提高易损件寿命，完善汽车智能性功能等都有重要意义。

用氮化硅陶瓷材料制成的陶瓷纤维活塞耐磨性好，可以有效地防止铝合金活塞由于热膨胀系数大而产生的"冷敲热拉"现象。

特种陶瓷可用于制作陶瓷凸轮轴、气门、气门座、摇臂等零件，如图 4-3 所示，可以充分发挥其耐热性、耐磨性优良的特性。日本五十铃公司研究开发的发动机用氮化硅材料制成气门，三菱公司采用陶瓷制成发动机摇臂，在使用中效果良好。特种陶瓷在高温下有良好的热稳定性，被广泛地用作汽油机点火系火花塞的基体。日本五十铃汽车公司研制的陶瓷发动机采用陶瓷作进、排气歧管，可以承受 800～900℃ 的高温，取消了隔热板，减少了发动机体积，并使排气净化效果提高 2 倍。

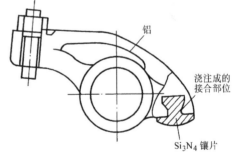

铝

浇注成的接合部位

Si_3N_4 镶片

图 4-3　陶瓷摇臂镶块

近些年来，国际特种陶瓷界的科学家经过试验与攻关，已开发研制出一大批汽车用功能陶瓷制品，下面介绍几种常用功能陶瓷制品。

（1）氧化锆陶瓷氧传感器　氧化锆陶瓷氧传感器具有很高的机械性能与使用可靠性，作为燃气涡轮发动机净化排气的部件，用它测定汽车排气中的 O_2 浓度，再将该测定值反馈给发动机供气与燃料供给系统，以使燃料保持在充分燃烧状态。

（2）堇青石陶瓷蜂窝催化剂载体　亦称蜂窝陶瓷。蜂窝型催化剂载体呈多孔薄型结构，材料强度为 $10kg/mm^2$。它同样处于与氧传感器相同的工作温度与振动环境中，受到热应力的严酷考验。催化剂被用于净化汽车排气（尾气），在载体场合下发动机点火后，未燃烧的排气可在载体表面燃烧，因此温度变化较之氧传感器更加剧烈。材料采用堇青石陶瓷质后，呈现低膨胀，故在载体上产生的热应力比氧传感器小。目前汽车废气处理装置主要采用了堇青石质蜂窝陶瓷制品，由于它出色的节能与净化、环境保护功能，其使用量有大幅度的增长。

（3）陶瓷气门加热器　为使发动机在起动时完全燃烧，在发动机吸气侧装配有加热装置，即气门加热器，使燃料的蒸发混合完全。吸气加热时，为控制好温度、提高装置的可靠性，将钛酸钡陶瓷系 PTC（热敏电阻）用作气门加热器。采用陶瓷气门加热器后，发动机一发动即处在完全燃烧状态，从而达到提高热效率、节能及净化排气等功效。

（4）爆燃传感器　为提高汽车燃料的燃烧效率，希望发动机内的爆燃经常调整在活塞的上止点发生。采用压电陶瓷爆燃传感器可以在反复使用下仍能抗疲劳，使用寿命延长。现在汽车爆燃器使用 PZT 陶瓷元件制成，其使用性能在数千小时内保持稳定不变。其断裂韧度为 $6.5MNm^{-3/2}$，强度为 $10kg/mm^2$，充分发挥出提高燃烧效率的作用。

（5）各种陶瓷传感元件　智能减振器用于高级轿车减振装置。它是利用敏感陶瓷的正压电效应、逆压电效应和电致伸缩效应综合研制成功的智能减振器。这种智能减振器具有识别路面且能做自我调节的功能，可以将轿车在粗糙路面形成的振动减至最低，让乘坐者感觉舒适。

智能陶瓷刮水器利用钛酸钡陶瓷的压敏效应制成。它能够自动感知雨量，并能将轿车风窗玻璃上的刮水器自动调节到最佳速度。其他有些陶瓷传感元件，如热敏、压敏、湿敏、磁敏陶瓷材料制成的元件，还可对温度、湿度、结露、防冻等呈现出敏感的显示与自动控制调节。

此外，汽车上使用的诸多器件、零件、小型装置亦都采用特陶材料制成。如电子蜂鸣器、超声波振子、吸热玻璃、光电池、油塞环、油水密封件等。这类由新型特种陶瓷材料制成的汽车用制品，一般都具有很高的物理、化学性能，如抗振、耐磨、防腐蚀、耐高温、重量轻及易加工生产等特点。

展望 21 世纪的汽车陶瓷制品，将会形成广阔的市场需求。近年来，我国汽车工业的发展对特种陶瓷产业提出许多新的要求，也形成了很大的市场，需每年从国外进口许多特种陶瓷元件。国内特种陶瓷产品生产虽有一定进展，但在种类、数量、质量及技术方面仍有较大差距，因此，可以说未来 20 年我国汽车用特种陶瓷产品生产会出现一个快速增长期，这对于从科技含量上提升整个陶瓷行业也是非常有利的。

第三节　玻　璃

玻璃是汽车不可缺少的组成部分，它承担着挡风、遮雨和采光的基本功能，而且也对汽车的外观和内在性能起着重要的作用。随着人们对汽车在美观、舒适和环保等方面的标准越来越高，汽车玻璃已日益成为设计师们实现各种附加功能的重要工具，是现代汽车工业和建筑业等行业不可缺少的材料。

一、玻璃的性能

玻璃是一种非晶形固体，它是以石英砂、纯碱、长石、石灰石等为主要原料，并加入某些金属氧化物辅料，在高温窑中煅烧至熔融后，经成形、冷却所获得的非金属材料。玻璃具有许多优良性质，经过特殊工艺处理后，可得到多种不同的特殊性能。

（1）密度　成分不同的玻璃，密度有所不同。普通玻璃的密度一般为 $2.5g/cm^3$ 左右，石英玻璃的密度最小，为 $2.3g/cm^3$，而铅玻璃的最大密度可达 $8g/cm^3$。

（2）力学性能　抗拉强度低，抗压强度高，硬度较高（莫氏 $4 \sim 8$ 级），但韧性很差，是典型的脆性材料。

（3）耐热性　普通玻璃的耐热性较差，进行热处理可提高其耐热性。

（4）化学稳定性　玻璃有良好的化学稳定性，对酸、碱的腐蚀具有较强的抵抗能力。氢氟酸对玻璃具有较强的腐蚀作用。

（5）绝缘性　固态玻璃具有良好的绝缘性能，可用于制造各种绝缘器材和电学仪器。液态玻璃却具有良好的导电性。

（6）光学性质　玻璃最突出的特点是具有良好的光学性质。玻璃的光学性质主要反映在透明性和折光性。

二、常用玻璃的种类、特点及主要用途

玻璃的种类繁多，按其化学组成的不同可分为钠玻璃、钾玻璃、铅玻璃、铝镁玻璃、硼硅玻璃和石英玻璃等。按用途的不同，还可分为建筑玻璃、工业玻璃、光学玻璃、化学玻璃及玻璃纤维等。其中，建筑玻璃有平板玻璃、波纹玻璃、玻璃砖和异形玻璃构件；工业玻璃有泡沫玻璃、夹丝玻璃、钢化玻璃、夹层玻璃、中空玻璃以及磨光玻璃等；平板玻璃有一般窗用玻璃、压花玻璃、磨砂玻璃、彩色玻璃和浮法玻璃。

（1）平板玻璃　通常是指窗用平板玻璃，又称镜片玻璃。在日常生活中随处可见。

（2）磨砂玻璃　通常又称为毛玻璃。它是对平板玻璃进行表面磨砂处理而得到的。其主要特点是透光不透明，常用于制作浴室、卫生间门窗等，还可用于制作灯罩、黑板面等。

（3）浮法玻璃　是经锡槽浮抛成形的高质量平板玻璃，其主要特点是表面平整，无波纹，光学性质比一般平板玻璃优良。浮法玻璃多用于橱窗及高级建筑的门窗制作。

（4）钢化玻璃　钢化玻璃是普通玻璃经过高温淬火处理的特种玻璃，即将普通玻璃加热到一定温度后，迅速冷却进行特殊钢化处理。其性能特点是具有很高的温度急变抵抗能力，强度也较高。钢化玻璃主要用于高层建筑的门窗、厂房的天窗、汽车、火车、船舶的门窗和汽车的风窗玻璃等。

（5）夹丝玻璃　又称防碎玻璃，玻璃中间夹有一层金属网。夹丝玻璃分为夹丝压花玻璃（在压延过程中夹入金属丝或网，一面压有花纹的平板玻璃）、夹丝磨光玻璃（表面进行磨光的夹丝玻璃）。特点是强度高，不易破碎；即使破碎，玻璃碎片也会附着在金属网上而不易脱落，具有一定的安全作用。夹丝玻璃适用于建筑中需要采光而对安全性要求又比较高的场合，如厂房天窗、防火门窗、地下采光窗等。

（6）夹层玻璃　又称安全玻璃。它是将两片以上的平板类玻璃用聚乙烯醇缩丁醛塑料衬片粘合而成，具有较高的强度。在受到破坏时，会产生辐射状或同心圆形裂纹，碎片不易脱落，且不影响透明度，不产生折光现象。

（7）信号玻璃 主要有平板色玻璃、凸透镜玻璃、偏光镜玻璃和牛眼形玻璃四类。信号玻璃的质量要求远高于普通玻璃。它要求具有色彩鲜艳且均匀一致、较高的透明度、有选择的色光透过性等特性。信号玻璃广泛应用于铁路、公路、水路、航空等领域制作各种信号机、信号灯。

（8）玻璃纤维 制成玻璃纤维的玻璃主要为二氧化硅和其他氧化物的共熔体并以极快的速度抽拉成细丝状玻璃，直径一般为 5~9μm，玻璃纤维柔软如丝，比玻璃的强度和韧性高得多，其抗拉强度可达 1000~3000MPa，比高强度钢还高出两倍；耐热性高，在 250℃ 以下力学性能变化不大；化学稳定性好。其主要缺点是脆性较大。玻璃纤维若合成树脂结合在一起，便形成了性能较好的玻璃纤维增强复合材料，即玻璃钢；玻璃纤维也可以制成耐火织物。

三、常用汽车玻璃

汽车用玻璃的使用量占汽车总重的3%左右（轿车）。玻璃是汽车上具有重要功能的外装件。汽车上使用的玻璃主要是窗玻璃，对玻璃的透明性、耐候性、强度及安全性有很高的要求。在现代汽车中，玻璃不仅仅是一种功能性外装件，而且还兼顾了保证开阔视野、良好的乘坐环境、降低空气阻力和美观等多种功能。玻璃优良的造型设计，可以有利于降低汽车的空气阻力，减少燃料的消耗。现代汽车流行的曲面风窗玻璃，使汽车的造型更加美观、实用。

根据玻璃在汽车上的安装位置不同，分为风窗玻璃、后窗玻璃、前角窗玻璃、前门窗玻璃、后门窗玻璃、后角窗玻璃和后侧窗玻璃等，如图4-4所示。汽车用玻璃必须是安全性能高的夹层玻璃、局部钢化玻璃或钢化玻璃。

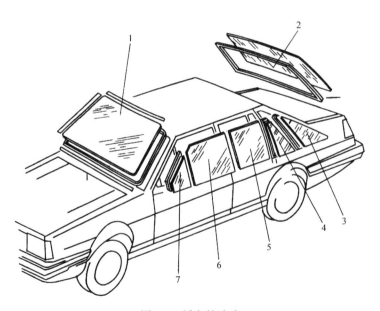

图 4-4 轿车的玻璃

1—风窗玻璃 2—后窗玻璃 3—后侧窗玻璃 4—后角窗玻璃

5—后门窗玻璃 6—前门窗玻璃 7—前角窗玻璃

钢化玻璃在受到冲击破碎后，碎片小而无棱角（图4-5a），不会对人体造成伤害。但这种玻璃在破碎前会产生很多裂纹，由于光线的漫射作用，玻璃会变得模糊不清，如果是用于汽车玻璃，此时会造成驾驶人不能继续驾驶，易造成事故。所以，钢化玻璃只能作为汽车后窗玻璃和侧窗玻璃。

局部钢化玻璃只对玻璃局部进行淬火，在玻璃受到冲击作用时，玻璃局部碎裂为细小的碎块，中部则破碎成大块（图4-5b）。局部钢化玻璃的这种特性，在临破碎之前能保持玻璃有一定的透明度，可使驾驶人受到较小的伤害，还有短暂的时间来进行应急处理。同样，局部钢化玻璃也是作为汽车后窗玻璃和侧窗玻璃。

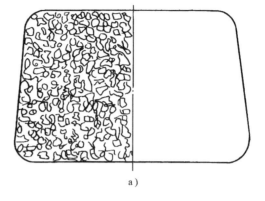

夹层玻璃良好的安全性常用于汽车的前窗玻璃，如图4-5c所示。各国已制定有关法规，规定轿车的前窗必须安装夹层玻璃。

四、新型汽车玻璃简介

众所周知，对于开车一族来说，太阳光的照射是不可避免的，主要由可见光、红外线和紫外线三部分组成。红外线的直接影响就是会造成车内气温上升，增加车载空调使用量，增加油耗；而紫外线的照射则会加速车内织物褪色、塑料部件老化，并给皮肤带来伤害。因此，现代汽车工业对于汽车玻璃的性能要求越来越高。随着科技水平的发展，新型功能性玻璃材料应运而生，并广泛地运用于汽车上。

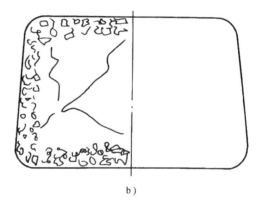

（1）防紫外线钢化玻璃　防紫外线钢化玻璃是针对国内、外工程机械制造商的需求，结合工程机械的作业条件及特点，利用一些金属氧化物的纳米粒子，对紫外线具有选择性吸收与反射作用的一种玻璃。该玻璃采用了纳米态的含有 Co、Fe、Cr 等氧化物族系，经高温涂敷融熔烧结整合处理，对紫外线辐射具有防

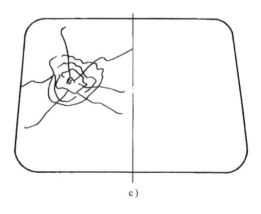

图4-5　性能不同的汽车车窗玻璃
a）钢化玻璃　b）局部钢化玻璃　c）夹层玻璃

护特性，同时满足工程机械车辆作业使用条件。该玻璃具有永久性防紫外线辐射的功能，为长期在野外、高原作业的工程机械车辆、操作员工抵御紫外线辐射，提供了可靠的防护。同时，对紫外线造成车辆内饰物品的物理化学损伤，也起到了积极可靠的防护作用。

（2）具有红外反射功能的汽车风窗玻璃　具有红外反射功能的汽车风窗玻璃采用中频

交流磁控溅射镀膜技术，在夹胶安全玻璃的里侧沉积一层具有极高可见光透过率、很高红外反射率的特殊功能薄膜，可以极大提高驾乘舒适性，提升轿车档次。在炎热的盛夏，这一层功能薄膜可以使阳光中红外线，尤其是对具有强烈热效应的中远红外线产生80%以上的反射作用，使轿车内的驾乘人员感觉犹如在茂树厚荫之中；在寒冷的冬天，可使驾乘室内的热量不会以红外辐射的形式散发，使轿车具有冬暖夏凉的功效。

（3）智能化自洁性抗反射玻璃　自净玻璃又称为自洁玻璃，这种不用擦洗的自净玻璃属生态环保型玻璃新品种，它是在平板玻璃表面涂覆了一层透明的二氧化钛光催化剂涂膜的新玻璃。当被称为"光触媒"的二氧化钛催化剂膜遇到太阳光或荧光灯、紫外线照射后，在外界光的激发状态下会使玻璃面层上的透明二氧化钛表面附着的有机物、污染物变成氧化碳和水且自动消除。目前它已被用于盖板玻璃、室外玻璃、灯具灯罩、住宅厨房玻璃、汽车玻璃及玻璃镜以及高级建筑物的玻璃幕墙装饰玻璃。

（4）超吸热玻璃　超吸热玻璃是与普通玻璃相比有着非同一般的吸热性能的玻璃产品，而且除了吸收热量以外，这种玻璃还能吸收阳光中大部分的紫外线。该种玻璃可以在不过分牺牲玻璃透光率的前提下，大幅度改善红外线及紫外线吸收性能。与普通玻璃相比，超吸热玻璃在红外线和紫外线透过率两项指标上有着明显的优势，且稳定性好、更有利于环保等特点。但超吸热玻璃的技术含量很高，生产工艺控制难度较大。超吸热玻璃目前在欧美发达国家已得到了广泛的运用，几乎已成为中、高档汽车的标准配置，甚至有些国家还对汽车使用超吸热玻璃有强制性的法规规定。在国内，也有越来越多的汽车生产厂家开始使用超吸热玻璃，广州本田、奥迪A6已经全套采用超吸热玻璃。

第四节　摩擦材料

汽车用摩擦材料是汽车上的消耗性材料之一，主要起到传递动力、制动减速、停车制动等作用，是汽车制动系统与行车系统的重要组成部分。采用摩擦材料制造的零部件主要包括汽车制动摩擦片、汽车离合器摩擦片及驻车制动摩擦片等。汽车摩擦材料对于汽车的安全性、使用性能及操纵稳定性起着十分重要的作用。目前，我国每年汽车摩擦材料的消耗量在 $20 \times 10^4 t$ 以上。

一、汽车用摩擦材料的性能要求

对于汽车用摩擦材料，主要有以下几方面的性能要求。

（1）摩擦系数　摩擦系数是摩擦材料的一个最主要的技术指标，通常不是一个常数，而是受温度、压力、速度、表面状态、摩擦环境等的影响而变化。理想的摩擦因数是对这些因素的影响变化相对不敏感的摩擦因数。

（2）耐磨性　耐磨性是衡量摩擦材料使用寿命的一个重要指标。良好的耐磨性使摩擦对偶的磨损降低。

（3）物理、力学性能　摩擦材料的物理、力学性能除能满足摩擦材料的加工要求以外，还要满足摩擦材料在使用中的强度要求，以保持良好的使用性能。对于汽车离合器摩擦片，要求摩擦材料具有良好的冲击韧度、抗压强度、抗剪强度，以及良好的导热性、耐热性，性能随温度的变化要小。

（4）噪声　汽车产生制动噪声的原因很复杂。就摩擦材料而言，低的摩擦系数比较容易产生过重的噪声。

二、汽车摩擦材料的组成

汽车摩擦材料主要由骨架材料、粘结剂和填充材料组成。

（1）骨架材料　骨架材料多以石棉纤维为主。因而，这种摩擦材料也称为石棉摩擦材料，占摩擦材料总量的95%以上。

（2）粘结剂　摩擦材料用粘结剂多以酚醛树脂为主，也有相当一部分使用了含橡胶、腰果油、聚乙烯醇或其他高分子材料成分的改性酚醛树脂。

（3）填充材料　填充材料多采用重晶石、硅灰石、氧化铝、铬铁矿粉、氧化铁、轮胎粉及铜、铅等粉末。

目前，摩擦材料的生产多采用模压法，即将各种组成材料经混合、热压、研磨后得到摩擦材料；也有采用辊压法、一步成形法或其他加工方法的。

随着汽车技术水平的不断提高，对摩擦材料也提出更为苛刻的技术要求。近年来，人们意识到石棉的危害，提出了"石棉公害"的观点，促进开发出许多新型的摩擦材料及无石棉摩擦材料，如钢纤维摩擦材料、玻璃纤维摩擦材料、陶瓷纤维摩擦材料、芳纶纤维摩擦材料、碳纤维-碳摩擦材料等。并且，随着生产工艺的不断改进，已采用了连续式回转自动生产盘式片的全自动生产线制造摩擦材料制品。

*第五节　特殊用途汽车材料

所谓特殊用途材料目前尚无统一的定义和概念，一般认为特殊用途材料指具有特殊的化学成分（合金化）、采用特殊的工艺生产、具备特殊的组织和性能、能够满足特殊用途需要的材料。本节主要介绍具有特殊功能的材料。

一、常用功能材料

如前所述，功能材料指具有某种或某些特殊物理性能或功能的材料，如具备特殊的声、光、电、磁、热等物理性能的材料。功能材料既可以是单一种类的材料，也可以是某些复合材料。

铜、铝电导线及变压器硅钢片等都是最早的功能材料。20世纪70年代以后，光电子材料、形状记忆合金、储能材料发展迅速；90年代起，智能功能材料、纳米功能材料等逐渐引起人们的兴趣。太阳能、原子能的开发利用，微电子技术、激光技术、传感器技术、工业机器人、空间技术、海洋技术、生物医学技术、电子信息技术等的快速发展，使得材料的开发重点由结构材料转向了功能材料。

按照材料的功能不同，功能材料可分为电功能材料、磁功能材料、热功能材料、光功能材料、智能功能材料等。

（一）电功能材料

电功能材料以金属材料为主，可分为金属导电材料、金属电阻材料、电接点材料等。

金属导电材料是用来传送电流的材料，包括电力、电机工程中使用的电缆、电线等强电材料以及仪器、仪表用的导电弱电材料两大类；电阻材料是制造电子线路中电阻元件及电阻器的基础材料；电接点材料指专门用以制造建立和消除电接触的导电构件的材料。

电力、电机系统和电器装置中的电接点的负荷电流较大，称为强电或中电接点；仪器仪表、电子与电信装置中的电接点的负荷电流较少，一般为几毫安到几安培，并且压力小，称为弱电接点。较常用的有金属电接点材料和超导材料。弱电接点材料用于制造仪器仪表、电子与电信装置中的各种电接点，如插接器、小型继电器、微型开关、电位器的关键材料。电接点材料直接影响着仪器仪表和电装置的稳定性、可靠性和精度等。

在汽车中，弱电接点材料应用得较多。弱电接点材料大都采用贵金属或以贵金属为基的合金材料，成本较高，为了降低成本，生产中常用表面涂层或贵金属-非贵金属复合材料。

（二）磁功能材料

磁功能材料也称为磁性材料，它所具有的磁性，使其具备电能转换（如变压器）、机械能转换（如磁铁）和信息存储（如磁带）等功能。磁性材料一般分为软磁性材料和硬磁性材料。按成分分，主要是指金属磁性材料和铁氧体磁性材料。

软磁材料对磁场反应敏感，易于磁化，磁导率大，亦称为高磁导材料或磁心材料。在变压器、发动机、电动机中大量采用了软磁材料。另外，磁记录仪中的磁头材料、磁屏幕等材料也是软磁材料。生产上常用纯铁、Fe-Ni、Fe-Si 、Fe-Al 及 Fe-Al-Si-Ni 等合金作为软磁材料。

硬磁材料也称为永磁材料，不易被磁化，一旦磁化后磁性不易消失。硬磁材料主要用于各种旋转机械（如电动机、发动机）、小型音像机械、继电器、磁放大器等。目前常用的硬磁材料有 AlNiCo 磁铁（Al-Ni-Co-Fe 合金）、铁氧体磁铁（以 Fe_2O_3 为主的复合氧化物）、稀土类永磁合金。

近年来，又开发了聚合物磁性材料。例如，冰箱、冷库门的密封条就是由橡胶复合磁性材料制成的，这种材料是以橡胶为基体、混合磁粉进行加工后得到的。

除以上常用的磁功能材料以外，特殊功能磁性材料也得到较快的发展。如广泛应用于雷达、卫星通信、电子对抗、高能加速器等新技术中的微波材料，包括多种微波电子管用永磁材料、微波旋磁材料和微波磁吸收材料。例如微波磁吸收材料，其典型材料有非金属铁氧体系、金属磁性粉末或薄膜系等，在一定宽的频率范围内对微波有很强吸收和极弱的反射功能，可作雷达检测不到的隐形飞机表面涂料；又如磁电材料 $DyAlO_3$、$GaGeO_3$ 等，在磁场作用下可产生磁化强度和电极化强度，而在电场作用下可产生电极化强度和磁化强度；还有磁光材料，应用于激光、光通信和光学计算机的磁性材料；此外超导-铁磁材料也是目前发展很快的特殊功能磁材料。

（三）热功能材料

材料在受热或温度变化时，会出现性能变化、产生一系列现象，如热膨胀、热传导（或隔热）、热辐射等。根据材料在温度变化时的热性能变化，可将其分为不同的类别，如膨胀材料、测温材料、形状记忆材料、热释电材料、热敏材料、隔热材料等。目前，热功能材料已广泛用于仪器仪表、医疗器械、导弹等新式武器、空间技术和能源开发等领域，是不可忽视的重要功能材料。

1. 膨胀材料

根据膨胀系数的大小可将膨胀材料分为三种：低膨胀材料、定膨胀材料和高膨胀材料。表4-3 为几种膨胀合金的类型、特点和用途。

表4-3 几种膨胀合金的类型、特点和用途

材料种类	低膨胀材料	定膨胀材料	高膨胀材料
特点	−60~100℃内膨胀系数极小	−70~500℃内膨胀系数低或中等，且基本恒定	室温~100℃内膨胀系数很大
类别	Fe-Ni 系合金 Fe-Ni-Co 系合金 Fe-Co-Cr 系合金 Cr 合金	Fe-Ni 系合金 Fe-Ni-Co 系合金 Fe-Cr 系合金 Fe-Ni-Cr 系合金 复合材料	有色金属合金（黄铜、纯镍、Mn-Ni-Cu 三元合金）、黑色金属合金（Fe-Ni-Mn 合金、Fe-Ni-Cr 合金）
用途	1. 精密仪器仪表器件 2. 长度标尺、大地测量基线尺 3. 谐振腔、微波通信波导管、标准频率发生器 4. 标准电容器片、支承杆 5. 液气储罐及运输管道 6. 热双金属片被动层	1. 电子管、晶体管和集成电路中的引线材料、结构材料 2. 小型电子装置与器械的微开型电池壳 3. 半导体元器件支持电极	用于热双金属片主动层材料，制造室温调节装置、自断路器、各种条件下的自动控制装置等

2. 形状记忆材料

具有形状记忆效应（Shape Memory Effect，SME）的材料称为形状记忆材料。材料在高温下形成一定形状后冷却到低温进行塑性变形将其形状改变为另一种形状，然后材料经加热后能恢复到高温时的形状，这就是形状记忆效应。形状记忆材料通常由两种以上的金属元素构成，所以也称为形状记忆合金（Shape Memory Alloys，SMA）。

形状记忆材料是一种新型功能材料，在一些领域已得到了应用。其中应用较成熟的是钛镍合金、铜基合金和应力诱发马氏体类铁基合金。在车辆上常用的为 Ti50Ni50，可用来制造风扇自动离合器、轮胎防滑钉、雾灯罩自动开闭装置、手动变速器、电磁阀、散热器护栅活门等。其具体应用可归纳为表4-4。

表4-4 形状记材料的应用

应用领域	应 用 举 例
电子仪表	温度自动调节器，火灾报警器，温控开关，电路插接器，空调自动风向调节器，液体沸腾报警器，光纤连接，集成电路钎焊
航空航天	月面、人造卫星天线，卫星、航天飞机等自动开闭窗门
机械工业	机械人手脚微型调节器，各种接头、固定销、压板，热敏阀门，工业内窥镜，战斗机、潜艇用油压管、送水管接头
医疗器件	人工关节，耳小骨连锁元件，止血、血管修复件，牙齿固定件，人工肾脏泵，能动型内窥镜，杀伤癌细胞置针
交通运输	汽车发动机散热风扇离合器，货车散热器自动开关，排气自动调节器，喷气发动机内窥镜
能源开发	固相热能发电机，住宅热水送水管阀门，温室门窗自动调节弹簧，太阳电池帆板

3. 测温材料

测温材料是仪器仪表用材的重要一类。测温元件是利用了材料的热膨胀、热电阻和热电动势等特性制造的，利用这些测温元件可分别制造双金属温度计、热电阻和热敏电阻温度计、热电偶等。

测温材料按材质可分为高纯金属及合金，单晶、多晶和非晶半导体材料，陶瓷、高分子及复合材料等；按使用温度可分为高温、中温和低温测温材料；按功能原理可分为热膨胀、热电阻、磁性、热电动势等测温材料。目前，工业上应用最多的是热电偶和热电阻材料。

热电偶材料包括制作测温热电偶的高纯金属及合金材料和用来制作发电或电制冷器的温差电锥用高掺杂半导体材料。

热电阻材料包括最重要的纯铂丝、高纯铜线、高纯镍以及铂钴、铑铁丝等。

4. 隔热材料

隔热材料是用于防止无用甚至有害的热侵袭的材料。隔热材料的最大特性是有极大的热阻。利用隔热材料可以制造涡轮喷气发动机燃烧室、冲压式喷气机火焰口等，高温材料电池、热离子发生器等也都离不开隔热材料。

生产中常用的隔热材料有高温陶瓷材料、有机高分子和无机多孔材料等，如氧化铝纤维、氧化锆纤维、碳化硅涂层石墨纤维、泡沫聚氨酯、泡沫玻璃、泡沫陶瓷等。随着现代化航空航天技术的飞速发展，对隔热材料也提出了更严格的要求，目前主要向着耐高温、高强度、低密度方向发展，尤其是向着复合材料发展。

（四）光功能材料

光功能材料有各种分类方法，按照材质可分为光学玻璃、光学晶体、光学塑料、信息显示材料、光纤、隐形材料等。

1）光学玻璃。光学玻璃包括有色和无色两种形式。光学玻璃已有二百多年的生产历史，目前有几百个品种，可用于生产利用可见光和不可见光（紫外光和红外光）的光学仪器仪表的核心部分，主要有各种特殊要求的透镜、反射镜、棱镜、滤光镜等。这些光学玻璃元件可用于制造测量尺寸、角度、表面粗糙度等的仪器，经纬仪，水平仪，高空及水下摄像机，生物、金相、偏光显微镜，望远镜，测距仪，光学瞄准仪，照相机，摄像机，防辐射、耐辐射屏蔽窗等。

2）光学晶体。光学晶体是指用在光学、电学仪器上的结晶材料，有单晶和多晶两种。按照用途可分为用于光学仪器的透镜、棱镜和窗口材料的光学介质材料，以及非线性光学材料，用于光学倍频、声光、电光及磁光材料的非线性光学材料。

3）光学塑料。光学塑料是在加热加压下能产生塑性流动并能成型的透明有机合成材料。常用的光学塑料有聚甲基丙烯酸羟乙酯、聚苯乙烯、双烯丙基缩乙二醇碳酸酯和聚碳酸酯等。光学塑料可以代替光学玻璃。此外，还有一些独特的应用，如用来制造隐形眼镜、人工水晶体、仪器反射镜面、无碎片眼镜等。

4）信息显示材料。信息显示就是把人眼看不到的电信号变为可见的光信息。信息显示材料分为两大类：主动式显示用发光材料和被动式显示用材料。主动式显示用发光材料是在某种方式的激发下发光的材料。如在电子束激发下发光的称为阴极射线发光材料，用于真空荧光显示屏，示波、显示波、显像管等。被动式显示用材料在电场等作用下不能发光，但能形成着色中心，在可见光照射下能够着色从而显示出来。这类材料包括液晶、电着色材料、电泳材料等多种，其中使用最广泛、最成熟的是液晶。

5）光纤。光纤是高透明电介质材料制造成的极细的低损耗导光纤维，具有传输从红外线到可见光区的光和传感的两重功能。因而，光纤在通信领域和非通信领域都有广泛应用。通信光纤的出现实现了远距离的光通信，光纤通信网络、海底光缆等已成为现实，生产中主要用高硅玻璃光纤；非通信光纤的应用较广泛，如单偏振光纤、高双折射偏振保持光纤、传感器光纤等，具体应用包括光纤测量仪表的光学探头（传感器）、医用内窥镜等。

（五）其他功能材料

除了以上介绍的功能材料外，还有其他多种功能材料，如半导体微电子、光电材料，化学功能材料（如储氢材料），生物功能材料（如水声、超声、吸声材料等），隐形材料及智能材料等。

隐形技术与激光、巡航导弹技术统称为现代战争和现代军事技术的高新技术。隐形技术是为了对抗探测器探测、跟踪、攻击的技术。隐形技术的关键是隐形材料。根据探测器的相关类型，隐形材料可分为吸波材料和红外隐形材料等。吸波材料是用来对抗雷达探测和激光测距的隐形材料，其原理是它能够将雷达和激光发出的信号吸收，从而使雷达、激光收不到反射信号。红外隐形材料是用来对抗热像仪的隐形材料，它要求材料的比辐射率要低。

智能材料是指对环境具有可感知、可响应，并具有功能发现能力的材料。后来，仿生（Biomimetic）功能被引入材料，使智能材料成为有自检测、自判断、自结论、自指令和执行功能的材料。如形状记忆合金已被应用于智能材料和智能系统，用于制造月面天线、智能管道连接件等。有些无机材料如氧化锆增韧陶瓷、灵巧陶瓷、压电陶瓷和电致伸缩陶瓷也已被应用于仿生中。随着科学技术的发展，材料需适应更加复杂的环境，所以将会不断有新的智能材料出现，并得以广泛应用。

二、汽车常用功能材料

随着汽车内置功能的多样化、智能化，以及驾驶的安全性、舒适性、操控性以及绿色环保等因素成为人们关注的焦点，越来越多的功能材料被应用到了汽车中。

1. 软磁材料在汽车电子中的应用

1）高强度放电式气体灯即 HID，又称氙气灯。在汽车上，HID 车灯取代卤素灯是大势所趋。在其使用的 DC-DC 变换器中，国外采用高频低损耗 MnZn 铁氧化体系材料。

2）EMI 抗电磁干扰。现在汽车普遍采用电子控制单元作为嵌入系统控制车辆的一个或多个电子子系统，所有这些控制单元都由众多的模块和元器件构成，在工作时都很容易受到电磁噪声（EMI）的干扰。为了确保汽车电子系统的高可靠性和汽车的安全性，必须采取有效措施抑制 EMI，MnZn 系高磁导率软磁铁氧体是最适合的材料。

3）纯电动汽车（EV）。EV 是用高能充电电池作为动力源驱动的汽车，EV 电池充电方式分为接触式和感应式两种。前者用电缆直接连接 EV 和充电站。充电站实际上是一个软磁铁氧体组成的 AC-DC 变换器，把交流市电转变为 400V 左右的直流，向 EV 电池组充电。其优点是构造简单、造价较低，缺点是导线插头裸露不安全，经常拔插会造成磨损，导致接触不良，影响充电的效率和可靠性。感应式充电系统克服了接触式的缺点，安全可靠、性能稳定，代表着充电技术的发展方向。

4）混合动力汽车（HEV）。HEV 具有巨大的发展潜力和十分好的市场前景。为了实现复杂的动力转换和传输功能，需要使用多件功率转换用变压器和扼流圈。为确保在恶劣的环境下长期可靠运行，并保持高的效率，这些变压器和扼流圈的磁心均采用高性能宽温低损耗功率铁氧体材料制成。

2. 其他等功能材料在汽车传感技术中的应用

由于材料科学的进步，在制造各种材料时，人们可以任意控制其成分，从而可以设计与制造出各种用于传感器的功能材料，例如控制半导体氧化物的成分；可以制造出各种气体传感器；光导纤维用于传感器是传感器功能材料的一个重大发现；有机材料作为功能材料，正引起国内外汽车电子化专家的极大关注。下面介绍几种功能材料在汽车用传感技术中的应用。

1）离子检测系统。这个系统能够通过检测离子来监控发动机每个气缸的燃烧情况。当可燃混合气持续燃烧时，在燃烧峰面附近就会发生电离现象。把一个带偏压的测头放入气缸，就可以测出与电离状况相关的离子流。这个能反映发动机各种燃烧状况的信息控制系统由带测头的火花塞、装有测试附件的点火线圈及一套处理离子流信号的电子模块构成，它可以判别每个缸的点火、燃烧及爆燃情况。进一步的功能将是对发动机的混合气状况进行监控，即根据离子流所显示的燃烧情况来控制每个缸的空燃比。

2）快速起动的氧传感器。冷车运转时的发动机所排放的 CO 和 HC 是最多的，这就要求氧传感器尽快起动进入闭环控制状态。NGK 火花塞有限公司研制出一种新型氧传感器，它能在 15s 内达到闭环控制，通过缩小加热区和降低阻抗，改进了传感器的加热装置，由于采用新材料和新的温控系统，使加热器的寿命与现有类型相近，改善了低温特性。

3）侧滑传感器。它是一种双向传感器，由采用压电晶体的线性加速度计组合而成。这样的组合更有利于传感器的设置、信号处理和封装。这种传感器有两个经过显微加工的信号发生器并且各自对应着所测加速度方向的基准面，对应于某个基准面的独立信号就能测出相应的作用力。

4）压电谐振式角速度传感器。三菱电子公司开发的这种传感器为玻璃-硅-玻璃结构，其谐振部分是一个用浸蚀法制成的硅梁。通过外置振荡器激发，其谐振频率约为 4kHz。梁的厚度与硅片相同，它的宽度和长度通过浸蚀加工来决定。硅梁和玻璃支架的连接采用了真空下的阳极焊接工艺，以确保其固有频率变化很小。角速度的变化可根据硅梁振动频率变化引起的梁两侧玻璃支架上金属电极间的电容变化值测出。

5）高压传感器。这种传感器可用来检测润滑油、液压系统、汽油以及空调制冷剂的压力，如制动器的液压控制系统、怠速下的空调机压缩器和动力转向泵、燃油控制系统、悬架控制系统以及自动变速器中的液压换档系统。这些系统的压力变化为 2～20MPa，而传感器可耐压 38MPa。这种传感器使用一种树脂胶而不是通常使用的金属和玻璃来封装，以形成足够大的油分子通道，实现了外形和元件间封尺寸的优化设计。包括压力感应元件和放大电路在内的所有元件都集中在一块芯片上。

6）润滑油黏度传感器。这是一种压电振动式黏度传感器，能够通过记录发动机转速和温度来计算换油间隔。其工作原理与振动式黏度计相近——振子（球形、片状或棒式）在受到黏滞阻尼时其振频会发生衰变。因此，依靠不同形状的振子，就可以测出黏度和密度的一些参数。有一种振动式黏度计的振子是石英棒，它能被激发扭振，通过测量与液体黏度相对应的振幅和谐振频宽，就可以确定黏度（准确地说应是黏度和密度的综合值）。

7）磁敏式速度传感器。它是一种把高磁阻（GMR）材料与半导体装置合为一体的磁敏式速度传感器。高磁阻材料的特点是随磁场的变化其电阻值也发生变化。采用这种技术的 ABS 传感器具有零速处理、输出信号在两电平之间变化的双极型结构，具有脉冲频率与信号轮齿或磁极的回转频率相同的特点。在允许温度和工作频率范围内，其频宽比为（50 ± 10）%，轮齿模数为 2.5mm 时，气隙特性可达 3mm。

能 力 测 试

一、填空题

1. 复合材料是指由 _____ 撷取各组成成分的优点组合起来而得到的一种多相固体材料。车用复合材料按性能分为 _____ 复合材料和 _____ 复合材料。

2. 按照基体材料来分，复合材料有 _____ 复合材料、_____ 复合材料、_____ 复合材料、石墨基复合材料（碳-碳复合材料）、混凝土基复合材料等。

3. 汽车上使用的玻璃主要是窗玻璃，对玻璃的 _____、_____、_____ 及安全性有很高的要求。

4. 汽车用玻璃有 _____、_____、_____。

5. 传统上的"陶瓷"一词是 _____ 和 _____ 的总称。

二、选择题

1. 复合材料的优点是（　　）①强度高；②质量轻；③耐高温；④耐腐蚀。

A. ①④ 　　　　B. ②③ 　　　　C. ①②④ 　　　　D. ①②③④

2. 复合材料中往往有一种材料作为基体，另一种材料作为（　　）。

A. 增塑剂 　　　B. 发泡剂 　　　C. 防老剂 　　　D. 增强剂

3. 安全性最好的汽车玻璃是（　　）。

A. 钢化玻璃 　　B. 区域钢化玻璃 　C. 夹层玻璃 　　D. 防水玻璃

4. 有机玻璃是（　　）塑料。

A. 聚乙烯 　　　B. 聚甲基丙烯酸甲酯　C. 聚氯乙烯 　　D. 聚苯乙烯

5. 制造充气轮胎的内胎可选用（　　）。

A. 丁苯橡胶 　　B. 丁基橡胶 　　C. 氯丁橡胶 　　D. 乙丙橡胶

6. 用作油封的材料常选用（　　）。

A. 丁苯橡胶 　　B. 丁基橡胶 　　C. 氯丁橡胶 　　D. 丁青橡胶

7. 制造塑料齿轮可选用（　　）。

A. 酚醛塑料 　　B. 聚丙烯 　　　C. 聚氯乙烯 　　D. 聚酰胺

8. 橡胶是优良的减振材料和磨阻材料，因为它具有突出的（　　）。

A. 高弹性 　　　B. 黏弹性 　　　C. 塑性 　　　　D. 减摩性

三、判断题（正确的打"√"，错误的打"×"）

1. 现代汽车中的玻璃纤维挡泥板是由脆性的玻璃和韧性的聚合物相复合而成的。（　　）

2. 热塑性玻璃钢同热塑性塑料相比，基体材料相同时，强度和疲劳性能都较低。

（　　）

149

3. 汽车底盘采用玻璃纤维补强树脂（GFRP），其重量比钢铁材料增重了80%。（　　）

4. 用氮化硅陶瓷材料制成的陶瓷纤维活塞，耐磨性好，可以有效地防止铝合金活塞由于热膨胀系数大而产生的"冷敲热拉"现象。（　　）

5. 钢化玻璃只能作为汽车前窗玻璃和侧窗玻璃。（　　）

6. 特种陶瓷应用于汽车发动机气门，充分利用了其耐热性、耐磨性等特点。（　　）

7. 高分子材料的减振性较好，可用于制造不承受高载荷的减振零件。（　　）

8. 陶瓷材料有很高的硬度和耐磨性，因而适合制造齿轮。（　　）

四、简答题

1. 复合材料的种类有哪些？

2. 与传统材料相比，复合材料有哪些特点和优点？

3. 简述影响复合材料广泛应用的因素。

4. 何谓功能材料？它主要包括哪些材料？在现代汽车上有哪些方面的应用？玻璃钢分为哪两类？

5. 陶瓷材料的性能有哪些？

汽 车 燃 料

本章导入

燃料通常指能够将自身储存的化学能通过化学反应（燃烧）转变为热能的物质，其来源大部分是石油。由于石油是一种不可再生能源，目前，我国及世界石油资源已逐渐枯竭，为了维系国内经济的发展，世界上各大国间都在激烈争夺石油资源的控制权。

汽车燃料主要指汽油机（点燃式发动机）用燃料和柴油机（压燃式发动机）用燃料，它们是当前汽车运行的主要动力来源。随着全球经济的发展，汽车保有量逐年增加，汽车尾气对环境的污染也日益加重，已成为空气污染的主要来源之一。因此，汽车制造商在不断完善发动机的燃烧系统，采用先进的电子控制技术和高性能的污染物净化装置，使用无铅汽油的同时，还不断投入巨额资金，研制污染排放少、有利于环境保护的代用燃料和代用燃料汽车。就世界范围而言，最成功的代用燃料是液化石油气（LPG）和压缩天然气（CNG）。

本章主要介绍汽油和轻柴油两种汽车燃料。

教学目标

1. 能力目标

1）能够描述现行应用的汽油、柴油的牌号，能够描述燃油牌号的含义。

2）能够结合汽车的使用要求，总结车用燃料的使用原则和正确的使用方法，正确选择汽车所用燃油牌号。

2. 知识目标

1）认识汽油、柴油的牌号及主要使用性能指标。

2）了解汽车代用燃料类型及发展趋势。

第一节 汽 油

汽油是一种从石油中提炼出来的密度小、易于挥发的液体燃料。其主要成分是烷烃 C_nH_{2n+2}，自燃点为 $415\sim530℃$。烷烃按碳原子数命名，前 10 位烷烃的排列为甲、乙、丙、丁、戊、己、庚、辛、壬、癸。按其结构又分为正构烷烃和异构烷烃。汽油中，正构烷烃体积含量约为 29%，异构烷烃体积含量约为 21%。

作为汽油机燃料，汽油是不能够直接燃烧的，它先在发动机气缸外的化油器中雾化与空气形成可燃性混合气体（化油器式发动机）或由喷嘴将汽油喷入进气道与空气形成可燃性混合气体（电喷式发动机），进入气缸后，由电火花点燃推动活塞运动使汽油机产生动力，从而连续完成进气、压缩、做功和排气的工作循环。因此，汽车使用性能的好坏对发动机工作的可靠性、经济性以及使用寿命有极大影响。图 5-1 所示是四冲程发动机的工况简图。

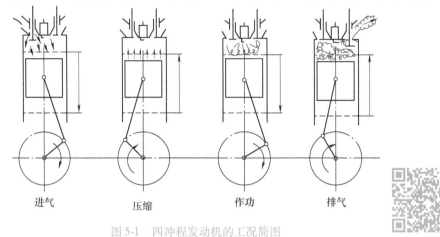

进气   压缩   作功   排气

图 5-1 四冲程发动机的工况简图

一、汽油机对汽油品质的性能要求

为了满足汽油机的正常工作，根据汽油机的工作特点和条件，汽油应具有下列各种使用性能。

1. 适当的蒸发性

蒸发性是指汽油从液态转化为气态的能力。汽油蒸发性是否良好，将直接影响汽油机中的燃烧是否正常，影响发动机的功率和经济性，因而汽油的蒸发性能十分重要。

由于发动机的一个工作循环是极其短促的，这就要求燃料供给系统必须在 0.005 ~ 0.05s 时间内形成均匀的可燃混合气。若汽油的蒸发性不好，汽油汽化不完全，就难以形成足够浓度的混合气，不但发动机不易起动，而且在混合气中若有一些悬浮的油滴进入燃烧室，会使发动机工作不稳定，燃烧不完全，增大燃油消耗。此外，未蒸发的汽油还会冲刷发动机气缸油膜，流入曲轴箱后，稀释发动机润滑油，加剧润滑油氧化变质，影响正常润滑。因此，要求车用汽油应具有良好的蒸发性，以保证在各种条件下发动机容易起动、加速和运转正常。汽油的蒸发性越好，就越容易汽化，在冷车和低温情况下也能使发动机顺利起动和正常工作。

但汽油的蒸发性也不宜过好，否则会使汽油在保存时由于蒸发太快而损耗增大，而且在夏季使用时会使燃油系统产生"气阻"，即在油管中曲折处或较热的部位形成气泡，使供油中断，造成热车起动困难；而且当油箱过满时，会导致大量的汽油蒸气进入碳罐，造成混合气体过浓，急加速时引发发动机熄火停车，还会使尾气中 HC 的含量严重超标。

因此，汽油的蒸发性要适宜，不能太好，也不能太差。在汽油规格评定中通常用馏程和饱和蒸汽气压两个指标来衡量汽油的蒸发性。

（1）馏程 馏程是指在常压下，一定体积馏出量所对应的馏出温度。

馏程对汽油机工作的影响主要根据 10% 馏出温度、50% 馏出温度、90% 馏出温度和终馏点来判断。

10% 馏出温度与汽油机冬季起动的难易和夏季是否发生气阻有着直接的关系。10% 馏出温度低，说明汽油轻质组分多，汽油的蒸发性好，汽油机在较低的气温下容易起动；但如果 10% 馏出温度过低，则在高温下容易产生"气阻"。国家有关标准规定各牌号汽油的 10% 蒸发温度不能高于70℃。汽油10%馏出温度与起动温度关系见表5-1。

表5-1 汽油10%馏出温度与起动温度关系

大气温度/℃	−21	−17	−13	−9	−6	−2
直接起动的10%最高馏出温度/℃	54	60	66	71	77	82

50%馏出温度除对汽油机的预热升温时间的长短有一定影响外，还直接影响汽油机的加速性及运动的稳定性。50%馏出温度低，说明汽油平均蒸发性好，汽油机起动后能很快升温到正常工作温度，且加速灵敏，运转柔和，保证其最大功率和爬坡能力；反之，50%馏出温度高，当汽油机由低速骤然变为高速时，供油量急剧增加，汽油来不及充分汽化，因而燃烧不完全，使汽油机不能发出应有的功率，甚至熄火。所以，国家标准规定50%馏出温度不高于145℃。汽油50%馏出温度与发动机预热的关系见表5-2。

表5-2 汽油50%馏出温度与发动机预热的关系

50%馏出温度/℃	104	127	148
起动后到正常温度的预热时间/min	10	15	28以上

90%馏出温度和终馏点对于汽油能否完全燃烧和汽油机磨损大小有一定的影响，这两个温度过高，说明汽油重质组分多，蒸发性差，汽油燃烧不完全，会冒黑烟，增加积炭，且耗油量增大，对气缸的磨损加剧。没有完全燃烧的重质汽油会冲洗掉气缸壁上的润滑油，从而加剧机械磨损，同时还会稀释曲轴箱中的润滑油，使其黏度变小，易于窜入燃烧室被烧掉，增大润滑油消耗量，使其使用周期缩短。因此，国家标准规定各牌号汽油的90%馏出温度不能高于190℃，终馏点不能高于205℃。终馏点与气缸磨损、耗油量的关系见表5-3。

表5-3 终馏点与气缸磨损、耗油量的关系

终馏点温度/℃	175	200	225	250
气缸磨损（%）	97	100	200	500
耗油量/L	98	100	107	140

（2）饱和蒸气压 饱和蒸气压是指汽油蒸发达到平衡时汽油蒸气对容器壁产生的压力，用来评定汽油在使用中产生的"气阻"倾向的大小，见表5-4。汽油的饱和蒸气压越高，说明汽油中含轻质成分多，挥发性好、低温起动性好，但产生"气阻"的可能性越大，在储存中的蒸发损耗也越大。所以，国家汽油质量指标规定，饱和蒸气压在春夏季不大于74kPa、秋冬季不大于88 kPa。

表5-4 多种气温下不致引起汽油"气阻"的最大饱和蒸气压

环境温度/℃	10	16	22	28	33	38	44	49
最高大饱和蒸气压/kPa	97	84	76	69	56	49	41	37

2. 良好的抗爆性

汽油的抗爆性是指汽油在一定压缩比的汽油发动机中燃烧时抵抗爆燃的能力。它是车用汽油的一项重要的质量指标，用辛烷值评定。车用汽油的牌号就是根据辛烷值的大小来划分的，辛烷值越高，汽油标号越高，抗爆性能越好。

辛烷值是指和汽油抗爆性相同的标准燃料中含有异辛烷的体积百分数。测定辛烷值的标准燃料是异辛烷和正庚烷，规定抗爆性极高的异辛烷值为100，抗爆性极差的正庚烷值为0。

将两种标准燃料按不同体积比混合，就可得到辛烷值为 0～100 的标准燃料，以异辛烷含量的体积百分数表示该标准燃料的辛烷值。其他汽油的辛烷值则在专门的辛烷值测定机上与标准燃料进行比较来确定其辛烷值。例如测得某汽油的辛烷值为 90，即表明它与含有 90% 异辛烷和 10% 正庚烷的标准燃料的抗爆性相同。

测试辛烷值的方法有研究法和马达法两种，分别得到研究法辛烷值（Research Octane Number，RON）和马达法辛烷值（Motor Octane Number，MON）。研究法辛烷值（RON）表示汽油机在中负荷、低转速运转条件下汽油的抗爆性，而马达法辛烷值（MON）则表示汽油机在重负荷、高速运转条件下汽油的抗爆性。同一种汽油用研究法测定的辛烷值比马达法测定的辛烷值要高 6～10 个单位。这一差值称为汽油的灵敏度，可用来反映汽油抗爆性随运转工况激烈程度的增加而降低的情况，汽油灵敏度越小越好。

爆燃现象是汽油机的一种不正常燃烧。对于辛烷值不能满足发动机压缩比要求的汽油，当混合气体的 2/3～3/4 被火花塞点燃后，由于受到气缸温度、压力上升的影响，未燃部分的混合气中会产生大量不稳定的过氧化物，在正常火焰前锋未到达前，由于剧烈氧化而自行猛烈分解，引起混合气自燃，产生许多火焰中心，火焰传播极快，形成压力脉冲，使气缸内产生清脆的金属敲击声，排出大量黑色烟雾状废气，并引起发动机振动；严重时，会出现气缸零件烧坏，轴承振裂等问题。因此，爆燃现象会使发动机机件过快磨损，热负荷增加，噪声增大，功率下降，油耗上升。

内燃机的热功效率与它的压缩比有直接的关系，不同压缩比的汽油机，必须使用抗爆性与其相匹配的汽油才不会出现爆燃现象。辛烷值越高，发动机的压缩比越高，发动机的燃烧经济性越好。因此，要求车用汽油具有良好的抗爆性，以满足压缩比发动机的使用要求。

近年来，汽油机的主要发展方向之一是提高压缩比，因而相应要求汽油的辛烷值也越高，否则会产生爆燃。提高辛烷值的常用方法有：

1）改进炼油工艺，多生产含有高辛烷值的汽油。

2）添加抗爆剂。目前提高汽油辛烷值的最有效、最经济的方法是在低辛烷值汽油中加入抗爆剂。过去广泛采用的抗爆剂是四乙基铅，加入少量的四乙基铅便能显著提高汽油的辛烷值。但它有剧毒，产生的废气中含有强烈致癌物质，会对环境造成很大的危害。因此，各国先后取消含铅汽油。自 2000 年 1 月起我国已全面禁用含铅汽油。

3）在汽油中调入辛烷值高的改善组分。20 世纪 70 年代起，国外出现了新的高辛烷值汽油调合组分如乙醇、甲基叔丁醚（MTBE）等含氧化合物。MTBE 的研究法辛烷值为 117，不仅抗爆性好，因含氧燃烧性能好，可代替四乙基铅及减少芳香烃调入量，使车用汽油在有较高辛烷值的同时，排放更加干净。

3. 良好的氧化安定性

汽油的氧化安定性分为化学安定性和热稳定性，其中化学安定性是指汽油在储存、运输、加注和其他作业时抵抗氧化生胶的能力。化学安定性不好的汽油，容易发生氧化反应，生成胶状物质和酸性物质，使辛烷值降低，酸值增加，颜色变深，产生黏稠沉淀。使用这种汽油，易使油箱、输油管和滤清器中产生胶状物，造成供油不畅，堵塞电喷式发动机的喷嘴，气门粘结关闭不严，积炭增加，气缸散热不良，火花塞积炭导致点火不良等。

热稳定性是指汽油防止高温生成沉积物的能力。由于从喷油器、进气门到燃烧室，汽油所处的温度越来越高，汽油烃类的氧化深度也随温度升高而增加，导致汽油的氧化安定性变差, 生成沉积物堵塞喷油器, 造成氧传感器和三元催化转化器堵塞。

评定汽油安定性的主要指标有实际胶质和诱导期。

(1) 实际胶质 实际胶质是指在规定条件下测得的发动机燃料的蒸发物, 以 mg/100mL 表示。实际胶质是判断汽油在使用过程中生成胶的倾向, 从而决定汽油能否使用和能否继续储存。对于汽油的实际胶质, 规定出厂时不大于 5mg/100mL, 出厂后 4 个月检查封样时不大于 10mg/100mL, 油库交付给使用单位时不允许大于 25mg/100mL。

(2) 诱导期 诱导期是指在规定的加速氧化条件下, 油品处于稳定状态下所经历的时间周期, 以 min 表示。诱导期越长, 越不易氧化, 生成胶质的倾向越小, 其安定性越好, 适宜长期储存。一般国产汽油出厂时诱导期为 600 ~ 800min, 在普通条件下储存 21 个月后, 诱导期仍为 400 ~ 500min。

目前, 提高汽油氧化安定性的方法是: 采用先进的炼油工艺、改善储存条件、在汽油中加入抗氧化剂和金属钝化剂。

4. 良好的防腐性

汽油的防腐性是指汽油不对与其相接触的金属进行腐蚀的能力。汽油机的燃料供给系统是由许多金属零件组成的, 如果汽油中含有元素硫、活性硫化物、水溶性酸及碱等, 会对金属产生腐蚀作用。汽油中的各种烃都没有腐蚀性, 但若汽油中含有硫及硫化物、有机酸及水溶性酸及碱水分等, 汽油就带有了腐蚀性。汽油的防腐性用硫含量、硫醇性硫含量 (或博士试验)、铜片腐蚀试验、酸度、水溶性酸和碱等指标来衡量。

5. 良好的清洁性

汽油的清洁性是指汽油是否含有机械杂质和水分。机械杂质和水分会造成油路堵塞, 磨损加剧等严重后果。评定汽油的清洁性的指标是机械杂质和水分。

二、车用汽油的牌号和规格

2000 年以前, 我国车用汽油标准执行的是 GB/T 484—1993, 生产的车用汽油牌号有 90 号、93 号、97 号, 这三种牌号的汽油均是含铅汽油。2000 年至 2006 年我国车用汽油标准执行的是 GB/T 17930—1999 《车用无铅汽油》, 2011 年发布实施国家标准 GB/T 17930—2011 《车用汽油》。目前我国车用汽油标准执行的是 GB/T 17930—2016 《车用汽油》, 车用汽油 (Ⅲ) 和车用汽油 (Ⅳ) 按研究法辛烷值分为 90 号、93 号、97 号 3 个牌号, 车用汽油 (Ⅴ) 按研究法辛烷值分为 89 号、92 号、95 号和 98 号 4 个牌号。车用汽油 (Ⅴ) 的技术要求和试验方法见表 5-5。

表 5-5 车用汽油 (Ⅴ) 的技术要求和试验方法

项 目		质量指标			试验方法
		89 号	92 号	95 号	
铅含量/(g/L)	不大于	0.005			GB/T 8020
馏程:					GB/T 6536
10% 蒸发温度/℃	不高于	70			
50% 蒸发温度/℃	不高于	120			
90% 蒸发温度/℃	不高于	190			

（续）

项　目		质量指标			试验方法
		89 号	92 号	95 号	
终馏点/℃	不高于	205			
残留量（体积分数）(%)	不大于	2			
蒸气压力/kPa					GB/T 8017
11 月 1 日—4 月 30 日		45 ~ 85			
5 月 1 日—10 月 31 日		40 ~ 65			
胶质含量/(mg/100mL)：					GB/T 8019
未洗胶质含量（加入清净剂前）	不大于	30			
溶剂洗胶质含量	不大于	5			
诱导期/min	不小于	480			GB/T 8018
硫含量/(mg/kg)	不大于	10			SH/T 0689
硫醇（博士试验）		通过			NB/SH/T 0174
铜片腐蚀(50℃,3h)/级	不大于	1			GB/T 5096
水溶性酸或碱		无			GB/T 259
机械杂质及水分		无			目测

三、车用无铅汽油牌号的正确选用

汽油牌号的选择应恰当，如果选择的汽油牌号过高，会增加费用；如果选择的牌号过低，则会使汽车发动机产生爆燃，影响动力性和经济性，严重时还会使汽油机损坏。因此，正确选用汽油牌号不仅可延长发动机的使用寿命，而且还可达到节油的目的。一般情况下，从汽车发动机抗爆燃（不产生爆燃）、压缩比和经济性两方面来考虑选择汽油牌号。选择汽油牌号时应注意以下几点。

（1）根据汽车发动机的压缩比 ε 正确选用车用无铅汽油　车用汽油的选用应根据发动机的压缩比进行，发动机的压缩比越高，所需使用的汽油牌号就越高，可在汽车的使用说明书中查到发动机的压缩比和汽车生产厂家推荐的汽油牌号。

（2）提倡使用加入汽油清净剂的清洁汽油　使用无汽油清净剂的车用无铅汽油，汽车发动机在运行一段时间后，发动机燃油供给系统会有不同程度的油垢、胶状物和积炭生成。这些污垢使发动机润滑油道不畅，供油不均、雾化变差燃烧不完全、功率下降、油耗增加、发动机起动困难、运转不稳、加速性差、排烟量加大，尾气中的碳氢化合物、一氧化碳、氧氮化合物含量增加，污染环境，影响人体健康。而使用清洁汽油不但可以解决上述问题，还可以提高汽车的动力性和经济性，减少汽车维修费用和节油。

对于电喷汽车，由于发动机采用了微型数字化电子控制技术，对燃油供给和点火进行精确控制。它的喷嘴孔径非常小，要求喷嘴十分清洁，一旦喷嘴发生堵塞，就会影响发动机正常工作。由于清洁汽油能够保持发动机燃油系统清洁，因此，非常适合电喷汽车使用。

（3）根据使用条件选用　高原地区大气压力小，空气稀薄，汽油机工作时爆燃倾向减小，可以适当降低汽油的辛烷值。一般海拔每上升 100m，汽油辛烷值可降低约 0.1 个单位。经常在大负荷、低转速下工作的汽油机，应选择较高辛烷值汽油。

（4）根据使用时间调整汽油牌号的选用　发动机使用时间较长后，由于燃烧室积炭、水套积垢等会使发动机压力增加，此时，再使用原牌号汽油时发动机会有爆燃。因此，这类汽车在维护后应该燃用高一级的汽油。

四、汽油使用注意事项

使用汽油应注意以下几点：

1）发动机长期使用后，由于燃烧室积炭，水套积垢等原因，爆燃倾向增加，应及时维护发动机。如压缩比变了，原牌号汽油不能满足需要，可考虑更换汽油牌号。

2）原用汽油由低牌号改用高牌号时，可适当提前点火提前角，以发挥高牌号汽油优良性能；反之，应将点火提前角适当迟后，以免发生爆燃。

3）在炎热的夏季和高原地区，由于气温高、气压低，易发生气阻，应加强发动机散热，使油管和汽油泵隔热，或者换用饱和蒸汽气压较低的汽油。

4）汽车从平原驶到高原地区后，可换用较低辛烷值汽油，或适当调前点火提前角。

5）汽油不能掺入煤油或柴油，后者挥发性和抗爆性差，会引起爆燃和严重破坏发动机润滑，导致发动机损坏。

6）不要使用长期存放变质的汽油，否则结胶、积炭严重，对电喷发动机工作的影响更大。同时，尽可能加满油箱，以避免蒸发损失。

7）汽油易燃、易爆、易产生静电，使用中要注意安全。

8）汽车使用者应重视汽油的质量。加入质量低劣的燃油，不仅影响发动机使用性能，还会使动力性差、排放高、油耗高，严重的会使发动机机件损坏。

第二节 轻 柴 油

我国生产的柴油分为轻柴油、重柴油、农用柴油和军用柴油。车用高速柴油机均使用轻柴油，称为普通柴油，它是汽车、拖拉机、柴油机的燃料。由于能源的问题，国外的汽车发动机正向柴油机化方向发展，对于石油产量较少的国家，如欧洲和日本在 20 世纪 60 年代末期就基本实现了载货汽车柴油机化。近年来在国外也逐步掀起了小轿车柴油机化的高潮，各大汽车制造厂商如德国大众、美国通用和日本丰田等公司的小轿车也都采用了柴油机，在我国一汽大众也相继推出了捷达 SDI、宝来 TDi 等一系列柴油发动机小轿车。

一、柴油品质特点

柴油是一种自燃温度高，黏度大和密度大，不易挥发的液体燃料。与汽油相比，柴油具有以下的特点：

1）柴油的能量密度比汽油高出 10% 以上，在燃烧过程中，柴油的热效率高达 40%，而等量的汽油热效率只为 30%。

2）柴油的功率和加速性好，对环境污染性小，比较省油，其单位功率燃料消耗量比汽油机低 30% ~40%。

3）柴油闪点比汽油高，使用管理中着火危险性较小，安全性较好。

二、柴油机对柴油品质的性能要求

图 5-2 所示是柴油机供给系统，其供油过程路线如图 5-3 所示。

柴油机燃料系统供油结构精密，所用燃料要与不同金属接触，为了保证柴油能够满足柴油机的使用性能要求，对柴油品质有如下要求。

1. 良好的燃烧性能

燃烧性是指柴油喷入气缸后立即自行着火燃烧的能力。柴油的燃烧性能主要取决于发火延迟期的长短。发火延迟期是指从燃料开始喷入燃烧室至开始着火的时期，这个阶段是燃料准备阶段。柴油喷入燃烧室后，迅速雾化、蒸发并与高温空气组成混合气，进行燃烧前的氧化反应。如果燃料的着火性能好，则燃料的混合气可以迅速着火，发火延迟期便短；反之，发

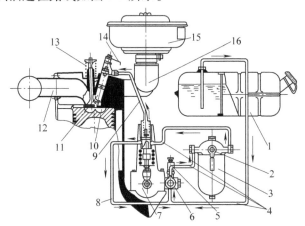

图 5-2　柴油机供给系统

1—柴油箱　2—溢油阀　3—柴油滤清器　4—油管　5—手压输油泵　6—输油泵　7—喷油泵　8、14—回油管　9—高压油管　10—燃烧室　11—喷油器　12—排气管　13—排气门　15—空气滤清器　16—进气管

火延迟期便长。如果发火延迟期长，在此时期内喷入的燃料积累过多，着火时，积累的大量燃料几乎同时着火燃烧，气缸内压力急剧升高，气缸头和活塞发生振动和过热，发动机发出金属的敲击声，即出现柴油机的工作粗暴现象，结果使发动机工作不稳定，排气管冒黑烟，功率下降、油耗增大，磨损加剧，机械寿命缩短。

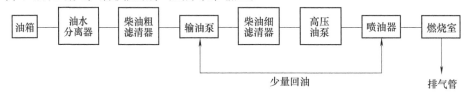

图 5-3　柴油机供油过程路线

柴油的燃烧性（发火性）是以十六烷值来评定的。十六烷值越高，着火后延迟期越短，越不容易发生爆燃。

（1）十六烷值　柴油的十六烷值与汽油的辛烷值相似，将发火性能好的正十六烷 $C_{16}H_{34}$ 的十六烷值定为 100，将发火性差的七甲基壬烷的十六烷值定为 15，按不同比例将它们混合在一起，获得十六烷值为 0~100 的标准燃料。其他柴油的十六烷值则是在可变压缩比单缸十六烷值测定柴油机上试验，与标准燃料比较而定出来的。

标准燃烧十六烷值 = 100 × 正十六烷的体积分数 + 15 × 七甲基壬烷的体积分数

（2）十六烷值选用与发动机工作性能　十六烷值低的柴油，发火性差、着火延迟期长，工作粗暴；十六烷值高的柴油发火性好，着火延迟期短，燃烧平稳，发动机工作柔和。柴油机选用柴油十六烷值时，一般取决于柴油机的转速。柴油机的额定转速越高，要求柴油的发

火性越好，一般 1000r/min 以下的柴油机应使用十六烷值为 35 ~ 40 的柴油；1000 ~ 1500r/min 的柴油机应使用十六烷值为 40 ~ 45 的柴油；1500r/min 以上的柴油机应使用十六烷值为 45 ~ 60 的柴油。国家标准规定轻柴油十六烷值不小于 45，但十六烷值高于 60 以后，发火性能变化不大，反而由于在燃烧室内裂化过快，形成大量积炭，来不及燃烧，导致排气管冒黑烟，加大耗油。此外，柴油的十六烷值对发动机在不同气温下的起动性也有影响，见表 5-6。

表 5-6 柴油十六烷值与起动最低温度的关系

柴油的十六烷值	30	40	50	60	70	80
可以起动的最低温度	30	12	4	-4	-8	-11

柴油十六烷值的测定标准是 GB/T 386—2010《柴油着火性质测定法（十六烷值法）》。

2. 良好的低温流动性

柴油的低温流动性是指低温下柴油在发动机燃料系统中能否顺利地泵送和通过油滤，从而保证发动机正常供油的性能。如果燃料的低温性能不好，在低温下使用时失去流动性，或产生蜡结晶，都会妨碍燃料在导管和油滤中顺利通过，使供油量减少甚至中断。因此，柴油的低温流动性能将直接影响柴油能否可靠地供给气缸，发动机能否正常工作。评定柴油的低温流动性的指标有凝点、浊点和冷滤点。

（1）凝点 凝点又称凝固点，是指油料在一定的试验条件下，遇冷开始凝固而失去流动性的那一刻的温度；是柴油储存、运输和油库收发作业的低温界限温度，同时与柴油低温使用性能有一定的关系。发动机使用凝点过高的燃料，停车后再起动将会非常困难。凝点越低的柴油，在柴油机燃料系统中供油性能越好。因此在室外工作的发动机一般应使用凝点低于周围气温 5 ~ 7℃ 以上的燃料，才能保证发动机的正常工作。

柴油的凝点是评定其性能的最重要的指标之一。我国轻柴油是按凝点来确定牌号的。例如 0 号柴油，它的凝固点是 0℃；10 号柴油，它的凝固点是 -10℃；25 号柴油，它的凝固点是 -25℃。

凝点的测定标准是 GB/T 510—2018《石油产品凝点测定法》。

（2）浊点 浊点是指柴油在凝固之前随温度下降，先析出石蜡使其变浊，在一定试验条件下，当柴油混浊到与标准物的颜色相比没有异样时的温度。柴油达到浊点时虽未失去流动性，但易造成油路堵塞。

浊点的测定标准是 GB/T 6986—2014《石油产品浊点测定法》。

（3）冷滤点 冷滤点是指在规定条件下，在 1960Pa 真空压力下进行抽吸，使试油通过过滤器（363 目）1min 不足 20ML 的最高温度。目前，国内外都广泛采用冷滤点代替凝点评价柴油的低温流动性，因为冷滤点与柴油实际使用的温度有良好的对应关系，可作为根据气温选用柴油牌号的依据。

柴油冷滤点的测定标准是 SH/T 0248—2006《柴油和民用取暖油冷滤点测定法》。

3. 良好的雾化和蒸发性

柴油的雾化和蒸发性是指以液态转化为气态的性能。蒸发性好、柴油机起动性能就好，燃烧完全，不易稀释润滑油，油耗较低，积炭少，排烟也较少；如果蒸发性过高，会影响储运及使用安全性，发动机工作容易粗暴。柴油机的雾化和蒸发性是由运动黏度、馏程、闪点和密度四个指标来衡量评价的。

（1）运动黏度　运动黏度表示液体在重力作用下流动时内摩擦力的量度，是表示柴油稀稠程度的一项指标。柴油的黏度越大，雾化就越差，燃烧不完全，排气冒黑烟，油耗增大。因此，黏度越大柴油的供应量就越大。柴油黏度过小，喷射行程短，就会降低高压喷油泵中套筒和柱塞精密偶件的润滑，使磨损加剧。因此，柴油的黏度要适宜，不宜过大或过小。此外，柴油黏度受温度的影响，随温度的高低而变化。

（2）馏程　馏程表示油品在规定的条件下，蒸馏所得的初馏点和终馏点间的温度范围。柴油的馏程采用50%馏出温度、90%馏出温度和95%馏出温度来衡量。柴油的50%蒸发温度越低，说明柴油轻质馏分越多，起动性能越好；90%馏出温度和95%馏出温度越低，说明柴油轻质馏分越多，燃烧越彻底，动力性越好，还可以减少机械磨损，避免柴油机过热和降低油耗。

柴油的馏程的测定标准是GB/T 6536—2010《石油产品常压蒸馏特性测定法》。

（3）闪点　闪点是指柴油在规定条件下加热，其蒸气与周围空气形成的混合气接触火焰发生瞬间闪火时的最低温度。闪点不仅是柴油的蒸发性指标，还是柴油使用安全性的指标。闪点低，柴油的蒸发性好，但过低会引起柴油机工作粗暴。

柴油闪点的测定标准是GB/T 261—2008《闪点的测定 宾斯基-马丁闭口杯法》。

（4）密度　柴油密度越大，黏度就越大，雾化质量就越差，无法形成良好的混合气，使燃烧条件变差，排气管冒黑烟，耗油量增加，经济性下降。柴油密度大，会导致柴油机工作中产生粗暴现象。

4. 良好的抗腐蚀性

柴油的腐蚀性是指硫分、酸分、水溶性酸或碱对金属材料的破坏作用，尤以硫分腐蚀影响最大。柴油中的硫化物燃烧后生成SO_2和SO_3，它们与水蒸气作用生成亚硫酸和硫酸，并在气缸内壁形成一层含酸80%的薄膜，使气缸活塞组零件产生腐蚀磨损。

5. 良好的清洁性

柴油的清洁性用灰分、机械杂质和水分等指标评定。灰分是指柴油中不能燃烧的矿物质，呈粒状，质硬，它是造成气缸壁与活塞环磨损的重要原因之一。机械杂质会造成供油系偶件的卡死，喷油器喷孔的堵塞；水分会降低柴油发热量，冬季结冰堵塞油路，并增加硫化物对零件的腐蚀作用，还能溶解可溶性的盐类，使灰分增大。

三、柴油的牌号

柴油的牌号是按其凝点的高低来划分的，共分为7种规格的牌号。

1. 我国柴油的规格和牌号

我国目前柴油标准采用GB 252—2015《普通柴油》，柴油的牌号按凝点分为5号、0号、−10号、−20号、−35号、−50号6种。凝点分别不高于5℃、0℃、−10℃、−20℃、−35℃、−50℃，其质量指标见表5-7。

2. 柴油牌号的选用

柴油牌号的选用原则是：

1）按所在地区季节气温来选用。为了保证发动机燃料在最低温下正常供应，不发生凝固而失去流动性，造成油道堵塞，所选柴油牌号（凝点）要比当地当月最低气温还低 5 ~ 7℃，气温高选用高凝点牌号油，气温低选用低凝点牌号油。高温地区若选低凝点柴油，会造成使用成本升高。

表 5-7 普通柴油质量指标

项 目		质量指标						试验方法
		5 号	0 号	−10 号	−20 号	−35 号	−50 号	
色度/号				3.5				GB/T 6540
氧化安定性（以总不溶物计）/（mg/100mL）	不大于			2.5				SH/T 0175
硫含量/（mg/kg）	不大于		350（2017 年 6 月 30 日以前）50（2017 年 7 月 1 日开始）10（2018 年 1 月 1 日开始）					GB/T 380
酸度（KOH）/（mg/100mL）	不大于			7				GB/T 258
10% 蒸余物残炭（质量分数）（%）	不大于			0.3				GB/T 268
灰分（质量分数）（%）	不大于			0.01				GB 508
铜片腐蚀（50℃,3h）/级	不大于			1				GB 5096
水分（体积分数）（%）	不大于			痕迹				GB/T 260
机械杂质				无				GB/T 511
运动黏度（20℃）/（mm²/s）		3.0 ~ 8.0			2.5 ~ 8.0	1.8 ~ 7.0		GB/T 265
凝点/℃	不高于	5	0	−10	−20	−35	−50	GB/T 510
冷滤点/℃	不高于	8	4	−5	−14	−29	−44	SH/T 0248
闪点（闭口）/℃	不低于		55			45		GB/T 261
着火性（应满足下列要求之一）十六烷值十六烷指数	不小于不小于			4543				GB/T 386SH/T 0694
馏程：50% 蒸发温度/℃90% 蒸发温度/℃90% 蒸发温度/℃	不高于不高于不高于			300355365				GB/T 6536
密度（20℃）/（kg/m³）				报告				GB/T 1884GB/T 1885

因为低凝点柴油价格较高，例如 35 号柴油的价格是 10 号柴油的 2 倍。为了充分利用资源与降低成本，不同牌号的柴油可以掺兑使用，例如，将 50% 的 0 号与 50% 的 −10 号柴油混合，其凝点为 −4 ~ −5℃，适合于冬天最低气温在 0℃ 以下、−3℃ 以上的地区使用。

2）对照当地当月风险率为 10% 的最低气温选油。为了安全起见，GB 252—2011 规定了部分地区风险率为 10% 的最低气温（表 5-8）。各地风险率是由全国 152 个气象台从 1961 ~ 1980 年共 20 年逐日最低气温记录整理出来的。风险率为 10% 的最低气温反映最低气温低于该值的概率为10%。以河北省为例，一月份内风险率为10%的最低气温为–14℃，指一个月30天计算，可能有3~4天气温低于–14℃。各地选用车用柴油可参考表5-9。

表5-8 部分地区风险率为10%的最低气温（GB 252—2015） （单位:℃）

	1月	2月	3月	4月	5月	6月	7月	8月	9月	10月	11月	12月
河北省	–14	–13	–5	1	8	14	19	17	9	1	–16	–12
山西省	–17	–16	–8	–1	5	11	15	13	6	–2	–9	–16
内蒙古自治区	–43	–42	–35	–21	–7	–1	1	1	–8	–19	–32	–41
黑龙江省	–44	–42	–35	–20	–6	1	7	1	–6	–20	–35	–43
吉林省	–29	–27	–17	–6	1	8	14	12	2	–6	–17	–26
辽宁省	–23	–21	–12	–1	6	12	18	15	6	2	–12	–20
山东省	–12	–12	–5	2	8	14	19	18	11	4	–4	–10
江苏省	–10	–9	–3	3	11	15	20	20	12	5	–2	–8
安徽省	–7	–7	–1	5	12	18	20	20	14	7	0	–6
浙江省	–4	–3	1	6	13	17	22	21	15	8	2	–3

表5-9 普通柴油牌号推荐表

牌号	适用地区季节	适用最低气温/℃
10 号	全国各地6~8月和长江以南4~9月	12
0 号	全国各地4~9月和长江以南冬季	3
–10 号	长江以南地区冬季和长江以南地区严冬	–7
–20 号	长城以北地区冬季和长城以南黄河以北地区严冬	–17
–35 号	东北和西北地区严冬	–32
–50 号	东北的漠河（黑龙江北部）和新疆的阿尔泰地区严冬	–45

四、柴油使用注意事项

柴油使用应注意以下几点：

1）柴油加入油箱前，要充分沉淀（不少于48h）；然后用麂皮、绸布或细布仔细过滤，除去杂质。

2）在寒冷地区，缺乏低凝点柴油时，可向高凝点轻柴油中掺入10%~40%裂化煤油以降低凝点，掺兑后应注意拌均匀。

3）严禁向柴油中掺入汽油，因为汽油发火性差，掺汽油会导致起动困难，甚至不能起动。

4）在低温起动困难时，可采用适当的预热措施，提高发动机温度，也可另用起动燃料帮助起动。例如用乙醚与航空煤油按体积1:1配成的燃料很容易自行着火。

*第三节　汽车新能源

汽车是石油产品的主要消耗者，据统计全世界的石油产品约46%被汽车消耗。据预测石油资源只能供给全世界使用到2040～2050年。由于常规能源的不断减少和污染环境，今后世界的能源发展战略是减少对石化资源的依赖，寻求新能源，建立一个再生的、干净的、持久的能源体系，使目前的能源结构向新的能源结构过渡，减少对石油资源的依赖，开发汽车新能源已成为现代汽车技术发展的重要课题。

新能源汽车是指除汽油、柴油发动机之外的其他能源汽车。开发、使用污染小且有一定发展前景的清洁代用燃料已成为世界各大汽车公司竞争热点。21世纪汽车的新型清洁能源主要是电能、氢气、天然气、液化石油气、醇类燃料、生物燃料等等。它们之所以被称为清洁能源，是由于它们的相对分子质量比汽油、柴油小得多，对燃料和空气的混合、燃烧、抑制炭烟都有利。采用这类气体或液体代用燃料代替汽油、柴油作为汽车用燃料，其尾气排放CO、HC、CO_2等污染比汽油、柴油低得多。此外，醇类燃料含氧，还可促使燃料燃烧更完全，燃烧温度降低，使NO_x排放量减少。

1. 电能

电能具有对环境污染小、利用率高、成本低、使用方便等优点，用电能作为汽车的动力能源有很大的发展前景。电能的来源可以是风能、水能、硫能、热能、太阳能等多种方式，它是非常有发展前景的新能源。

蓄电池是制约电动汽车发展的最大因素。常用的蓄电池有铅酸电池、镉镍电池、氢镍电池、锂电池及燃料电池。目前大约有90%的电动汽车用的都是铅酸电池。铅酸电池技术比较成熟，比功率较大，寿命为800～1000次，成本较低，但是比能低、快速充电技术还不成熟，但在未来几年仍是电动汽车的主流电池。

2. 天然气

天然气以其丰富的自然资源和低排放性能受到各国的普遍重视，目前，天然气在汽车上应用的主要形式是压缩天然气（CNG）。

天然气汽车具有排放低、燃料经济好等优点，但也有缺点，如动力性低，燃料容器耐压性、密封性等要求高，加气站建设投资大等。

天然气汽车分为常态天然气汽车、液化天然气汽车和压缩天然气汽车。常态天然气汽车已经被淘汰。液化天然气汽车是将天然气液化后装在特制的钢瓶内供发动机使用，优点是液化后比气态密度高，在车上携带方便，但其液化工艺复杂，国外有少量的改装液化天然气汽车。压缩天然气汽车是将天然气以25MPa的压力充入钢瓶中供发动机使用。

天然气汽车大部分是在汽油机或柴油机的基础上改造而成的两用燃料汽车。目前广泛使用的压缩天然气汽车（CNGV），按燃料供给系统分类可分为三种：纯CNG汽车、两用燃料（CNG和汽油）汽车以及双燃料（CNG和柴油）汽车。

3. 液化石油气（LPG）

LPG具有燃烧完全、积炭少、排放污染物低等优点，被人们普遍称为"清洁燃料"，它是在汽车中发展得最快的新能源。液化石油汽车主要包括纯液化石油气汽车、LPG—汽油两用燃料汽车以及LPG—柴油双燃料汽车。目前，对于加气站不足的地区，还不具备发展纯

LPG汽车的条件。因结构复杂，改造工作量大，发展也缓慢，大多数国家仍以发展液化石油气—汽油两用燃料汽车和液化石油气—柴油双燃料汽车为主。

4. 醇类燃料

醇类燃料主要是指甲醇和乙醇，其原料极其丰富，生产工艺成熟，排放污染低。甲醇及乙醇的理化及燃烧性能较好地适应汽车使用的要求。醇类燃料汽车发展较早，到目前为止，在技术方面和成本方面醇类汽车已达到实用阶段。1995年，美国加州已有12700辆甲醇汽车投入使用。巴西汽车中30%以上是乙醇汽车。

5. 氢燃料

氢气的来源主要是从水中通过裂解制取，或者来源于各种工业副产品。虽然氢气本身的天然储量不大，但作为氢的来源水资源都十分丰富，而且氢燃烧后生成物质是水、能形成资源的快速循环。氢气作为汽车用燃料的主要优点是热效率高，燃油经济性好。

目前氢气汽车还处于研究探索阶段，真正应用的很少。但随着石油资源的减少和人类科技的不断进步，氢气汽车的前景十分光明。各发达国家都不惜财力和人力进行研究，以备未来其他能源耗尽时起主导作用。

6. 生物燃料

使用矿物燃料的汽车排放出有害物质，其中二氧化碳及甲醇等还有"温室效应"，对人类生活的环境产生的负面影响日益明显，自然灾害将会日益增多。生物燃料是可再生资源，可靠用之不竭的太阳能生长出来，使用生物燃料后的一些有害排放物比矿物燃料低。生物在生长时从大气吸收二氧化碳，使用生物燃料不会增加大气中的二氧化碳，生物燃料的研究开发和应用日益受到重视。

由于多数生物燃料的性质与柴油较接近，它们的生产与农业有关，所以主要在柴油机上进行研究与应用，但也用于汽油机，在发动机中既有使用纯生物燃料的，也有和汽油、柴油及醇类混合使用的，目前已有使用经过甲醇处理的生物燃料酯的汽车。

各类新能源汽车类型比较见表5-10。

表5-10　新能源汽车类型的比较

新能源汽车	优　　点	缺　　点	现状及前景
电动汽车	1. 电源来源方式多 2. 直接污染及噪声小 3. 结构简单，维修方便	1. 蓄电池能量密度小，汽车续驶里程短，动力性差 2. 电池质量大，寿命短，价格高 3. 蓄电池充电时间长 4. 电池制造和处理存在污染	已有较成熟的研究成果，在很多车型上得到应用，推广使用还需一定时间，但有希望成为未来汽车主流
氢气汽车	1. 不产生有害气体 2. 氢的热值高	1. 氢气生产成本高 2. 气态氢能量密度小且储运不方便，液态氢技术难度大、成本高 3. 需要开发专用的发动机	仍处于基础研究阶段，但有希望成为未来汽车的重要组成部分，前景难以预测
甲醇（乙醇）汽车	1. 甲醇、乙醇可以利用生物、煤炭制取，来源长期有保障 2. 储运方便 3. 辛烷值较高	1. 甲醇毒性大，而且对金属和橡胶件有腐蚀作用 2. 污染较大，与汽油相当 3. 成本较高	目前世界有相当数量的汽车燃烧甲醇（乙醇）和汽油的混合燃料，发展缓慢，可以作为能源的补充，在某些国家和地区可保持较大的比例

（续）

新能源汽车	优 点	缺 点	现状及前景
天然气汽车	1. 天然气资源丰富，在今后相当长的时间内有充足的保障 2. 污染很小 3. 天然气辛烷值高 4. 天然气价格高 5. 技术成熟	1. 天然气是非再生能源，不能作根本性的替代能源 2. 天然气储运不方便 3. 新建加气站网络投资大 4. 气态天然气能量密度大 5. 汽车采用天然气会降低动力性 6. 单烧天然气时必须设计专门发动机	在许多国家已获得广泛使用并被大力推广，世界上已经有约150万辆燃用天然气汽车，在21世纪将成为汽车的主流之一
液化石油气汽车	1. 污染小 2. 储运比较 3. 技术成熟 4. 液化石油气辛烷值较高	1. 液化石油气是非再生源且资源没有天然气丰富 2. 汽车动力性有所下降 3. 单烧液化石油气时最好设计专门的发动机	目前世界上液化石油气汽车的保有量达350万辆，是21世纪汽车的主流之一

　　除此之外，各国还正在研究其他代用燃料。例如，英国正在试制一种以水作为燃料的发动机。这种水燃料发动机的工作原理是在发动机燃料管中装一个铝制转子，并将铝线一端插入水中，另一端引向转子。当在铝线和转子间通电时，铝线在水中放电，使水分解成氢气和氧气，随后，气体进入燃烧室，气体燃烧后产生驱动力。

　　美国华盛顿大学的研究人员已经研究开发出一套空气发动机技术来推动汽车。空气发动机汽车原理并不复杂，它是将空气中的氮气分离，经过 –160℃ 的低温液化，液体氮气便成为空气发动机的燃料。空气发动机装有类似汽车散热器的热能交换器，当液体氮气经过热能交换器时，便会遇热迅速汽化，容积在瞬间膨胀达700倍。氮气在膨胀时便可推动空气发动机内的活塞，原理犹如汽油燃烧时产生的爆炸作用。研究人员认为，空气发动机汽车比电动汽车更具有环保优势，氮气取自大气层，不含毒性，其生产成本比提炼汽油还便宜。

　　还有正在开发的冰合天然气，其学名为甲烷氢氧化物（Methane Hydrated），也称可燃冰，是一种最干净的天然燃料，它是沉积在海底的透明结晶物。冰合天然气大量囤储在大陆板块边缘地带的海底有机沉积物中，其构成来自甲烷分子被炼结的封闭水，加上深海的低温和高压，使这些气体逐渐变成冰一样的物质。科学家指出，商业上可能是以液态气体形成首次使用冰合天然气，一旦新能源的需求量大，最快可能在近年就会展开大规模的商业开采，但开采与否仍需视天然气的价格而定。不过，冰合天然气的相关研究仍在萌芽阶段，而且科学家担心冰合天然气燃烧前就会释放到空气中，成为导致温室效应的帮凶，故冰合天然气能否推广应用仍是未知数。

　　我国研制开发的纳米汽油是纳米技术在汽车上的又一个具体应用。纳米汽油具有节约燃油、降低污染、改善车辆性能等特点。据实验认定，汽油中加入纳米级微乳化剂即为纳米汽油，油耗可以降低 10% ~20%，动力性能提高 25%，尾气排放污染物（浮碳、碳氢化合物等）降低 50% ~80%。另外，还可以清洗积炭，提高汽油的综合性能，既节约能源又减少污染。纳米汽油同普通汽油的比较见表5-11。

155

表 5-11 普通汽油与纳米汽油的效益比较

车型	普 通 汽 油			纳 米 汽 油			节油率 /%
	行车里程/ km	耗油量/ L	平均百公里油耗/L	行车里程/ km	耗油量/ L	平均百公里油耗/L	
桑塔纳	426	38	8.92	470	38	8.07	9.5
奥迪	409	38	9.29	508	38	7.48	19.5

能 力 测 试

一、填空题

1. 石油常压蒸馏所得到的不同成分的馏分温度范围是：汽油 _____℃；煤油 _____℃；柴油 _____℃；重油 _____℃以上。

2. 评定汽油蒸发性能的指标有 _____ 和 _____ 两个。

3. 提高汽油辛烷值的方法有 _____ 和 _____ ，测定汽油辛烷值的方法有 _____ 和 _____ 。

4. 国产汽油牌号有 _____ 、 _____ 和 _____ 。

5. 评定柴油燃烧性能的指标是 _____ ，评定其蒸发性能的指标是 _____ 和 _____ 。

6. 柴油的黏度和柴油的 _____ 、 _____ 、 _____ 及 _____ 有很大的关系。

7. 国产轻柴油的牌号有 _____ 、 _____ 、 _____ 、 _____ 、 _____ 和 _____ 六种。

8. 气体燃料作为汽车的代用燃料，目前有 _____ 、 _____ 、 _____ 和 _____ ，其中尤以 _____ 和 _____ 开发研制最为突出。

二、选择题

1. 评定汽油抗爆性能的指标是（ 　　 ）。

A. 十六烷值　　　　　 B. 辛烷值　　　　　　 C. 压缩比

2. 汽油的牌号是依据（ 　　 ）来确定的。

A. 实际胶质　　　 B. 馏程　　　　 C. 压缩比　　　　 D. 辛烷值

3. 汽油选用的原则是以发动机工作时不发生（ 　　 ）为前提。

A. 飞车　　　　　 B. 爆燃　　　　 C. 表面燃烧　　　 D. 共振

4. 对柴油的十六烷值要求（ 　　 ）。

A. 越高越好　　　　 B. 越低越好　　　 C. 适宜（40～60）

5. 柴油的低温流动性用（ 　　 ）来评定。

A. 黏度　　　　　 B. 凝点　　　　 C. 闪点　　　　　 D. 水分

6. 选用轻柴油是依据（ 　　 ）来确定。

A. 地区和季节的气温高低　　 B. 十六烷值　　　 C. 凝点

三、判断题（正确的打"√"，错误的打"×"）

1. 和汽油相比，柴油的馏分轻、自燃点高，黏度和相对密度小。　　　　　　（　　）

2. 汽油中的乙基液越多，其辛烷值越高。　　　　　　　　　　　　　　　（　　）

3. 汽油的50%馏出温度是表示汽油的平均蒸发性，它和发动机气阻及燃烧的完全程度有很大的关系。　　　　　　　　　　　　　　　　　　　　　　　　　　　（　　）

4. 汽油的蒸发性过强，容易使燃油系统产生气阻。　　　　　　　　　　　（　　）

5. 汽油的辛烷值越高，抗爆性越差。　　　　　　　　　　　　　　　　　（　　）

6. 原用高牌号汽油的发动机改用低牌号汽油时，应把点火角度适当提前。　（　　）

7. 柴油的十六烷值越高，其燃烧性越好。　　　　　　　　　　　　　　　（　　）

8. 通常选用柴油时，要求其凝点比环境气温低3~5℃。　　　　　　　　　（　　）

9. 不同牌号的柴油可混合使用，且能改变其凝点，如-10号和-20号柴油各50%混合使用，其凝点为-15℃。　　　　　　　　　　　　　　　　　　　　　　　　　（　　）

10. 电动汽车的最大缺点是比能低，汽车持续行驶里程短，动力性差，成本高。（　　）

四、简答题

1. 汽油的主要使用性能有哪些？

2. 什么是汽油的辛烷值？

3. 简述车用柴油的主要使用性能。

4. 柴油牌号正确选用原则是什么？

5. 目前正在研究的汽车代用燃料有哪些？

汽车用润滑材料

本章导入

根据使用和实验统计，汽车零部件的主要失效形式是磨损，磨损型的故障约占汽车使用故障率的50%，由此带来的维修费用约占汽车使用总费用的25%，而且汽车燃料的热能中约有10.5%消耗在汽车的各种摩擦损失中。降低摩擦损失、减少磨损、延长车辆使用寿命的重要措施和有效途径就是润滑。汽车润滑材料主要包括发动机润滑油、车辆齿轮油和汽车润滑脂等。由于汽车可运行的地域辽阔，各地的条件相差很大，对汽车润滑材料的性能要求很高。同时，对润滑材料的使用和选用也有严格的规定。

本章着重介绍发动机润滑油、车辆齿轮油、汽车润滑脂的分类、特性和常见品种。

教学目标

1. 能力目标

1）能够根据汽车具体使用条件正确选择汽车用润滑油，进行正确更换。

2）能够根据汽车具体使用条件正确选择车辆齿轮油，进行正确更换。

3）能考虑汽车具体使用条件正确选择、合理使用汽车润滑脂。

2. 知识目标

1）了解发动机润滑油的性能指标、分类和规格。

2）了解车辆齿轮油的使用性能、分类和规格。

3）了解汽车润滑脂的性能指标、分类及常用品种。

第一节　发动机润滑油

用来润滑汽车发动机各摩擦部件的润滑油，称为汽车发动机润滑油，简称机油。它是以精制的矿物油、合成油为基础，加入金属清净剂、无灰分散剂、抗氧抗腐剂、黏度指数改进剂、降凝剂、消泡剂、缓蚀剂等各种添加剂而制成的，是车用润滑油中用量最大、性能要求较高、品种规格繁多、工作条件异常苛刻的一种油品。

随着汽车的使用范围扩大和档次的提高，要求汽车发动机润滑油不仅质量要高，而且要有多种功能。因此，在汽车润滑油的使用中，要根据发动机的性能、结构，并结合使用条件来正确选用。这样不仅能减少磨损，延长机器寿命，还能节约燃料。图6-1所示为上海桑塔纳轿车发动机润滑系统示意图。

一、发动机润滑油的作用

由于汽车发动机工作时，零件间以很小的间隙作高速运动，如果没有良好的润滑，剧烈的摩擦将会造成机件迅速磨损，高温还会使相对运动的零件产生热膨胀，出现零件间配合间隙消失，减摩合金熔化、黏结，活塞环卡缸等不良现象。为了避免这些不必要的损伤，发动机除了需设置冷却系统外，还需设置润滑系统。润滑油的主要作用是对摩擦机件（曲轴、连杆、活塞、气缸壁、凸轮轴、气门）间进行润滑。除此以外，性能优良的发动机润滑油还应具有冷却、洗涤、密封、防锈和消除冲击载荷的作用。

1. 润滑作用

发动机润滑油进入高速运转的金属摩擦面之间（如活塞、活塞环和气缸壁，连杆大头和曲轴颈等）形成一层保持一定黏度和厚度的油膜，避免金属面接触摩擦造成磨损加剧，同时能够减少摩擦损失，节省能量。

2. 清洁作用

发动机工作时，自然通风中空气带来的尘土、燃烧后形成的积炭、润滑油因氧化形成的胶质、机件间摩擦产生的金属杂质等结合在一起就形成了油泥。流动的润滑油可以起到洗涤和清除的作用，把摩擦面上的脏、杂物带走，送到油底壳中，再通过机油滤清器将这些脏杂物截留在滤清器中，而干净的润滑油又继续进行其洗涤等作用。如此往复循环，即可使机件保持清洁及正常运转。

3. 冷却作用

为了保证发动机正常工作，发动机的工作温度必须控制在允许的范围内，否则，发动机会因温度过高而损坏。如转速为4000r/min的发动机允许工作温度为80～90℃；转速为6000r/min的发

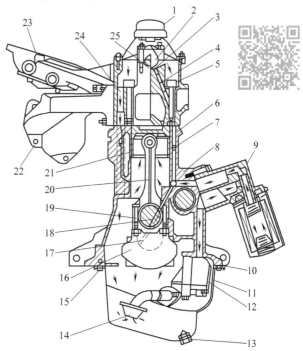

图6-1　上海桑塔纳轿车发动机润滑系统示意图

1—加机油口　2—凸轮　3—量孔　4—气缸盖主油道　5—气
缸盖螺柱　6—气缸体　7—气缸体油道　8—气缸体主油道
9—机油滤清器　10—密封垫　11—油底壳　12—机油泵
13—放油螺塞　14—机油集滤器　15—螺栓　16—曲轴
17、18—油道　19—连杆　20—连杆油道　21—活塞
22—排气管　23—进气管　24—气缸盖上回油道
25—气缸盖油道

动机允许工作温度为88～105℃。因此，发动机中不论是来自燃料的燃烧还是来自金属件的摩擦产生的热量都必须通过冷却系统和润滑系统将热量排出机体外。润滑油具有不断地从气缸、活塞、曲轴等摩擦表面上吸收热量并把它传导到其他温度较低零件上的作用，从而使一部分热量消散在油底壳中。运动的金属件也因为有润滑油的保护，不会发生高温熔化和摩擦焊接的现象。

4. 密封作用

发动机润滑油工作时会填满活塞与气缸壁间的间隙，形成油封，可起到良好的密封作用，达到不漏气的目的，从而保证了发动机正常的输出功率，也阻止了废气向下窜入曲轴箱，产生"窜气"现象，污染润滑油。因此，优质的发动机润滑油在活塞往复运动时能够充满间隙和凹凸不平处，起到良好的密封作用。

5. 防锈作用

发动机运转和存放时，普通发动机润滑油中会混进水分，燃烧产生的大量的酸性气体也会窜入曲轴箱中，对发动机机件产生腐蚀作用，造成发动机提前损坏。加有缓蚀剂的发动机润滑油能紧紧吸附在金属的表面，防止水及酸性气体的接近，起到了防锈作用。

6. 消除冲击载荷作用

发动机润滑油能够帮助轴承和发动机零件消除冲击载荷。在气缸中混合气燃烧时，气缸压力急剧上升，巨大的压力会突然加到活塞、活塞销、连杆、曲轴的轴承上，此时，轴承间隙里的润滑油会承受一定冲击载荷起到缓冲作用。

二、发动机润滑油的主要性能指标

发动机润滑油的工作条件十分恶劣，它经常与发动机的高温、高压机件接触，所经受的环境温度变化较大，气缸内最高温差可达300℃，曲轴箱内低温差为80~90℃。另外，发动机润滑油还要遭受水汽、酸性物质、灰尘微粒和金属杂质的侵扰，必须具备优良的性能才能在这种苛刻的条件下工作。发动机润滑油的性能可用黏度、黏温性能、腐蚀性、清净分散性、抗氧化安定性、热氧化安定性、抗磨性能及其他一系列指标来衡量。

1. 适当的黏度

黏度是指液体受到外力作用产生移动，液体分子间产生内摩擦力时表现出的性质。通俗说，黏度就是液体的稠稀程度。

黏度是发动机润滑油的重要性能指标。它是润滑油分类的依据，也是选用润滑油的主要依据。

一方面，发动机润滑油必需足够的稀，以便能顺利进入运动零件之间的间隙；另一方面，又要求足够的稠，以便能承受一定的载荷。发动机润滑油太稀，就不能形成油膜，失去润滑功能；太稠则阻力太大，增加功率损失。根据流体动压润滑理论计算和实验证明，发动机使用的润滑油，其100℃运动黏度以100mm²/s 左右为宜，黏度指数应在90以上。润滑油的黏度受温度的影响较大，所以在其使用过程中，应考虑其工作环境温度，以便选用适当黏度的品种。

2. 良好的黏温性

黏温性能指发动机润滑油的黏度随发动机工作温度的变化而改变的性能。

对于发动机润滑油来讲，黏温性是一项重要指标。当发动机工作温度升高时，发动机润滑油的黏度会降低。黏度太小，润滑油膜容易破坏，密封作用不好，润滑油消耗增加，同时还导致发动机部件磨损；反之，当发动机工作温度降低时，发动机润滑油黏度会增大，流动性不好，使发动机起动后不易形成油膜，摩擦金属表面长时间得不到充分润滑，发动机部分磨损加剧。

润滑油在发动机润滑部位的工作温度差别特别大。例如，活塞环处温度为205～300℃时，活塞裙部温度为110～115℃，主轴承处温度为85～95℃；在寒冷的冬季，如果将车停在室外，曲轴箱里的润滑油温度会降至与大气温度一样低。由此可知，发动机要求润滑油在高温部件上工作时能保持一定的黏度，形成一定厚度的油膜，起到良好的润滑作用；在低温时，黏度不能变得太大，以免造成发动机冬季起动困难。

3. 较好的抗腐蚀性

发动机润滑油腐蚀性表示润滑油长期使用后对发动机机件的腐蚀程度。

无论润滑油的品质多么好，在发动机高温、高压和有水分的工作条件下，也会逐渐老化。润滑油中的抗氧化剂也只能起到抑制、延缓油料的氧化过程，减少氧化产物，但不能从根本上消除润滑油的老化。造成润滑油老化的主要原因是润滑油氧化后产生无机酸，无机酸虽然属于弱酸，但在高温、高压和有水的环境下也会对一些金属造成腐蚀。因此，在润滑油中加有各种抗腐、抗氧添加剂，可抑制、延缓润滑油的氧化过程，减少氧化物产生。

4. 良好的清净分散性

清净分散性是指发动机润滑油中的活性剂与无灰分散剂抑制油泥、漆膜和积炭的生成，或将它们清除的能力。

积炭是指积聚在气缸盖、火花塞、喷油器、活塞顶等高温区域有一定厚度的固体炭状物；漆膜是一种坚固的、有光泽的漆状薄膜，主要产生在活塞环区和活塞裙部，漆膜主要是烃类物质在高温和金属的催化作用下，经氧化、聚合生成的胶质、沥青质等高分子聚合物；油泥是一种比较稳定的油水乳状体与多种杂质的凝聚物，属于低温沉积物。在城市中，行驶的汽车时停时开，发动机长时间处于低温条件下运行，易在油底壳中产生油泥。

清净分散性能良好的润滑油能使这些氧化物悬浮在油中，通过机油滤清器将其滤掉，从而减少发动机气缸壁、活塞及活塞环等部件上的沉积物，防止由于机件过热烧坏活塞环引起的气缸密封不严、发动机功率下降、油耗增加等故障。

5. 较强的抗氧化安定性

润滑油都应具有抗氧化能力，这种能力称为抗氧化安定性。

润滑油在使用和储存过程中，一旦与空气接触，在条件适当情况下便会发生化学反应，产生诸如酸类、胶质等氧化物。氧化物集聚在润滑油中会使其颜色变暗、黏度增加、酸性增大。

现代润滑油主要通过三个方面来提高其抗氧化性能：改进炼制工艺，从润滑油中除去能产生漆膜的物质；加入抗氧化剂，阻止或延缓发动机部件的氧化过程；选用清净分散剂，在很大程度上减少胶质和漆状胶质在发动机部件上的沉积。

6. 较好的热氧化安定性

润滑油的热氧化安定性是指润滑油在发动机机件上形成油膜，油膜在高温和氧化作用下，抵抗漆膜产生的能力。润滑油的热氧化安定性差，使用时很快就会生成漆膜，不利于热传导和润滑。

7. 良好的抗磨性和润滑性

抗磨性指润滑油能够有效阻止或延缓发动机部件摩擦现象发生的特性。

如果发动机负荷增大时油膜被破坏，就会造成各部件之间的干摩擦，引起摩擦表面磨损，甚至出现烧结。在润滑油中加入适量的抗磨添加剂后，润滑油便具有了很强的抗磨性能，能够保证发动机各部件得到可靠润滑，避免或减少机件磨损。影响润滑油抗磨性能的主要因素是在发动机工作条件下，润滑油在金属表面保持油膜的能力。

三、发动机润滑油的分类、规格和牌号

1. 发动机润滑油的分类

发动机润滑油的分类多采用黏度分类法和性能分类法两种。国际上广泛采用美国汽车工程师协会（SAE）的黏度分类法和美国石油协会（API）的使用性能分类法。

（1）SAE黏度分类法 SAE黏度分类法是目前应用最广泛的分类方法。润滑油牌号中的数字表示其黏度等级。根据适用范围不同，润滑油分为单级油和多级油。

1）单级油黏度分类。如果润滑油的低温性能各项指标和100℃运动黏度仅满足冬用润滑油或夏用润滑油黏度分级之一者，称为单级油，见表6-1。根据适用温度的不同，单级油分为单级冬季润滑油和单级夏季润滑油。

表6-1 SAE单级油黏度分类

黏 度 号	黏 度 范 围			
	动力黏度（-18℃）/MPa·s		运动黏度（100℃）/mm²·s⁻¹	
	最 小	最 大	最 小	最 大
5W	—	1250	3.8	—
10W	1250	2500	4.1	—
15W	2500	5000	—	—
20W	5000	10000	5.6	—
20	—	—	5.6	9.3
30	—	—	9.3	12.5
40	—	—	12.5	16.3
50	—	—	16.3	21.9

冬季用发动机润滑油的分类，规定用在-18℃所测定的黏度来分，共有0W、5W、10W、15W、20W、25W六个等级（W表示冬用）；在单级冬季用油中，符号W前的数字越小，说明其低温黏度越小，低温流动性越好，适用的最低气温越低。

例如，0W适合在-35℃地区使用，5W适合在-30℃地区使用，10W适合在-25℃地区使用，15W适合在-20℃地区使用，20W适合在-15℃地区使用，25W适合在-10℃地区使用。又如，0W的润滑油可以在地球上任何寒冷地区使用，10W的润滑油可以在北京的冬季使用，15W的润滑油可以在我国南方的冬季使用。

春秋和夏季用润滑油的分类，按100℃时的运动黏度分为20、30、40、50四个等级。其中，数字越大，其黏度越大，适用的最高气温越高。

2）多级油黏度分类。如果润滑油的低温性能各项指标和100℃运动黏度能同时满足冬、夏两种黏度分级要求的，称为多级油，见表6-2。

表 6-2　SAE 多级油黏度分类及黏度指数（摘录）

黏度级别	最高动力黏度 /Pa·s	最高动力黏度时的温度/℃	最大边界泵送时的温度/℃	运动黏度(100℃)/mm²·s⁻¹	
				最小	最大
5W/20	3.5	−25	−30	5.6	9.3
5W/30	3.5	−25	−30	9.3	12.5
5W/40	3.5	−25	−30	12.5	16.3
10W/20	3.5	−20	−25	7	9.3
10W/30	3.5	−20	−25	9.3	12.5
10W/40	3.5	−20	−25	12.5	16.3
15W/20	3.5	−15	−20	5.6	9.3
15W/30	3.5	−15	−20	9.3	12.5
15W/40	3.5	−15	−20	12.5	16.3
20W/20	4.5	−10	−15	7	9.3
20W/30	4.5	−10	−15	9.3	12.5
20W/40	4.5	−10	−15	12.5	16.3
25W/40	6	−5	−10	7	9.3

　　对于多级油来讲，其代表冬季用部分的数字越小，代表夏季部分的数字越大，说明其黏温特性越好，适用的气温范围越大。多级润滑油与气温的关系见表 6-3。常用的多级润滑油有：0W-40、5W-20、5W-30、5W-40、5W-50、10W-20、10W-30、10W-40、15W-20、15W-30、15W-40、15W-50、20W-20、20W-30、20W-40、25W-40 共 16 种。

表 6-3　SAE 多级油黏度与气温的关系

SAE 多级油黏度级号	0W-40	5W-30	10W-40	15W-20	20W-30	25W-40
适用温度/℃	−35～40	−30～30	−25～40	−20～20	−15～30	−10～40

　　（2）API 质量分类法　对油的质量分类，现在最常用的是 API 质量分类法，这类分类也称为性能分类法或使用分类法。该分类法用"S"代表汽油发动机润滑油，"C"代表柴油机润滑油。这两种系列按使用条件或油品质量水平又分成许多级别，这成为国内外最常用的发动机油等级分类的依据。

　　1）汽油发动机润滑油 S 系列。该系列发动机热负荷、机械负荷的大小、操作条件的缓和程度来分类。汽油机润滑油分为 SA、SB、SC、SD、SE、SF、SG、SH、GF-1、SJ、GF-2、SL 和 GF-3 十三个质量等级，后一级比前一级好。

　　2）柴油机润滑油 C 系列。该系列按发动机工作负荷、工作条件的苛刻程度、燃料的含硫及操作条件的缓和程度来分类。柴油机润滑油按用途和特性分为 CA、CB、CC、CD、CF、CF-4、CH-4 和 CI-4 八个质量等级，与汽油机润滑油一样，也是后一级比前一级好。

　　目前 SA、SB、SC、SD 级汽油润滑油和 CA、CB 级柴油润滑油标准已废除，这标志着我国已不再允许生产、销售和使用低档内燃机润滑油。

　　上述各类润滑油的特性和使用场合见表 6-4。

表6-4 发动机润滑油的级别、特性和使用场合

应用范围	品种代号	特 性 和 使 用 场 合
汽油机润滑油	SE	含有清净分散剂、抗氧化剂、消泡剂、抗腐蚀剂、缓蚀剂和抗磨剂等添加剂，此种油品的抗氧化性、控制汽油机高温和低温沉积物及抗磨损、抗锈蚀和抗腐蚀的性能优于 SC 和 SD，可取代 SC 和 SD 油品；适用于安装有符合欧洲Ⅰ号标准的开环控制电子燃油喷射系统发动机的轿车和某些载货汽车，也适用于国外 1971~1972 年型汽油机
	SF	抗氧化和抗磨损性能比 SE 级油更高，还具有控制汽油机沉积物、锈蚀和腐蚀的性能；适用于安装有符合欧洲Ⅱ号标准的开环和闭环控制电子燃油喷射系统发动机的轿车、轻型卡车和某些载货汽车，也适用于 1980~1987 年型进口车。由于该级机油里的磷和硫含量较高，会对尾气排放控制装置（三元催化器）造成严重损坏，到了 20 世纪 90 年代以后发达国家的汽车基本上不再使用 F 级的汽车机油
	SG	含有与 SF 级的汽车润滑油种类相同的添加剂，但其抗磨性较 SF 级高出 30% 左右，但润滑油里的磷和硫含量很低，对氧传感器和三元催化器破坏不明显；适用于安装有符合欧洲Ⅱ号标准的开环和闭环控制电子燃油喷射系统发动机的轿车、轻型卡车和某些载货汽车，也适用于 1990~1993 年型进口车
	SH	其质量在磨损、锈蚀及沉积物的控制和油的抗氧化性方面优于 SG。由于润滑油里的磷和硫含量很低，对氧传感器和三元催化器破坏比 SG 级低，适用于安装有符合欧洲Ⅱ号标准的开环和闭环控制电子燃油喷射系统发动机的轿车、轻型卡车和某些载货汽车，也适用于 1994~1995 年型进口车
	GF-1	性能比 SH 级油更高，润滑油里的磷和硫含量更低，对氧传感器和三元催化器破坏比 SH 级更低；适用于安装有符合欧洲Ⅲ号标准的开环和闭环控制电子燃油喷射系统发动机的轿车、轻型卡车和某些载货汽车，也适用于 1996~1997 年型进口车
	SJ	性能比 GF-1 级油更高。为了更有效地保护氧传感器和三元催化器，推荐用于安装有符合欧洲Ⅱ或Ⅲ号标准的开环和闭环控制电子燃油喷射系统发动机的轿车、轻型卡车和某些载货汽车，也适用于 1998~2000 年型进口车
	GF-2	性能比 SJ 级油更高，推荐用于安装有符合欧洲Ⅲ号标准的开环和闭环控制电子燃油喷射系统发动机的轿车、轻型卡车和某些载货汽车，也适用于 2001~2002 年型进口车
	SL	性能比 GF-2 级油更高，其质量对磨损、锈蚀及沉积物的控制和油的抗氧化性方面优于 GF-2；推荐用于安装有符合欧洲Ⅲ或Ⅳ号标准的开环和闭环控制电子燃油喷射系统发动机的轿车、轻型卡车和某些载货汽车，也适用于 2003~2004 年型进口车
	GF-3	含有与 SL 级的汽车机油种类相同的添加剂，但质量性能比 SL 级高；推荐用于安装有符合欧洲Ⅳ号标准的开环和闭环控制电子燃油喷射系统发动机的轿车、轻型卡车和某些载货汽车，也适用于 2004 年型以后的进口车
柴油机润滑油	CC	具有防止高低温沉积物、防锈和轴瓦抗腐蚀的能力。对汽油机具有控制锈蚀、腐蚀和高温沉积物的性能；适用于中、重等负荷条件下运行的非增压、低增压或增压式柴油机，以及工作条件苛刻（或热负荷高）的非增压的高速柴油机
	CD	用于需要高效控制磨损及沉积物，或使用包括高硫燃料非增压、低增压或增压式柴油机，以及国外要求使用 API CD 级油的柴油机；具有控制轴承腐蚀和高温沉积物的性能，并可代替 CC 级机油

（续）

应用范围	品种代号	特　性　和　使　用　场　合
柴油机润滑油	CF	适用于在低速高负荷和高速高负荷条件下运行的涡轮增压式四冲程柴油机，以及高效防止高、低温沉积物的形成，特别是新型的低排放发动机的使用；同时，也满足 CD 级润滑油性能要求
	CF-4	用于涡轮增压式高速四冲程柴油机，以及要求使用 API CF-4 油的柴油机；在油耗和活塞沉积物控制方面，性能优于 CF 并可代替 CF，此种油品特别适用于高速公路行驶的重负荷货车
	CH-4	具有严格控制高、低温沉积物和磨损，尤其是控制高烟怠速引起的黏度增加和配气机构磨损的能力，可增强发动机的动力；可有效降低摩擦因数，改善油耗，减少废气排放，利于环保；适用于要求使用 SJ 级及以下级别的汽油发动机和要求使用 CH-4 级及以下级别的涡轮增压四冲程柴油发动机的润滑
	CI-4	具有增强发动机动力，提高油品稳定持久性；减少发动机高低温起动时对各润滑部位的磨损，降低摩擦因数，有效改善油耗，减少废气排放，利于环保；优良的汽柴通用性能，适用于要求使用 SL 级及以下级别的汽油发动机和要求使用 CI-4 级及以下级别的高速四冲程柴油发动机的润滑

注：SA、SB、SC、SD、CA、CB 六个品种的标准已分别于 1996 年 8 月 1 日和 2007 年 1 月 1 日废除，不再生产使用。

2. 发动机润滑油的规格和牌号

（1）发动机润滑油的规格　近年来随着汽车技术的快速发展，汽车的内部配置越来越精密，发动机的工作条件越来越苛刻，对所使用润滑油的质量要求也越来越高。与之相适应，润滑油也在不断地升级，低级别的润滑油逐渐被级别高的润滑油替代。2006 年我国重新修订并颁布了新的汽油润滑油国家标准（GB 11121—2006），并于 2007 年 1 月 1 日正式实施，新标准将汽车润滑油分为 SE、SF、SG、SH、GF-1、SJ、GF-2、SL 和 GF-3 9 个汽油机油品种（表 6-5），废止了原标准中的 SC、SD 两个品种，并把原来 1995 年标准（GB/T 11121—1995《汽油机油》）中的 SG、SH、SJ 三个暂行企业标准规范为国家标准，同时增加了 GF-1、GF-2、SL 和 GF-3 四个油品。对于黏度等级的设置，GB/T 11121—1995《汽油机油》仅包括部分黏度牌号，新标准则基本覆盖了所有可能的应用要求，并取消 20/20W 黏度等级；同时规定 SG、SH、GF-1、SJ、GF-2、SL 和 GF-3 的 15W、20W 多级油的倾点分别为 −25℃和 −20℃。

表 6-5　汽油机油的使用性能级别及其黏度等级

汽油机的性能级别	SE、SF	SG、SH、GF-1、SJ、GF-2、SL、GF-3
黏度等级（按照国家标准 GB/T 11122—2006）	0W-20, 0W-30, 5W-20 5W-30, 5W-40, 5W-50 10W-30, 10W-40, 10W-50 15W-30, 15W-40, 15W-50 20W-40, 20W-50 30, 40, 50	0W-20, 0W-30, 5W-20, 5W-30, 5W-40, 5W-50 10W-30, 10W-40, 10W-50, 15W-30, 15W-40 15W-50, 20W-40, 20W-50 30, 40, 50

此外，国家标准 GB/T 11122—2006《柴油机油》在原来的 CC、CD 两个等级基础上新增了 CF、CF-4、CH-4 和 CI-4 四个级别的柴油机规格（表 6-6），且明确了 CF、CF-4、CH-4 和 CI-4 这四个质量等级的 15W 和 20W 多级油倾点分别为 −25℃和 −20℃。新标准对通用内燃机油品种不再作具体规定，通用内燃机油可根据需要在本标准所属 6 个柴油机油品种和所

属9个汽油机油品种中进行组合。任何一个通用内燃机油都应同时满足其汽油机油品种和柴油机油品种的所有指标要求。

表6-6 柴油机油的使用性能级别及其黏度等级

柴油机的性能级别	CC、CD	CF、CF-4、CH-4、CI-4
黏度等级 （按照国家标准 GB/T 11122—2006）	0W-20，0W-30，0W-40 5W-20，5W-30，5W-40，5W-50 10W-30，10W-40，10W-50 15W-30，15W-40，15W-50 20W-40，20W-50，20W-60 30，40，50，60	0W-20，0W-30，0W-40 5W-20，5W-30，5W-40，5W-50 10W-30，10W-40，10W-50 15W-30，15W-40，15W-50 20W-40，20W-50，20W-60 30，40，50，60

（2）发动机润滑油的牌号 每种发动机润滑油的包装桶上均标有一个代号，如SF10W-30 或 CD15W-40，这个代号是发动机润滑油的牌号，表示该润滑油的使用场合、黏度级别和质量等级。例如：牌号为SF10W-30、CD40、SF-CD15W-40 的润滑油表示的含义如下：

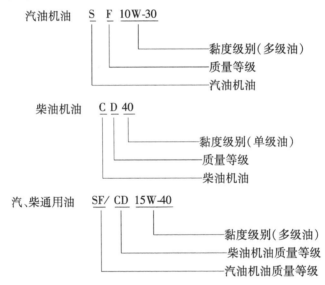

四、发动机润滑油的选择和使用

发动机润滑油是保证发动机正常工作的必要条件。如果选择不当，不仅影响发动机的使用性能，严重时还会导致发动机的突发故障，造成安全隐患。同理，选择了正确的润滑油，还要了解正确的使用方法；若使用不当，所选用的润滑油也将发挥不了应有的作用。

1. 汽油机润滑油的选择

汽油机润滑油的选择主要依据发动机的结构特点、作用条件、气候条件等，选择适当的润滑油的质量等级和黏度级别。首先，应根据发动机的结构性能和使用条件选择相应的润滑油质量等级，再根据使用地区的气温选择润滑油黏度级别。

对于有汽车使用说明书的用户，要依据说明书要求选取润滑油；若无使用说明书，汽油机汽车可以按照发动机设计年代、发动机的压缩比、曲轴箱是否安装正压通风装置（PCV）、是否安装废气循环装置（EGR）和催化转化器等条件选取润滑油。一般来说，若发动机装有 PCV 阀，要选用 SD 以上的汽油润滑油；若安装了废气循环装置（EGR），应选用 SE 级润滑油；若发动机装有催化转化器，用 SF 润滑油。近期进口车或引进技术生产的轿车多用 SF 级润滑油。按压缩比选用润滑油等级可见表 6-7。

表 6-7　汽油机相关参数与选用机油的关系

压缩比	发动机附设装置	可选用质量等级	说明
8 ~ 10	EGR 装置（废气循环）	SE	
>10	EGR 装置、废气催化转化器	SF、SG	无铅汽油
>10	涡轮增压装置、废气催化转化器	SF/CC、SG/CD、SH 及以上	无铅汽油

我国常用汽油机汽车选用润滑油等级见表 6-8。

表 6-8　我国常用汽/柴油机汽车选用润滑油等级

发动机类型	车　　型	行车里程 /(×10⁴km)	润滑油质量
汽油机	桑塔纳、红旗、捷达、富康、夏利和微型面包车以及要求使用 SF 以下级别的汽油发动机	1 ~ 1.5	SF
	奥迪、帕萨特、别克、宝来、雪佛兰、本田、丰田、尼桑、三菱、马自达以及要求使用 SG 以下级别的汽油发动机	1.5 ~ 2	SG
	奥迪、别克、雷克萨斯、奔驰、克莱斯勒、宝马以及要求使用 SJ 以下级别的汽油发动机	2 ~ 3	SJ
	保时捷、法拉利、雷克萨斯、奔驰、克莱斯勒、宝马以及要求使用 SL 以下级别的汽油发动机	3 ~ 4	SL
	保时捷、法拉利、奔驰、克莱斯勒、宝马以及要求使用 GF-3 以下级别的汽油发动机	4 ~ 5	GF-3
柴油机	日野、五十铃、依维客、福田、长城以及要求使用 CD 级别以下的柴油发动机	1 ~ 1.2	CD
	斯泰尔、豪沃、红岩、欧曼、五十铃、康明斯、MAN、沃尔沃、奔驰、现代、大宇金龙、宇通等重型货车、客车以及要求使用 CF-4 以下级别的等涡轮增压柴油发动机	1.5 ~ 2	CF-4
	斯泰尔、豪沃、红岩、欧曼、五十铃、康明斯、MAN、沃尔沃、奔驰、现代、大宇金龙、宇通等重型货车、客车以及要求使用 CH-4 以下级别的涡轮增压柴油发动机	2.5 ~ 3	CH-4
	奔驰、沃尔沃、现代、大宇、康明斯、MAN 等重型货车、客车以及要求使用 CL-4 以下级别的涡轮增压柴油发动机	3 ~ 4	CI-4

进口汽车可根据生产年限选择润滑油。对于美、英、法、意、日、德、加拿大等国家生产的汽车，可从其生产年代来判断应用润滑油的质量等级。1964 ~ 1967 年生产的汽油车用 SC 级润滑油；1968 ~ 1971 年出厂的汽车用 SD 级润滑油；1972 ~ 1980 年出厂的汽车用 SE 级

润滑油；1981～1986 年出厂的汽车用 SF 级润滑油；1987 年以后车用 SG 级润滑油。

选择汽油机润滑油的黏度主要根据发动机工作的环境温度。一般常以汽车使用地区的年最高和最低气温选择润滑油的黏度等级。如我国北方温度不低于 –15℃ 的地区，冬季用 SAE20、夏季用 SAE30 或全年通用 SAE20W-30；低于 –15℃ 的地区，全年通用 SAE15W-30 或 SAE10W-30；严寒地区用 SAE5W-20。南方最低气温高于 –5℃ 的地区，全年通用 SAE30，广东、广西、海南可用 SAE40。表 6-9 列出了黏度等级与使用环境温度范围的参考值。

表 6-9　黏度等级与使用环境温度范围的参考值

黏度等级	使用温度/℃	黏度等级	使用温度/℃
5W	– 30 ~ – 10	5W-30	– 30 ~ 30
10W	– 25 ~ – 5	10W-30	– 25 ~ 30
20	– 10 ~ 30	10W-40	– 25 ~ 40
30	0 ~ 30	15W-40	– 20 ~ 40
40	10 ~ 50	20W-40	– 15 ~ 40

2. 柴油机润滑油的选择

（1）柴油机润滑油质量等级的选用　柴油机润滑油的选择主要依据汽车使用说明书，在没有使用说明书时，也可根据柴油机的强化系数确定柴油润滑油的质量等级，然后根据汽车使用地区的气候确定润滑油的黏度级别。

柴油机强化系数代表其热负荷和机械负荷，强化系数越大，表明发动机的热负荷和机械负荷越高，而且对油品的质量要求也越高。柴油机的强化系数用 K 表示，计算式为

$$K = P_e C_m Z$$

式中　P_e——气缸平均有效压力，0.1MPa 的倍数；

C_m——活塞平均速度，m/s；

Z——冲程系数（四冲程取 0.5，二冲程取 1.0）。

强化系数在 30～50 之间的柴油机，选 CC 级柴油机润滑油；强化系数大于 50 的柴油机，选择 CD 级柴油润滑油。

我国常用柴油机汽车选用润滑油等级见表 6-8。

（2）润滑油的质量等级的升降　选好润滑油的质量等级后，还应根据汽车实际工作条件的艰苦程度，提高用油的等级，在无级别可提高时，应缩短换油周期。

工作条件符合下列情况之一的，应将质量等级提高一个级别或缩短换油周期：汽车处于经常停停开开的使用工况，容易产生低温油泥，如城市公共汽车、出租车等；长时期在低温、低速（气温低于 0℃、速度 16km/h 以下）行驶，容易产生低温沉积；长时间在高温、高速、满载下工作，易使润滑油氧化变质，生成积炭、漆膜等高温沉积物；2t 以上的牵引车，满载、长时间行驶（带拖挂）；长期在灰尘大的条件下工作。

此外，还应根据发动机润滑油容量大小和所用燃料含硫量的高低，适当升降润滑油的质量等级。一般而言，润滑油容量大、工作条件较缓和时可降低一级质量；燃料含硫量超过 1.0% 时，应考虑升高一级质量。

（3）柴油机润滑油黏度等级选择　柴油机润滑油黏度选择原则与汽油机润滑油相同，

考虑到柴油机工作压力比汽油机大但转速又低的特点，在选择黏度时应略比汽油机高一些。

3. 润滑油使用注意事项

选择了合适的润滑油等级和黏度级别后，还要注意正确的使用方法。如果使用不当，同样会造成发动机磨损加剧，甚至出现拉缸、烧轴瓦的故障。因此，使用时应注意以下几点：

1）同一个级别的国内外润滑油使用效果要一致。

2）级别低的润滑油不能用于高性能发动机，以防润滑不足，造成磨损加剧；级别高的润滑油可以用于稍低性能的发动机，但不可降档太多。

3）在保证润滑条件下，优选黏度低的润滑油，可以减少机件的摩擦损失，提高功率，降低燃料消耗。如果润滑油黏度太高，切不可自行进行稀释。正确的方法是放掉发动机内所有润滑油（包括滤清器内的润滑油），换用黏度适当的润滑油。

4）保持正常油位，常检查，勤加油。正常油位应位于油尺的满刻度标志和1/2刻度标志之间，不可过多或过少。

5）不同牌号的润滑油不可混用，同一牌号但不同生产厂家的润滑油也尽量不混用。

6）注意识别伪劣润滑油。

7）定期更换润滑油，一般情况下内燃机油质量等级越高换油期越长。例如：SE为4000～5000km，SF为6000km左右，SG为8000～10000km，SH、SJ为10000km，CD为250h，CE为300h。随着车况的下降换油周期就要相对缩短一些，换油时同时换掉润滑油滤芯。表6-10为常用车型参考换油里程。

表6-10　常用车型参考换油里程

车　　型	内燃机油品种	路面状况	参考换油里程/km
轿车	SE	一般	8000～10000
黄河 JN162、JN163	CC	3～4级	12000～15000
解放 CA15K	CC	3～4级	20000
五十铃 TXD50NPR595	CC	3～4级	8000～10000

第二节　车辆齿轮油

车辆齿轮油是用于汽车驱动桥、转向器和变速器齿轮的润滑油，这里通常指驱动桥齿轮油。其工作条件与发动机润滑油不同，使用温度一般不高。但随着汽车性能的提高，车速越来越快，而驱动桥齿轮箱的体积则越来越小，由此使得传动齿轮的表面接触承载力和转矩急剧增大。为避免干摩擦，需要齿轮油在齿面上形成坚固的油膜，减轻振动和噪声，同时又对其润滑、冷却、防腐及抗磨性提出了特殊的要求。

一、车辆齿轮油在传动中的作用

车辆齿轮油在传动中的作用如下：

1）降低齿轮及其他部体的磨损，这对保证齿轮装置正常运转和齿轮寿命十分重要。

2）降低摩擦，因而降低功率损失。

3）分散热量，具有冷却的作用。

4）防止腐蚀和生锈。

5）降低噪声、振动和齿轮之间的冲击。

6）冲洗污染物，特别是冲洗齿面上的固体颗粒，以免造成磨粒磨损。

二、车辆齿轮油的主要性能

1. 极压抗磨性

在正常运转条件下，齿轮经常处于弹性流动力润滑状态，当汽车在重载荷下起动、爬坡或遇到冲击载荷时，齿面接触区中有相当部分处于边界润滑状态，因此，齿轮油要求能在较高的负荷下还能保持有足够的油膜。齿轮油的黏度增加有利于承载能力的提高，但黏度太大会增加摩擦损失，所以车辆齿轮油中一般都加有极压抗磨添加剂。

2. 热氧化安全性

氧化使齿轮油的黏度增加，生成油泥，影响油的流动。氧化产生腐蚀性的物质，加速金属的腐蚀和锈蚀，氧化生成的极性沉淀物会吸附极性添加剂，随沉淀一起从油中析出。沉淀覆盖在零件表面，形成有机物薄膜，影响散热。

3. 腐蚀性

车辆齿轮油中含有的极性添加剂都有活性基团，它与表面金属反应生成有机膜，以防止在重负荷时油膜破裂引起擦伤，增加极压性能。但活性基团又会造成齿轮装置中滑动轴承、同步器中的某些铜或铜合金部件的腐蚀和锈蚀，因此，车辆齿轮油的配方必须仔细地平衡，加入防腐剂，兼顾极压性和腐蚀性。

4. 消泡性

齿轮转动时将空气带入油中，形成泡沫。泡沫如果存在于齿面上，会破坏油膜的完整性，易造成润滑失效。泡沫的导热性差，易引起齿面过热，使油膜破坏，泡沫严重时，油常从齿轮箱的通气孔中逸出。因此，齿轮油要具有良好的消泡性。

5. 储存安定性

长期储存，特别是在高温或低温下储存时，车辆齿轮油的某些添加剂可能析出，或油中的添加剂相互反应，生成不溶于油的物质。因此，要避免油品在高温或低温下长期储存。

三、车辆齿轮油的分类和规格

1. 车辆齿轮油的分类

在我国，车辆齿轮油的分类与发动机润滑油一样，采用美国汽车工程师学会（SAE）的车辆齿轮油的分类和美国石油学会（API）的车辆齿轮油使用性能分类。

（1）SAE 车辆齿轮油黏度分类 SAE 车辆齿轮油黏度分类见表6-11。该分类的黏度级号有两组共 7 种。

带字母 W 为冬季用齿轮油，是根据齿轮油黏度达到150Pa·s和100℃时的最小运动黏度划分的。低温黏度规定为150Pa·s，超过这一黏度，驱动桥准双曲面齿轮式主减速器主动齿轮轴承的润滑条件会恶化，易发生损坏。不带字母 W 的为夏季用齿轮油，黏度等级根据100℃的运动黏度范围划分。

表 6-11　SAE 车辆齿轮油的黏度分类

SAE 黏度级号	达到 150Pa·s 的最高温度/℃	100℃ 运动黏度/mm²·s⁻¹	
		最　　低	最　　高
70W	−55	4.1	—
75W	−40	4.1	—
80W	−26	7.0	—
85W	−12	11.0	—
90	—	13.5	<24.0
140	—	24.0	<41.0
250	—	41.0	

　　车辆齿轮油也有多级油，常见的多级齿轮油有 75W/90、80W/90、85W/90 和 85W/140 等黏度等级。例如，80W/90 表示这种油在冬季使用时相当于 80W，其 −26℃ 表面黏度不大于 150Pa·s；在夏天使用时相当于 90 号，其 100°C 运动黏度控制在 13.5 ~ 24.0mm²/s。由于多级齿轮油具有良好的低温起动性和良好的高温润滑性，能够同时满足不同地区、不同季节温度下齿轮润滑的要求，因此许多汽车用户使用多级齿轮油。

　　(2) API 车辆齿轮油使用性能分类　API 车辆齿轮油使用性能等级根据工作条件的苛刻程度，划分为 GL-1、GL-2、GL-3、GL-4、GL-5、GL-6 6 级，见表 6-12。

表 6-12　车辆齿轮油 API 使用性能分类

分类	使　用　说　明	用　途
GL-1	在低齿面压力、低滑动速度下的汽车弧齿锥齿轮、蜗轮式驱动桥以及各种手动变速器规定用 GL-1 级齿轮油。直馏矿油能满足这类情况的要求，可以加入抗氧剂、缓蚀剂和消泡剂改善其性能，但不加摩擦改进剂和极压剂	汽车手动变速器，包括拖拉机和载货汽车手动变速器
GL-2	汽车蜗轮式驱动桥，由于其负荷、温度和滑动速度的状况，用 GL-1 齿轮油不能满足要求，规定用 GL-2 级齿轮油，通常都加有脂肪类物质	蜗杆传动装置
GL-3	滑动速度和负荷比较苛刻的汽车手动变速器和弧齿锥齿轮的驱动桥规定用 GL-3 级油。这种使用条件要求润滑油的负荷能力比 GL-1 和 GL-2 级齿轮油高，但比 GL-4 级齿轮油要低	苛刻条件的手动变速器和弧齿锥齿轮的驱动桥
GL-4	在低速高转矩、高速低转矩下操作的各种齿轮，特别是客车和其他各种车用的准双曲面齿轮，规定用 GL-4 级齿轮油，适用于其抗擦性能等于或优于 CRC RGO-105 参考油。该级齿轮油已做过各种试验证明具有 1972 年 4 月 ASTM STP 说明的性能水平	手动变速器、弧齿锥齿轮和使用条件不太苛刻的准双曲面齿轮
GL-5	在高速冲击载荷、高速低转矩、低速条件下操作的各种齿轮，特别是客车和其他车用的准双曲面齿轮，规定用 GL-5 级齿轮油，适用于其抗擦性能等于或优于 CRC RGO-110 参考油。该级齿轮油已做过各种试验证明具有 1972 年 4 月 ASTM STP 说明的性能水平	适用于操作条件缓和或苛刻的准双曲面齿轮及其他各种齿轮，也可用于手动变速器
GL-6	在高速冲击条件下运转的轿车和其他车辆的各种齿轮，特别是大偏移距的准双曲面齿轮，偏移距大于 50mm 或接近大齿轮直径的 25%，规定用 GL-6 级齿轮油，其抗擦性能应等于或优于参考油 L-1000，该级齿轮油已做过各种试验证明具有 1972 年 4 月 ASTM STP 说明的性能水平	—

（3）我国的车辆齿轮油分类　我国国家标准 GB/T 28767—2012《车轮齿轮油分类》把车辆齿轮油分为普通齿轮油、中负荷车辆齿轮油和重负荷车辆齿轮油三种，见表6-13。

表6-13　我国车辆齿轮油与 API 汽车变速器和驱动桥润滑剂使用分类

我国油名及代号	API 品种	特性和使用说明	使 用 部 位
普通车辆齿轮油（CLC）	GL-3	适用于中等速度和负荷比较苛刻的手动变速器和弧齿锥齿轮的驱动桥	手动变速器、弧齿锥齿轮的驱动桥
中负荷车辆齿轮油（CLD）	GL-4	适用于在低速高转矩、高速低转矩下操作的各种齿轮，特别是客车和其他各种车辆的准双曲面齿轮	手动变速器、弧齿锥齿轮和使用条件不太苛刻的准双曲面齿轮的驱动桥
重负荷车辆齿轮油（CLE）	GL-5	适用于在高速冲击载荷、高速低转矩和低速高转矩下操作的各种齿轮，特别是客车和其他各种车辆的准双曲面齿轮	操作条件缓和或苛刻的准双曲面齿轮及其他各种齿轮的驱动桥，也可用于手动变速器
重负荷车辆齿轮油	MT-1	适用于大型客车和重型货车齿轮，防止化合物热降解、部件磨损及油封劣化	非同步手动变速器齿轮。MT-1 齿轮油性能是 GL-4 和 GL-5 要求的润滑剂不具有的

2. 车辆齿轮油的规格

目前常用的齿轮油有三种，具体如下。

（1）普通车辆齿轮油（CLC）　CLC 主要有 80W-90、85W-90、90 号三个牌号。它主要适用于中等速度和负荷比较苛刻的手动变速器和弧齿锥齿驱动桥。它以石油润滑油、合成润滑油及它们的混合组分为原料，并加入抗氧剂、缓蚀剂、消泡剂和少量极压剂等制成。

（2）重负荷车辆齿轮油（CLE）　CLE 主要有 75W、80W-90、85W-90、85W-140 及 90 号五个牌号。它适用于高速冲击载荷、高速低转矩和低速低转矩下操作的各种齿轮，特别是轿车和其他各种车辆的双曲面齿轮。它用精制的矿物油加入抗氧剂、缓蚀剂、消泡剂和少量极压剂等制成。

（3）中负荷车辆齿轮油（CLD）　CLD 没有自己独立的牌号，一般采用 18 号双曲线齿轮油和合成 18 号双曲线齿轮油来代替。

齿轮油新旧牌号对照表见表6-14。

表6-14　齿轮油新旧牌号对照表

旧的分类牌号	新的分类牌号	使 用 范 围
13 号寒区齿轮油	GL-3 85W-90	使用于寒区、严寒区一般汽车工程机械的齿轮传动装置
20 号齿轮油	GL-3 90	冬季使用于一般汽车工程机械的齿轮传动装置
26 号齿轮油	GL-3 85W-140	一般地区全年使用于汽车工程机械的齿轮传动装置（由于 26 号军用齿轮油加有 8% 的抗磨添加剂，使用性能优于 26 号通用齿轮油，换油期可适当延长）
26 号通用齿轮油	GL-4 85W-140	
30 号齿轮油	GL-3 85W-140	长江以南地区全年、长江以北地区夏季，使用于一般汽车齿轮传动装置
22 号准双曲面齿轮油	GL-4 85W-140	全年使用于寒区具有准双曲面齿轮的汽车后桥
28 号准双曲面齿轮油	GL-4 85W-140	全年使用于长江以南地区具有准双曲面齿轮的汽车后桥
7 号准双曲面齿轮油	GL-4 75W	使用于 −43℃ 以上严寒地区具有准双曲面齿轮的汽车后桥

（续）

旧的分类牌号	新的分类牌号	使　用　范　围
10 号寒区准双曲面齿轮油	GL-4 80W-90	使用于 -35℃ 以上严寒地区，具有准双曲面齿轮装置的汽车后桥
13 号严寒区准双曲面齿轮油	GL-4 75W	使用于气温不低于 -40℃ 的严寒地区具有准双曲面齿轮的汽车后桥壳
15 号准双曲面齿轮油	GL-4 90	使用于南方地区具有准双曲面齿轮的汽车后桥壳
18 号准双曲面齿轮油	GL-4 85W-90	全年使用于气温在 -10℃ 以上地区具有准双曲面齿轮的汽车后桥壳
合成准双曲面齿轮油	GL-4 80W-90	全年使用于气温在 -35℃ 以上寒区具有准双曲面齿轮的汽车后桥壳
26 号准双曲面齿轮油	GL-4 85W-140	全年使用于气温在 -10℃ 以上地区具有准双曲面齿轮的汽车后桥

四、车辆齿轮油的选用

正确选用车辆齿轮油应遵守以下三个原则。

1. 根据工作条件苛刻程度正确选择车辆齿轮油的质量等级

车辆齿轮油质量等级的选择主要依据齿轮形状、齿面载荷、车型和工况而定。在汽车传动机构中，如变速器中齿轮都是正齿轮和斜齿轮，而且负荷和滑移速度不大，采用普通齿轮油即可满足要求。后桥齿轮箱中主传动齿轮的工作条件较为苛刻。如主传动齿轮采用弧齿锥齿轮，由于与变速器中齿轮相比负荷大、速度高，当处于高负荷状态时应选用含硫磷型极压抗磨剂的 GL-4 级中负荷车辆齿轮油。而进口汽车和国产高级的后桥主传动齿轮都采用准双曲面齿轮结构，这种齿轮要求使用含极压抗磨剂多的 GL-5 级重负荷车辆齿轮油才能满足润滑要求。我国汽车齿轮油质量等级使用情况见表 6-15。

表 6-15　我国汽车齿轮油质量等级使用情况

汽车类型		代表车型	用油等级
汽油车	小轿车	奥迪、捷达、标致、大众、卡罗拉、奇瑞	GL-4 或 GL-5
	微型车	大发、吉利、长安、昌河、五菱	GL-4 或 GL-5
	轻型载货车	福田、BJ130、金杯	GL-4
	中型载货车	EQ140、EQ1090E、EQ144	GL-4
	吉普车	BJ212、哈弗、切诺基、北汽 BW007	GL-4 或 GL-5
柴油车	轻型载货车	兰箭、五十铃、庆铃	GL-5
	中型载货车	解放、东风	GL-4
	重型载货车	斯太尔、奔驰、太脱拉、新黄河、红岩	GL-4 或 GL-5
	大客车	丹东 680 等	GL-4
	矿山车	LN-392	GL-5

有的齿轮变速机构有含铜机件，要求用柴油机油，不允许使用对铜有腐蚀作用的极压型齿轮油。

2. 根据当地季节气温选择车辆齿轮油黏度级别

黏度级别的选择可按最高使用温度和传动机构最高运行温度来选择。在选用时，一般齿轮油的倾点应低于使用环境最低温度 3 ~ 5℃，运转速度越高的齿轮要求黏度越低。工作时温度越高要求润滑黏度越大，以保证油膜有一定厚度不易破裂，但黏度过高会使齿轮啮合部位难以得到必要的润滑量。因此，选择黏度要适当。表 6-16 为汽车齿轮油选用的使用温度与黏度级别的对应表。

表 6-16　汽车齿轮油黏度级别的选择

SAE 黏度等级	使用气温范围/℃	SAE 黏度等级	使用气温范围/℃
75W/90	-40℃ 以上地区全年通用	90	-10℃ 以上地区全年通用
80W/90	-30℃ 以上地区全年通用		
85W/90	-20℃ 以上地区全年通用	140	重负荷、炎热夏季

3. 准确把握车辆齿轮油的换油周期

车辆齿轮油在使用中同样存在着质量变化与质量控制的问题。汽车齿轮油的换油标准因使用条件的不同要有差别。我国目前在齿轮油方面只有普通齿轮油的换油标准，即 SH/T 0475—1992《普通车辆齿轮油换油指标》，见表 6-17。

表 6-17　普通车辆齿轮油换油指标（SH/T 0475—1992）

项　　目		换油指标	试验方法
100℃ 运动黏度变化率（%）	超过	-10 ~ 20	标准 SH/T 0475—1992 的 3.2 条
水分（%）	大于	1.0	GB/T 260
酸值增加值/mgKON · g^{-1}	大于	0.5	GB/T 8030
戊烷不溶物（%）	大于	2.0	GB/T 8926
铁含量（%）	大于	0.5	GB/T 0197

注：铁含量测定方法允许采用原子吸收光谱法。

齿轮油的使用中还应注意如下几个问题：

1）不能用普通齿轮油代替准双曲面齿轮油，也不能用其他油品代替齿轮油。

2）大部分多级双曲线齿轮油颜色特征不明显，似柴油机油，在使用和储存中不要混淆；要注意防止混入水分和杂质，否则容易引起车辆齿轮油变质。

3）更换新齿轮油时，应尽量将旧油放净，将齿面和齿轮箱洗净，以免影响新油的使用性能。

第三节　汽车润滑脂

一、汽车润滑脂的作用

润滑脂是石油产品中的一大类，它是一种稠化了的润滑油。与润滑油相比，润滑脂具有如下特点：

1）与相似黏度的润滑油相比，润滑脂有较高的随负荷能力和较好的阻尼性。

2）由于稠化剂的吸附作用，润滑脂的蒸发损失小，高温、高速下润滑性好。

3）润滑脂易附着在金属表面，保护表面不锈蚀，并可防止滴油、溅油污染产品。

4）由于稠化剂的毛细作用，润滑脂可在较宽温度范围和较长时间内逐步放出液体润滑油，起到润滑作用。

5）在轴承润滑中，润滑脂还可起到密封作用。

使用润滑脂的缺点是冷却散热作用差，起动摩擦力矩大和更换润滑脂比较复杂等。由于润滑脂的特点，它广泛地用于汽车变速器轴承、离合器和制动器踏板轴衬套和转向器等部位的润滑。图6-2所示为富康轿车的齿轮齿条式转向器。

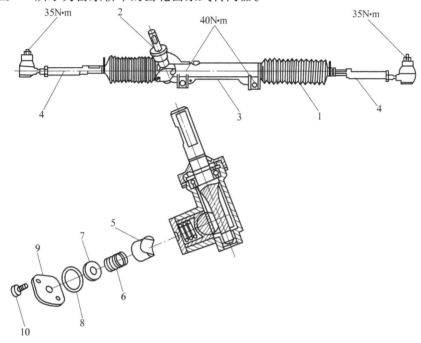

图6-2 富康轿车的齿轮齿条式转向器

1—转向齿条 2—转向齿轮 3—转向器壳体 4—转向横拉杆 5—齿条导向座 6—弹簧
7—调节螺塞 8—密封圈 9—盖板 10—螺栓

二、汽车润滑脂主要性能指标

润滑剂的基本性能有稠度、高温性能、低温性能、抗水性、缓蚀性、防腐性和氧化安定性。

（1）稠度 稠度是指润滑脂的浓稠程度。适当的稠度可使润滑脂容易加注并保持在摩擦面上，以保持持久的润滑作用。稠度可用针入度和机械安定性两个指标评定。

（2）高温性能 高温性能是指润滑脂的耐热性能。当温度上升，润滑脂会变软、融化时会从摩擦表面流失而失去润滑作用。耐热性好，就可使其在较高工作温度下不失去润滑作用。润滑脂的高温性能可用滴点、蒸发损失和漏失量等指标评定。

（3）低温性能 润滑脂的低温性能取决于它的相似黏度及粘温性，表示其低温下的工作能力。此外，抗水性差的润滑脂遇水后稠度会下降，甚至乳化而流失。测定抗水性用抗水淋性能测定法。

（4）缓蚀性 缓蚀性是指润滑脂抵抗与其相接触的金属生锈的能力。

（5）胶体安定性 胶体安定性是指润滑脂在储存和使用中避免胶体分解，防止液体润滑油被析出的能力。为防止润滑脂在空气中氧化，在脂中常加入抗氧剂，以提高其氧化安定性，润滑脂中本身如果含有过量游离酸、碱或活性硫化物，氧化后产生的有机酸都可能腐蚀金属，常在润滑脂的规格中标出这些物质的含量以表明其腐蚀性。

三、汽车用润滑脂分类

1）按基础油不同，分为矿物油脂和合成油脂。

2）按用途分为减摩润滑脂、防护润滑脂、密封润滑脂。

3）按特性分为高温润滑脂、耐寒润滑脂、极压润滑脂。

4）按稠化剂的类别分为皂基润滑脂和非皂基润滑脂。皂基润滑脂又分为单皂基润滑脂（如钙基润滑脂、钠基润滑脂、锂基润滑脂等）、混合皂基润滑脂（如钙钠基润滑脂）和复合基润滑脂（如复合钙、复合锂、复合铝基润滑脂等）；非皂基润滑脂分为烃基润滑脂、无机润滑脂和有机润滑脂等。

1989 年 ASTM（美国材料试验学会）、SAE 和 NLGI（美国国家润滑脂研究所）共同提出了"ASTMD 4950 汽车用润滑脂的标准分类和规范"，该标准规定了适用范围，进行了汽车润滑脂的分类，并详细叙述了汽车润滑脂的性能，分类标准见表6-18。

表6-18 汽车润滑脂的分类和性能

种类	标号	性 能	使用温度范围/℃	稠度（针入度）	可能行驶距离/km
底盘车体脂	LA	轻中负荷，抗氧化、防锈、抗磨、机械安定	—	主要 2 号	轿车 3200 以下
	LB	苛刻负荷，振动、水接触、长期运转	−40 ~ +120	主要 2 号	轿车 3200 以上
轮毂轴承脂	GA	较轻负荷	−20 ~ +70	—	—
	GB	较轻到中负荷，抗氧、抗腐、抗磨、抗定	−40 ~ +120（有时到 160）	主要 2 号（1 号，3 号也用）	高速公路
	GC	中到苛刻负荷，抗氧、抗腐、抗磨	−40 ~ +160（有时到 200）	主要 2 号（1 号，3 号也用）	开、停频繁用

四、汽车润滑脂的常用品种

1. 钙基润滑脂

钙基润滑脂是由动植物脂肪酸与石灰制成的钙皂稠化矿物润滑油，并以水作为胶溶剂制成的。它是 20 世纪 30 年代的老产品，有 1、2、3、4 四个稠度牌号。钙基润滑脂的滴点为 80 ~ 90℃，使用温度范围为 −10 ~ 60℃；抗水性好，容易粘附于金属表面，胶体安定性好，但使用寿命短；常用于汽车转向系的横、直拉杆，万向节主销，齿轮齿条转向器的外漏部分以及行驶系的上、下控制臂的球接头等部位。

2. 钠基润滑脂

钠基润滑脂是由动植物脂肪酸与氢氧化钠制成的钠皂稠化矿物润滑油。钠基润滑脂耐高温但不耐水，有 2、3 两个稠度牌号，滴点可达 160℃；可在 120℃下长时间工作，有较好的承压抗磨性能，但不能用于潮湿环境或与水接触的部件。

3. 汽车通用锂基润滑脂

汽车通用锂基润滑脂是由动植物脂肪酸与氢氧化锂制成的锂皂低凝固点润滑油，并加抗氧、缓蚀剂制成。汽车通用锂基润滑脂的稠度为 2 号，滴点为 180℃；具有良好的机械安定性、胶体安定性、缓蚀性、氧化安定性和抗水性，适用于 30～120℃下汽车轮毂轴承、底盘、水泵和发电机等各摩擦部位润滑，为普遍推荐使用的汽车通用润滑脂。

4. 极压复合锂基润滑脂

极压复合锂基润滑脂与汽车通用锂基润滑脂的区别是具有更高的极压抗磨性，可适用于 -20～160℃的高负荷机械设备的齿轮和轴承润滑，有 1、2、3 号三个稠度牌号，部分高性能进口汽车推荐使用极压润滑脂。

5. 石墨钙基润滑脂

石墨钙基润滑脂由动植物脂肪酸与石灰制成钙皂稠化 68 号机械油，加 10% 的鳞状石墨制成。石墨钙基润滑脂具有良好的抗水性和抗碾压性能，滴点为 80℃；适合于重负荷、低转速和粗糙机械的润滑，在汽车钢板弹簧、起重机齿轮转盘及半拖挂货车的转盘等承压部位使用。

常用润滑脂的牌号、性能及应用见表 6-19。

表 6-19　常用润滑脂的牌号、性能及应用

名称	牌号（或代号）	滴点/℃ 不低于	工作锥入度 /(1/10mm)	应　用
钙基润滑脂（GB/T 491）	1 号	80	310～340	适用于汽车、拖拉机、冶金、纺织等机械设备的润滑，使用温度范围为 -10～60℃
	2 号	85	265～295	
	3 号	90	220～250	
	4 号	95	175～205	
钠基润滑脂（GB/T 492）	2 号	140	265～295	2 号、3 号均适用于工作温度不超过 120℃的机械摩擦部位的润滑，4 号适用于工作温度不超过 130℃的重载荷机械设备的润滑，不能用于与潮湿空气或水接触的润滑部位
	3 号	140	220～250	
	4 号	150	175～205	
通用锂基润滑脂（GB/T 7324）	1 号	170	310～340	适用于工作温度为 -20～120℃的各种机械设备的滚动轴承和滑动轴承及其他摩擦部位的润滑
	2 号	175	265～295	
	3 号	180	220～250	
极压锂基润滑脂（GB/T 7323）	00 号	165	400～430	适用于工作温度为 -20～120℃的高负荷机械设备的轴承及齿轮的润滑，也可用于集中润滑系统
	0 号	170	355～385	
	1 号	170	310～340	
	2 号	170	265～295	

五、润滑脂的合理使用与节能

合理选用润滑脂对车辆使用、维护非常重要。润滑脂的合理使用与节油密切相关。试验表明，润滑脂的稠度牌号不宜太大。如轴承使用 2 号润滑脂比 3 号润滑脂节能，综合经济效

益（包括润滑脂费用、检查费等）高出 60% 左右。而 1 号润滑脂能耗又有所增加。对于汽车轮毂轴承而言，使用 2 号脂比较适宜。采用集中润滑的底盘摩擦节点使用 0 号脂较好。因此，除热带地区的重负荷车辆外，我国南方宜全年使用 2 号脂，北方冬季用 1 号脂，夏季用 2 号脂。

轴承润滑脂的填充量与节能的关系也较大，油脂填充量大，工作时搅动阻力大，轴承温升高，燃料消耗量相应增加。一般轴承有两种润滑方法：一种是常用的满毂润滑，就是除轴承装满润滑脂外，轮毂内腔也装满润滑脂；另一种方法是空毂润滑，即只是在轴承内装满润滑脂，轮毂内腔仅薄薄地均匀涂抹一层润滑脂防锈。实践经验表明，满毂润滑时，新涂上脂的轴承在开始转动时，多余的脂很快被挤到滚道外面并被甩到轮毂内腔和轴承盖里，这时多余的脂被强烈搅动，由于脂的黏滞阻力，使轴承温度升高。而真正起到润滑作用的主要是留在轴承滚动面上的薄层润滑脂。因此，轮毂空腔中装满油脂只能使轴承散热困难，温度升高。而空毂润滑避免了这一缺点，还可节省润滑脂 80% 以上。国外在 20 世纪 50 年代以后就推荐空毂润滑，有的国家在汽车说明书中规定，除为了防锈在轮毂内表面涂一薄层润滑脂外，轮毂内腔不能装润滑脂。

在润滑脂的使用中，不同牌号的不要混用，以避免不同化学成分和性能的油脂混在一起后降低润滑脂的使用性能和寿命。例如，锂基脂中混入 10% 左右的钠基脂，其滴点和耐用寿命明显下降。

对于一定的车型，一般情况下所使用的润滑材料是一定的，也相对稳定，只有在特殊情况下才有可能进行更换。

货车和轿车主要润滑脂润滑点见表 6-20。

表 6-20　货车和轿车主要润滑脂润滑点

润　滑　点	润　滑　点	润　滑　点
起动机离合齿条	轮毂轴承	门窗铰链锁环
水泵	离合器齿条	车座滑片
发电机	转向节	主镜
正时带轮	制动蹄片支点	风扇刮水器等电动机
等速万向节	制动拉索	刮水器齿轮
传动轴	悬架球头	电触点

能 力 测 试

一、填空题

1. 汽车润滑材料根据其组成及润滑部位的不同可分为_____、_____和_____三大类。

2. 发动机油的使用性能包括_____、_____、_____、_____、_____、_____、_____。

3. 机油具有_____、_____、_____、_____四个作用。

4. 发动机常采用_____、_____、_____三种润滑方式。

5. 表示机油黏温性能的常用指标有_____和_____两个。

6. 根据车辆负荷不同，齿轮油分_____、_____和_____。

7. 我国参照 API 使用分类，将齿轮油分为三类：_____、_____、_____。

8. 汽车上常用的润滑脂有_____、_____、_____、_____、_____等类型。

二、选择题

1. 机油的工作条件是（　　）。

A. 温度低、流速慢、无污染

B. 高温、高速、严重污染

C. 密封条件差、压力极大，污染严重

2. 发动机油的黏度是随温度变化的，温度升高，黏度（　　）。

A. 变大　　　　　　　B. 变小　　　　　　　C. 可变大或变小

3. 我国某城市冬季 12 月 ~ 1 月份平均气温为 3℃ ~ –5℃，在此季节使用的高速柴油机最合适的柴油牌号是（　　）。

A. –10#　　　　　B. 0#　　　　　C. 10#　　　　　D. 20#

4. 齿轮油必须要有好的抗氧化能力，延缓氧化速度，一般采用加入（　　）的方法改善油的品质。

A. 抗氧化添加剂　　B. 极压抗磨添加剂　　C. 抗腐剂和防锈剂

5. CA1091 和 EQ1090 汽车变速器选用的齿轮油为（　　）。

A. GL-3　　　　　B. GL-4　　　　　C. GL-5

6. 国产润滑脂按（　　）来编号。

A. 滴点　　　　　　B. 针入度　　　　　　C. 胶体安定性

7. 钙基润滑脂是由动植物脂肪酸与（　　）皂化而成的矿物润滑油。

A. 氢氧化钠　　　B. 氢氧化锂　　　C. 石灰　　　　D. 石墨

8. 汽车钢板弹簧采用（　　）进行润滑。

A. 钙基润滑脂　　　B. 钠基润滑脂　　　C. 石墨钙基润滑脂

三、判断题（正确的打"√"，错误的打"×"）

1. 不同牌号、种类的机油可混用。（　　）

2. 机油的黏度随着温度升高而降低，其变化幅度大，则黏温性能好。（　　）

3. 稠化机油在使用中，如果颜色变深，即应换机油。（　　）

4. 齿轮油的油性好坏和其成分有关，当油精制越深时，油性越好。（　　）

5. 齿轮油工作时，产生的小气泡有利于齿轮油的润滑。（　　）

6. 在冬季可以往齿轮油中掺兑煤油或柴油，以降低凝点，从而保证正常润滑。（　　）

7. 滴点是用来评定润滑脂耐热性的指标。（　　）

8. 针入度表示润滑脂的软硬程度，其数值越大，润滑脂越硬。（　　）

四、简答题

1. 简述发动机机油的使用性能。

2. 使用发动机油的注意事项有哪些？

3. 齿轮油的主要使用性能有哪些？

4. 使用齿轮油的注意事项有哪些？

5. 如何更换齿轮油？

第 七 章

汽车工作液

本章导入

汽车工作液是指汽车正常工作过程中所使用的液态工作介质。汽车工作液在汽车发动机、制动系统、传动系统以及悬架系统中得到广泛的使用，它对汽车的动力性、安全性、行驶平顺性以及发动机排放性等有直接影响，需要合理选择和正确使用。

本章主要介绍汽车制动液、液力传动油、发动机防冻冷却液、减振器油、空调制冷剂等。

教学目标

1. 能力目标

1) 能够根据汽车使用要求合理选择、正确使用汽车制动液，保障汽车的工作性能。

2) 能够根据汽车使用要求合理选择、正确使用汽车液力传动油，保障汽车的工作性能。

3) 能正确使用汽车其他工作液。

2. 知识目标

1) 认识汽车用制动液、传动油使用性能、常用类型、规格和使用要求。

2) 了解汽车用其他工作液（包括冷却液、减振器油、空调制冷剂等）的牌号、规格、性能及使用。

第一节 汽车制动液

汽车制动液是汽车液压制动系统所采用的非矿油型传递压力的工作介质，是使制动器实现制动作用的液体，俗称刹车油。汽车制动液起传递压力的重要作用，要求其安全可靠、质量高、性能好，四季通用。

一、对汽车制动液的性能要求

由于制动液是传递压力制止车轮转动的液体，存在于密封的容器和充满液体的管路中（图7-1）。受到压力时，制动液要迅速均匀地把压力传到液体各部分，故其性能对汽车行驶的安全性影响很大。

对于制动液主要有以下的要求。

（1）沸点要高 由于现代汽车车速高，制动过程产生的摩擦热会使制动系统温度升高，如果制动液沸点低，容易蒸发，则会使制动系管路产生气阻，制动失灵。通常用平衡回流沸点来评定。

（2）吸湿性要小 汽车在运行、停止过程中，制动液温度的一升一降更易促进空气中水分凝结，造成制动液吸收周围水气后使沸点下降，产生"气阻"现象。

（3）良好的低温流动性和粘温性 为了保证在低温下制动液缸中的活塞能随制动踏板的动作迅速灵活地滑动，制动液要有良好的低温流动性。高温时制动液的运动黏度也不能太小，要靠优良的粘温性来保证。

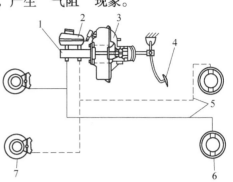

（4）有良好的与橡胶配伍性 若对橡胶有溶胀作用，使皮碗体积增加，则会使制动失灵。

（5）安定性要好 使制动液在高温下长期使用不能产生热分解和缩合使黏度增加，也不允许生成胶质和油泥沉积物。

（6）防腐性要好 要求其不腐蚀金属。

（7）有良好的互溶性 当与另一种制动液混

图 7-1 汽车制动系统结构示意图
1—制动主缸 2—储液罐 3—真空助力器
4—制动踏板 5—制动管路 6—后轮
制动器 7—前轮制动器

合时或吸收水分后应有良好的互溶性，不能产生分层或沉淀而影响使用性能。

二、制动液的分类、品种和牌号

1. 汽车制动液种类

就原料来源而言，汽车制动液分为醇型制动液、矿物油型制动液和合成型制动液三类。

（1）醇型制动液 是由低碳醇类和蓖麻油配制而成，其价格虽低廉，但由于其高低温性能均差，容易引发交通事故，我国自 1990 年 5 月起就已淘汰。

（2）矿物油型制动液 是以深度脱蜡的精制柴油馏分作为基础油，加入增粘剂、抗氧化剂、缓蚀剂等调和而成。此类制动液温度适应性较醇型好，可在 – 50～150℃ 的温度范围内使用，但对天然橡胶有溶胀作用，汽车制动系统的皮碗、软管需为耐油橡胶制品。

（3）合成型制动液 通常是以乙二醇醚、二乙二醇醚、三乙二醇醚、水溶性聚酯、聚醚、硅油等为溶剂加入润滑剂和添加剂组成。其工作温度范围宽，粘温性好，对橡胶和金属的腐蚀作用均很小，故适合于高速、大功率、重负荷和制动频繁的汽车使用，是目前使用最多最广的一种制动液。

现代汽车中所使用的制动液主要是合成型制动液。GB 12981—2012《机动车辆制动液》规定了合成制动液的技术条件和试验方法。

2. 国外汽车制动液的规格

国外汽车制动液典型规格有 3 个系列：

1）美国联邦政府运输标准（FMVSS）。具体是 NO. 116 DOT-3、DOT-4、DOT-5。这是世界公认的通用标准。

2）美国汽车工程师协会标准（SAE）。具体是 SAE J1703e、SAE J1703f、SAE J1705 等。

3）国际标准化组织标准（ISO）。具体是 ISO 4925—1978《道路车辆—非石油基制动液》，它是参照 FMVSS NO. 116DOT-3 制定的，100°C 的运动黏度不小于 1.5mm²/s，平衡回流沸点不低于 205°C，湿平衡回流沸点不低于 140°C。我国制动液也是参照这一标准进行分级的。

3. 国内汽车制动液规格

我国于 2012 年修订实施新的制动液国家强制标准 GB 12981—2012《机动车辆制动液》。该标准规定了机动车辆合成制动液的技术要求和试验方法。该标准系列的代号由汉语拼音字母 H、Y、Z 和阿拉伯数字两部分组成。其中，H、Z 和 Y 分别为合成、制动和液体的汉语拼音的第一个字母（大写），阿拉伯数字作为区别本系列各标准的标记。该标准按机动车辆安全使用要求分为 HZY3、HZY4、HZY5、HZY6 四个级别，其中 HZY3、HZY4、HZY5 分别对应国际通用产品 DOT3、DOT4、DOT5 或 DOT5.1。本标准的技术要求见表 7-1。

表 7-1　机动车辆制动液的技术要求（GB 12981—2012 摘录）

项　目		质　量　指　标				试验方法
		HZY3	HZY4	HZY5	HZY6	
外观		清亮透明，无悬浮物、杂质及沉淀				目测
运动黏度/mm²·s⁻¹						GB/T 265
−40℃	不大于	1500	1800	900	750	
100℃	不小于	1.5	1.5	1.5	1.5	
平衡回流沸点（ERBP）/℃	不小于	205	230	260	250	SH/T 0430
湿平衡回流沸点（WERBP）/℃	不小于	140	155	180	165	附录 Cᵃ
pH 值		7.0～11.5				附录 D

注：附录 Cᵃ、附录 D 可查找 GB 12981—2012 附录。

三、制动液的选择与使用

1. 汽车制动液的选择

汽车制动液的选择应坚持两条原则：一是使用合成制动液；二是质量等级以 FMVSS No. 116 DOT 标准为准。选择制动液要求其性能与工作条件相适应。

（1）环境条件　主要指气温、湿度和道路条件，如在炎热的夏季，在山区多坡或高速公路上行驶，车辆制动强度大，制动液工作温度高，特别在湿热条件下，要选用沸点较高的制动液如 HZY5，非湿热条件则可选 HZY3 制动液。

（2）车辆速度性能　高速车辆（特别是高级轿车与一般货车相比）制动液的工作温度要高，应使用级别较高的制动液。选用时严格遵守车辆说明书的要求。

（3）优先选用高等级产品　制动液外观应清亮透明，无悬浮物、尘埃和沉淀，无刺鼻的酒精味。合格品标识上应有生产许可证编号、企业名称、规格型号、详细地址、商标和联系电话。如果标明回流沸点低于 205°的产品，均为不合格品。中文标识"进口"产品应慎用。

ABS（汽车防抱死制动系统）制动液的选用：ABS 中，有长、复杂的管路，其零件多而精密，这些运动零件对润滑的要求更高，同时制动液反复经历压力时大时小的循环，所以制动液必须有适合的黏度、较高的沸点、更强的抗氧化性、较好的耐腐蚀性。根据以上特点，ABS 一般都选用 DOT4 的制动液。由于 DOT5 是硅油基制动液，对橡胶产生较强的损伤，一般不选 DOT5 的制动液。DOT3、DOT4 是醇基制动液，吸湿性强，容易使精密零件产生锈蚀，还会使制动液的黏度变大，使制动变得迟缓，容易发生气阻。

2. 使用制动液的注意事项

制动液在使用过程中可随时对它进行检查。通常情况下制动液的用量会随制动片的磨损程度做相应变化。如果换了新的制动片，因为新的制动片较厚，会使加得过满的制动液溢出，损坏车身。但如果制动液干枯也会导致制动失效。在日常使用过程中应注意以下事项。

（1）正确选择制动液产品代号　一般来说，按照车辆使用说明书的要求选择制动液产品是最合理可靠的，各汽车生产厂家在推荐制动液时都是经过充分论证和大量实车实验的。说明书在给出了标准用代号品牌外，一般还提供了可供代用的代号品牌。用户应尽可能选用标准代号品牌的产品，缺乏时才考虑选用代用品。如果推荐的代用品牌也缺乏时，才按照上述对应关系选择相应等级的代用品。如北京切诺基原车要求用 AMC/吉普/雷诺制动液，没有时可选 FMVSS No. 166 DOT3 制动液代用，若 DOT3 也缺乏时可选 SAE J1703 或国产 4606代用。

（2）各种制动液原则上不能混用　由于不同种类的产品所使用的原料、添加剂和制造工艺不同，混合后会出现浑浊或沉淀现象。这不仅会大大降低原制动液的性能，而且沉淀颗粒会堵塞管路造成制动失灵的严重后果。即使是相溶性较好的同一种类的制动液，如果品牌不同，也不能混用。因为相溶性好，只说明与其他产品混合后不发生分层、混浊及沉淀现象，并不表示混合后的性能不变，每种产品所加入的添加剂不同且相互之间存在着相对平衡，一旦混入其他物质，该平衡就有被破坏的可能，从而失去或降低应有的作用。因此，在更换品牌时一定要用新加入的产品清洗管路。

（3）定期更换制动液　汽车制动液使用一定时间后会因吸湿、化学变化等原因使性能指标降低，从而影响行车安全，因此使用中的制动液应定期更换。至于多长时间进行更换，目前尚无具体规定，一般是在车检时需要更换总泵和分泵的活塞皮碗时，将制动液更换。考虑到国产制动液大部分等级较低，建议视情况 2 万~4 万 km 或 1 年时间更换一次。

（4）制动液应密封存放，存放时注意避光　汽车制动液多为有机溶剂制成，易挥发、易燃，因此要远离火源，注意防火防潮，尤其注意防止雨淋日晒、吸水变质。

第二节　液力传动油

高档轿车和重型载货汽车传动系统发展趋势之一就是越来越多地采用自动液力变速器，其工作介质就是液力传动油，又称为汽车自动变速器油（Automatic Transmission Fluid，ATF）。图 7-2 为液力自动变速器结构与原理图。液力自动变速器由变矩器、机械式变速器和电子-液压控制系统三部分组成。

一、液力传动油的使用性能

液力传动油是一种多功能液体，具备传能、控制、润滑和冷却等多种功能。

1. 低温性和黏温性

液力传动油的使用温度范围很宽，一般为 -40~170℃。因自动变速器的功能，它对液力传动油的黏度十分敏感，而组成自动变速器的各部件对液力传动油的黏度要求都不同。从提高液力变矩器的传动效率、控制系统动作的灵敏性角度看，黏度低有利；但从满足齿轮和轴承的润滑要求，减少液压控制系统和油泵泄漏方面考虑，液力传动油的黏度不能过低。因此，液力传动油必须兼顾多种功能，具有适当的黏度和良好的低温性、粘温性。

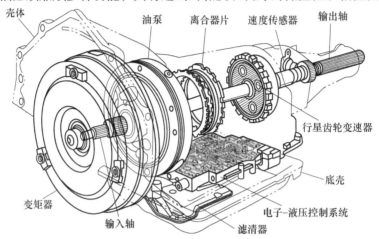

图7-2　液力自动变速器结构与原理图

对液力传动油要求测试100～23℃和-40℃时的黏度，并要求进行稳定性试验，即测定耐久性试验后的99℃时的黏度。

2. 热氧化安定性

液力传动油的热氧化安定性是使用中一个极为重要的问题，因为液力传动油的使用温度很高，如热氧化安定性不好，则会生成油泥、漆膜和沉淀物，少量沉淀物便会使自动变速器液压控制机构的管路和阀门的工作受到影响，油内氧化生成的酸或过氧化物对轴承、橡胶密封材料也有损害。因此，对液力传动油热氧化安定性要求严格。

各种规格液力传动油热氧化安定性多采用"氧化试验"来评定。

3. 抗磨性或极压抗磨性

为确保自动变速器的行星齿轮机构、轴承、垫圈和液压泵等长期正常工作，要求液力传动油必须润滑良好。变速机构中主要零件的接触面多为钢和钢、钢和青铜等，液力传动油应保证对不同材料的摩擦副都应具有良好抗磨性。

液力传动油的抗磨性是通过四球机磨损试验、梯姆肯磨损试验和叶片泵试验来评定的。

4. 与橡胶材料的适应性

液力传动油不应使自动变速机构中使用的丁腈橡胶、丙烯橡胶和硅橡胶等密封材料过分膨胀、收缩和硬化，否则将会产生漏油和其他危害。

液力传动油与橡胶密封材料的适应性通过橡胶浸泡试验来评定。

5. 摩擦特性

自动液力变速器换档执行机构的离合器属于湿式多片离合器，液力传动油作为摩擦介质，要求有与摩擦片相匹配的静、动摩擦因数，否则会影响换档性能。

摩擦特性通过台架试验或试车试验进行评定。

6. 抗泡沫性

液力传动油产生的泡沫对液力传动系统危害极大。泡沫使液力变矩器传递效率下降；泡沫影响自动控制系统的准确性；泡沫的可压缩性导致液压系统压力波动和下降，甚至供油中断。

液力传动油的消泡沫性能应通过 GMDTD 泡沫试验器和 ASTMD892 程序试验评定。

二、液力传动油的规格

1. 国外液力传动油的规格

国外液力传动油的规格多采用美国材料试验学会（ASTM）和美国石油学会（API）共同提出的 PTF（Power Transmission Fluid）使用分类，将 PTF 分为 PTF-1、PTF-2 和 PTF-3，见表 7-2 。

表 7-2　液力传动油使用分类

分类	符合的规格	适用范围
PTF-1	通用汽车公司 GM DEXRON Ⅱ、福特汽车公司 FORD M2C33-F、克莱斯勒 CHRYSLER MS-4228	轿车、轻型货车液力传动油
PTF-2	通用汽车公司 GM Track、Coach，阿里林 Allison C-2、C-3	重型货车和越野汽车液力传动油
PTF-3	约翰迪尔 John Deere J-20A、福特 FORD M2CΦ1A、麦赛-福格森 Massey-FergusonM-135	农业和建筑机械液力传动油

表 7-2 所列的 3 类液力传动油中，PTF-1 类主要用于轿车、轻型货车，此类油对低温黏度要求较高，即要有好的低温起动性。GM DEXRON Ⅱ 的规格有 DEXRON Ⅱ -C 型（不抗银）和 DEXRON Ⅱ -D 型（抗银）之分，这主要考虑油品对液力传动油冷却器含银件的腐蚀问题。PTF-2 类与前者最大的不同是负荷高，因此对极压、抗磨要求较高，而对低温黏度要求放宽了。PTF-3 类主要用在农业和建筑业机械的低速运转的变速器中，对耐负荷性和抗磨性的要求比 PTF-2 类更严格。

轿车、轻型货车用液力传动油的典型规格是通用汽车公司 GM DEXRON Ⅱ，见表 7-3。

表 7-3　美国 GM DEXRON Ⅱ 汽车液力传动油的规格

项　　目	GM DEXRON Ⅱ 规格
黏度（-23.3°C）/MPa·s	4000（最大）
-40°C，MPa·s	5000（最大）
黏度安定性（耐久试验）	
99°C/$mm^2 \cdot s^{-1}$	5.5（最小）
闪点/°C	160 最小
铜片腐蚀	变黑，无片状（204℃，3h）
缓蚀性	无锈
对橡胶密封材料的影响	浸泡试验，观察试验前后体积和硬度的变化

（续）

项　目	GM DEXRON II 规格
极压抗磨性	动力转向泵试验（7MPa，2950r/min，50h）
热氧化安定性	THM-350 氧化试验（THCT），163℃，300h，空气量 90mL/min
摩擦特性	参看下面的 HEF CAD
传动耐久性试验	（1）THCT，THM-350，135℃，循环后换档时间 0.35～0.75s （2）HEF CAD，SAE No.2 摩擦试验机 140℃，100h
换档试验	用实车试验，和标准具有同等的换档性能
混合性	合格
臭味	无臭
消泡性	94℃ 无泡，135℃ 泡沫高度 9.5mm（最大），消泡 23s（最大）

2. 国内液力传动油的规格

目前，我国液力传动油的分类按照中国石油总公司的标准，将其分为 6 号、8 号和 8D 号三种，都是采用精制的基础油加入油性剂、抗磨剂、抗氧化剂、黏度指数改进剂和抗泡剂等。8 号液力传动油相当于国外 PTF-1 类油中的 GM DEXRON II 规格，黏温性、抗磨性好，主要用作轿车的液力传动油。6 号液力传动油相当于国外 PTF-2 类油，抗磨性好，但粘温性稍差，主要用于内燃机车、载货汽车以及工程机械的液力传动系统。8D 号液力传动油凝点较低，专用于严寒地区液力传动系统的润滑。液力传动油规格见表 7-4。

表 7-4　液力传动油规格

项　目		质　量　指　标			试验方法
		6 号	8 号	8D 号	
运动黏度/mm^2·s^{-1},100℃		5.0～7.0	7.5～9.0	7.5～9.0	GB/T 265
运动黏度比(100℃/50℃)		—	3.6	3.6	—
黏度指数	不小于	100	200	—	GB/T 2541
闪点(开口)/℃	不低于	180	150	150	GB/T 267
凝点/℃		−20	−25	−50	GB/T 510
腐蚀(铜片,100℃,3h)		合格			SH/T 0195
水溶性酸或碱		无			GB/T 259
机械杂质 w(%)		无			GB/T 511
水分 φ(%)		无			GB/T 261
泡沫性(93℃,24t)/mL		报告			GB/T 12579
临界负荷(常温)P_B/N		784.5			GB/T 3142

三、液力传动油的选用

按车辆使用说明书的规定，选用适当品种的液力传动油。轿车和轻型货车应选用 8 号油，进口轿车要求用 DEXRON II 型自动变速器油的均可用 8 号油代替。重型货车、工程机械的液力传动系统应选用 6 号油。

四、液力传动油的使用注意事项

1）注意保持油温正常。长期重载低速行驶，则油温将上升，加速油氧化变质，易形成沉积和积炭，阻塞通孔和油管，使变速器进一步过热，最终导致变速器损坏。

2）经常检查油平面，车停在平地上起动，发动机正常运转，油温在正常温度。如果油面下降过快，应检查是否有漏油现象。

3）按说明书更换油和滤清器。

4）在检查油面和换油时，注意油液的状况。可在手指沾上少量油，摩擦看是否有颗粒存在。

第三节　汽车其他工作液

汽车其他工作液包括发动机防冻冷却液、减振器油、空调制冷剂等。

一、汽车发动机防冻冷却液

汽车防冻冷却液是一种含添加剂的冷却液，主要用于液冷式车辆发动机的冷却系统，防止冷却液在冬天结冰而冻坏冷却水套、散热器等。图7-3所示为汽车发动机强制循环式水冷却系统。

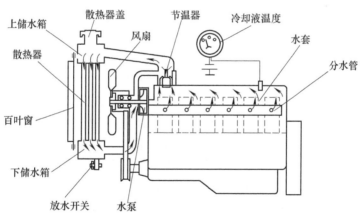

图7-3　汽车发动机强制循环式水冷却系统

1. 防冻冷却液的作用

随着汽车工业的发展，发动机功率增大，转速加快，运行温度越来越高。如果散热器加满水，发动机温度达到1000℃时就会"开锅"，而在水温降至0℃时则水会结冰，体积增大9%，易胀裂缸体。因而对发动机冷却系统的冷却介质——防冻冷却液的要求也越来越苛刻。优质的防冻冷却液不仅具有防止散热器冻裂的功能，而且需要具有防腐蚀、防锈、防结垢、高沸点（防开锅）和无泡沫的功能，以有效保护散热器，改善散热效果，提高发动机效率，保障汽车安全行驶。其中，冰点和沸点是防冻液的基本指标。

2. 汽车防冻冷却液的性能

液冷式发动机是用防冻冷却液作传热介质，通过冷却系统把热量带出并散失掉，使发动机能在合适的温度范围内正常工作。水是广泛使用的发动机冷却液，其优点是来源广、无毒、黏度小、不燃烧、比热大、传热性好；但存在的问题是水会在0℃时结冰，而且会由于结冰后体积膨胀而使发动机缸体和散热器冻裂。此外，水在使用中还对金属有腐蚀作用，水垢等沉淀物堵塞循环通道，起不到应有的冷却作用。因此，汽车防冻冷却液应具备如下性能：

1）比热大，传热性好，以保证良好的冷却。

2）冰点低，在低温下不结冰。

3）低温黏度小。如果低黏度过大，在温度较低的情况下防冻冷却液的流动会变得困难，难以保证循环系统的正常工作。

4）沸点高。以保证发动机能够在较高温度下工作，提高热效率，并减小化学-机械磨损，延长发动机使用寿命，并减少自身的蒸发损失。

5）不腐蚀冷却系统的金属及橡胶件。

6）不易着火燃烧。

7）不易产生泡沫，以保证不影响传热。

8）无毒、无公害。

3. 常见防冻冷却液种类及使用特点

防冻冷却液的基本类型存在以下几种。

（1）酒精　水型防冻冷却液。其优点是流动性好、冰点低，可用至 -70℃以下的低温，价格便宜，配制简单。缺点是酒精沸点低（78.5℃），使用中蒸发损失大，冰点易升高，易燃，不安全，故不常使用。

（2）甘油　水型防冻冷却液。其优点是沸点高（290℃），使用中挥发损失小；不易发生火灾；化学性能稳定，可长期使用。缺点是降低冰点的效率低，浓度达76.5%时，防冻冷却液冰点只能降至 -45℃。此类防冻冷却液只宜于在环境气温不太低的地区使用。

（3）乙二醇　水型防冻冷却液。其优点是沸点高（179.2℃），使用中不易挥发；冰点低，乙二醇含量为59%时，冰点可达 -50℃；闪点高（118℃），不易着火，安全。缺点是乙二醇有毒，在配制、保管和使用过程中应严防吸入体内。在做好安全预防工作条件下，此类防冻冷却液既适合在严寒地区使用，又适合大负荷发动机高温工作的要求。

（4）二甲基亚砜　水型防冻冷却液。其优点是二甲基亚砜沸点高（189℃），使用中不易挥发损失；二甲基亚砜降低冰点的效率高，含量为50%时，冰点可降至 -75℃以下；二甲基亚砜无毒，对冷却系统金属无腐蚀作用。缺点是成本高。此类防冻冷却液特别宜于严寒地区使用，但一般地区因价格高而不常采用。

（5）二乙二醇醚　水型防冻冷却液。二乙二醇醚防冻冷却液的性质介于甘油和乙二醇防冻冷却液之间，特点是沸点高（345℃），闪点也高（143.5℃），其降低冰点的效率略高于甘油，但比乙二醇稍差；适宜于环境气温不太低的地区使用。

目前市场上常见的防冻冷却液主要是乙二醇-水型，这种防冻冷却液可直接使用。乙二醇防冻冷却液浓缩液调制时浓度和冰点的关系见表7-5。

市场上还有一种浓缩防冻冷却液，一般不能直接使用，而需根据使用温度的要求，用软化水进行调制到一定浓度才能使用，其组成见表7-6。此外，正在研究与开发的丙二醇与乙二醇型相比，丙二醇在抗气蚀、毒性及生物降解方面占优势，是环保型材料。

表7-5 防冻冷却液浓缩液调制时浓度和冰点的关系

冰点/℃	乙二醇浓度（%）	密度(20℃)/g·cm⁻³	冰点/℃	乙二醇浓度（%）	密度(20℃)/g·cm⁻³
-10	28.4	1.0340	-40	54	1.0713
-15	32.8	1.0426	-45	57	1.0746
-20	38.5	1.0506	-50	59	1.0786
-25	45.3	1.0586	-55	80	1.0958
-30	47.8	1.0627	-60	85	1.1001
-35	50	1.0671	-65	100	1.1130

表7-6 浓缩防冻液冷却液的组成

成分	去离子水	乙二醇	防腐蚀剂	缓冲剂	防霉剂和着色剂
含量（%）	1~5	92~97	2~5	1~2.5	适量

4. 防冻冷却液的规格标准

国际上通用的防冻冷却液标准是 ASTM D3306。ASTM D3306 在经过了几次修订后，浓缩防冻冷却液的沸点由148.9℃提高到163℃，这对浓缩防冻冷却液的总含水量及组成提出了更高的要求。我国现行 GB 29743—2013《机动车发动机冷却液》中将产品分为乙二醇和丙二醇型，乙二醇型防冻冷却液技术要求见表7-7。

表7-7 乙二醇防冻冷却液技术要求（GB 29743—2013）

项目	浓缩防冻冷却液	-25 号	-30 号	-35 号	-40 号	-45 号	-50 号
冰点/℃ ≤	—	-25	-30	-35	-40	-45	-50
沸点/℃ ≥	163	106.5	107	107.5	108	108.5	109

5. 防冻冷却液选择和使用注意事项

通常根据不同地区的气温条件及发动机的工况来选用防冻冷却液，也可根据车辆不同要求选择防冻冷却液。在使用时应注意以下几点：

1）优先选用乙二醇。其高温、低温性能都比较好，能满足寒冷地区、发动机高温工况的要求。对于在极寒地区工作的汽车，可选用冰点极低的二甲基亚砜。

2）使用时严禁口吸。因为防冻冷却液中所使用的物质和添加剂有些有毒。

3）及时补充软水。防冻冷却液在使用过程中，水分蒸发后应及时补充软水，否则可能引起冰点升高。补充水量可根据防冻冷却液标准中规定的密度和折光率调整。

4）切忌混用。不同类型的防冻冷却液不能混用，更不能加入食盐、氯化钙等，因其虽有降低冰点作用，但易生成腐蚀冷却系统材料的物质。

二、减振器油

为了提高汽车的舒适性并延长汽车的使用寿命，汽车上都装有减振系统，其中大部分车辆都采用液压减振器。减振器油是汽车减振器的工作介质，它是利用液体流动通过节流阀时产生的阻力来起减振作用的。图7-4所示为双向作用筒式减振器示意图。

减振器油主要性能要求为有适当的黏度，较高的黏度指数，良好的氧化安定性、防腐性和抗磨性。我国克拉玛依炼油厂生产的减振器油，其特点是凝点很低，有良好的粘温性，适合在寒冷地区使用，见表7-8。

缺乏减振器油时，还可用50%汽轮机油HU-22和50%变压器油25号（质量分数）的混合油，或以10号机械油代替。使用中应注意减振器的密封良好，无渗漏现象，在40000～50000km定期维护时要拆检减振器，同时更换适量的油液。例如东风EQ1090E型汽车为0.44L，解放CA1091型汽车为0.32L。

三、空调制冷剂

空调制冷剂是一种化学物质。它是汽车空调制冷系统中完成制冷循环的工作介质。目前，汽车空调制冷系统使用的制冷剂主要有R-12和R-134a两种。其中R是英文Refrigerant（制冷剂）的第一个字母。

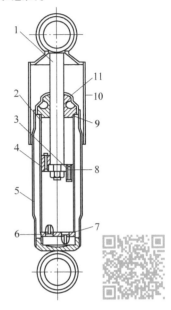

图7-4 双向作用筒式减振器示意图
1—活塞杆 2—工作缸筒 3—活塞
4—伸张阀 5—储油缸筒 6—压缩阀
7—补偿阀 8—流通阀 9—导向座
10—防尘罩 11—油封

1. 制冷剂的品种

汽车空调制冷剂最早广泛使用的是R-12。R-12属于氟利昂系的制冷剂，学名二氯二氟甲烷，分子式为CF_2Cl_2。其蒸发潜热大，易液化；在含水的场合，除了侵蚀镁和铝之外，不侵蚀其他金属；能溶化天然橡胶，但不侵蚀合成橡胶；对于水的溶解度极小，在循环中存在水分易结冰，需使用吸湿剂；无毒且不易燃烧，但遇火会产生有毒物质。

表7-8 减振器油规格

项　　目		质量指标	试验方法
运动黏度/$mm^2 \cdot s^{-1}$，50℃	不小于	8	GB/T 265
运动黏度比（V30℃/V50℃）	不大于	200	GB/T 265
闪点（开口）/℃		150	GB/T 276
凝点/℃	不高于	−55	GB/T 516
水分		无	GB/T 260
机械杂质		无	GB/T 511
酸值（未加剂）/$mgKOH \cdot g^{-1}$	不大于	0.1	GB/T 264
水溶性酸或碱（未加剂）		无	GB/T 259
腐蚀试验（T2铜片，100℃，3h）		合格	ZB E24013

作为汽车空调制冷系统的制冷介质，R-12具有制冷能力强、化学性质稳定、与冷冻润滑油相溶和安全等优点。但是，由于R-12分子中含有氯原子，当其排放到大气中并升入大

气同温层后，在太阳光的强烈照射下会分离出氯离子，氯离子与臭氧层（O_3）发生化学反应形成 ClO 和 O_2，从而导致大气臭氧层的破坏，产生使全球变暖的温室效应，将会对人类和地球上其他生物造成严重的危害。因此它是 1987 年保护臭氧层的蒙特利尔议定书中的第一批禁用的工质，发达国家已从 1996 年 1 月 1 日起停止使用，发展中国家在 2006 年完全禁止使用。蒙特利尔议定书签定以来，世界各国，特别是工业发达国家对制冷工质替代做了大量工作。经过科研人员的不断探索和实验，一致公认制冷剂 R-134a 是汽车空调的首选工质。这主要是由于 R-134a 不含氯原子，对臭氧层无破坏作用，温室效应影响小，其热力性质稳定并与 R-12 相近。

2. 制冷剂的使用

由于 R-134a 与 R-12 性质的差异，若将 R-134a 直接用在原来的汽车空调系统中时必须改进和更新原有设备和材料，才能正常有效地使用 R-134a。具体措施如下：

1）压缩机的润滑油由原来的矿物油改为合成油，即聚烃乙二醇（PAG）。

2）连接系统各处的软管和用于密封作用的橡胶材料，皆由聚腈橡胶（HNBR）取代先前的丁腈橡胶，另外新型系统管件一般由特殊复合材料制成，其内壁有尼龙层，中间为聚丁腈橡胶，并进行强化处理，管件上设有 R-134a 专用标记。

3）更新干燥剂，选用是细小孔径且不吸附 R-134a 的合成泡沫沸石。

4）膨胀阀的流量特性及制冷剂的工作压力也要相应地改变。

5）压缩机排气压力相应增高，负荷相应增大，因而必须强化主轴、主轴承，加强缸壁特性并改善机件润滑，进、排气阀也相应改用不锈钢材料。

6）由于 R-134a 系统排气压力与压缩比均较 R-12 高，欲维持其系统效率与 R-12 具有相同水平，必须相应提高换热器的效能，为此采用平流式冷凝器和层流式蒸发器，以增大换热面积。

另外，要绝对避免 R-12 与 R-134a 混用。在使用 R-134a 型制冷剂的汽车发动机和压缩机上必须以醒目的标记加以提示，制冷剂加注口应采用不同规格的螺纹。

能 力 测 试

一、填空题

1. 目前我国汽车制动液，按原料、工艺不同分为_____、_____、_____三种。

2. 汽车制动液的选择的原则：一是使用_____；二是_____以 FM VSS-No. 116 DOT 标准为准。

3. 合成型制动液由_____、_____和_____组成。

4. 液力传动油应具备_____、_____、_____、_____等多种功能。

5. 液力传动油的热氧化稳定性不好，会生成_____、_____和沉淀物，影响控制机构工作。

6. 汽车上使用的减振器油，可采用_____和_____各 50%（质量分数）混合配制而成。

7. 目前汽车空调制冷系统使用的制冷剂主要有_____、_____两种。

8. 目前，国内外广泛采用的防冻冷却液是_____。

9. 防冻冷却液的选择原则是，防冻冷却液的冰点至少要低于环境最低气温_____，以确保在特殊情况下防冻冷却液不结冰。

10. _____是汽车减振器的工作介质，它的作用是_____来自汽车车轮的振动。

二、选择题

1. 汽车自动变速器的工作介质是（ ）。

A. 车辆齿轮油　　　　B. 发动机油　　　　C. 液力传动油　　　　D. 液压传动油

2. 目前国内外广泛应用的主要汽车制动液的品种是（ ）。

A. 矿油型制动液　　　　　　　　　　B. 醇型制动液

C. 合成型制动液　　　　　　　　　　D. 汽车通用锂基润滑脂

3. 为了保证制动可靠，要求汽车制动液在低温时具有较好的（ ）。

A. 低温流动性　　　　B. 抗腐蚀性　　　　C. 缓蚀性　　　　D. 抗氧化性

4. （ ）液压油适用于环境温度变化较大和工作条件恶劣的低压液压系统。

A. L-HL　　　　　　B. L-HM C　　　　C. L-HV　　　　　D. L-HR

三、判断题（正确的打"√"，错误的打"×"）

1. 制动液中吸入水分会造成其沸点下降。　　　　　　　　　　　　　　（ ）

2. 汽车减振器是利用减振器油的不可压缩性来起减振作用的。　　　　　（ ）

3. 防冻冷却液中的乙二醇浓度越大，冷却效果越好。　　　　　　　　　（ ）

4. 为了保证制动可靠性，要求汽车制动液在低温时具有较好的缓蚀性。　（ ）

5. 现在防冻冷却液的沸点一般要大于95℃。　　　　　　　　　　　　（ ）

6. 防冻冷却液的选择要区别发动机的类型、性能强化程度和冷却系统材料及种类。

　　　　　　　　　　　　　　　　　　　　　　　　　　　　　　　（ ）

7. 汽车空调制冷剂目前广泛使用的是 R12。　　　　　　　　　　　　（ ）

四、简答题

1. 液力传动油的用途及主要性能是什么？

2. 液力传动油使用过程中应注意什么？

3. 汽车制动液的主要性能要求是什么？

4. 试述制动液的类型、牌号和选用方法。

5. 试述汽车防冻冷却液选择和使用的注意事项。

第八章

汽车美容材料

本章导入

"汽车美容"源于西方发达国家，在西方国家被称为"汽车保养护理"，英文名称为"Car Beauty"或"Car Care"。随着我国汽车工业的迅速发展和汽车的社会保有量的不断增加，一个新兴的行业——汽车美容业正悄然兴起，并且已遍及全国。它已成为普及性的、专业化很强的服务行业。

专业汽车美容是一种全新的汽车养护概念，是指除一般洗车、打蜡以外，针对汽车各部位不同材质所需的维护条件，采用不同性质的汽车美容护理产品及施工工艺，对汽车进行全新维护和护理。

本章重点介绍常见的汽车美容材料的种类和用途。

教学目标

1. 能力目标

能够选择合适的美容材料，对汽车进行正确的养护。

2. 知识目标

1）了解现代汽车主要美容项目及一般工艺工序。

2）认识常用的汽车美容材料的种类和用途。

第一节　汽车美容概述

一、汽车美容

现代汽车美容是指利用专业美容系列产品和高科技技术设备，采用特殊的工艺和方法，对车内外进行清洗，漆面增光、打蜡、抛光、镀膜及深浅划痕处理，全车漆面美容，发动机表面翻新等一系列养车护理技术，以达到"旧车变新，新车保值，延寿增益"的功效。

专业汽车美容还包括了汽车护理用品的选择与使用、汽车油漆护理（包括各类漆面缺陷的美容、汽车划痕修复等）、汽车整容及装饰等内容，是一个复杂的系统工程。这些产品是采用高科技手段及优等化工原料制成的，它不仅能使汽车焕然一新，更能让旧车全面地彻底翻新，并长久保持艳丽的光彩。

专业汽车美容需要利用先进的设备和数百种用品，经过几十道工序，从车身、车室（地毯、皮革、丝绒、仪表、音响、顶篷、冷热风口、排档区等进行高压洗尘吸尘上光）、发动机（免拆清洗）、钢圈轮胎、底盘、保险杠、电路等作整车处理，且对较深划痕可进行特殊快速修复。现代汽车美容主要项目见表8-1。

表8-1 现代汽车美容主要项目

序号	美容项目	具体作业项目	设备及用品	选用要点
1	车身美容	汽车清洗	龙门滚刷清洗机，小型高压清洗机，鹿皮、毛巾、板刷、清洗护理二合一清洗剂、水系清洗剂、玻璃清洗剂、柏油沥青清洗剂、轮胎清洗保护剂，黑镀清洗保护剂、银镀清洁保护剂，清洁上光剂等	小型美容企业宜选用小型高压清洗机，北方冬季宜选用调温式清洗机，不宜选用碱性清洗剂洗车
		汽车打蜡	打蜡机、打蜡海绵、无纺布毛巾及各种保护蜡、上光蜡、防静电蜡、镜面釉等	根据汽车漆面性质、特点及汽车运行环境选用车蜡；镜面釉是否蜡质保护剂
2	漆面处理	浅划痕及漆面失光处理	抛光机、不同粒度的抛光剂、还原剂、漆面增艳剂、漆面保护剂	抛光后须进行还原处理
		深划痕处理	设备与用品与喷漆施工相同	—
		喷漆	喷漆间、烤漆房、空压机、喷枪、砂纸、刮板、底漆、腻子、中涂漆、面漆	宜选用喷漆烤漆两用房，修补施工宜选用快干型涂料
3	内饰美容	车室美容	吸尘器、高温蒸汽杀菌器、喷壶、毛巾、真皮、塑料、纤维织物清洁保护剂、真皮上光保护剂、真皮与塑料上光翻新保护剂、地毯清洁剂等	不宜用碱性清洁剂进行车室清洁，纤维织物清洁剂一般可用于地毯清洁
4	发动机美容	发动机清洁、翻新	喷壶、毛巾、发动机表面活性清洗剂、机头光亮保护剂、清洁油等	不宜用酸碱类清洁剂

专业汽车美容与汽车打蜡的对比如图8-1所示。

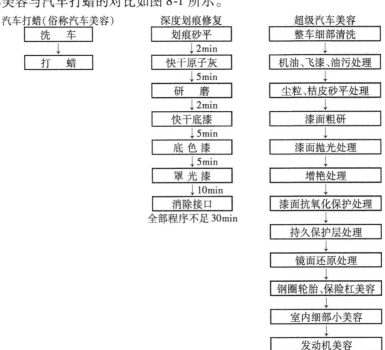

图8-1 专业汽车美容与汽车打蜡对比图

二、汽车美容的一般工艺工序

专业汽车美容的主要操作工序有：

1）全车外部冲洗大块泥沙。

2）全车外部清洗去油污、静电。

3）新车开蜡，深度清洗。

4）漆面胶油、沥青、鸟粪等杂物处理。

5）玻璃抛光增亮翻新。

6）玻璃清洁、防雾处理、加装防冻清洁剂。

7）发动机表面清洁、翻新、内路护理。

8）全车的除锈、防锈、防腐蚀处理。

9）底盘清洁护理。

10）漆面桔皮等特殊现象的处理。

11）漆面一度抛光翻新、去除深度氧化层、轻划痕。

12）漆面二度抛光翻新、去除太阳纹、斑点。

13）漆面增艳养护处理。

14）漆面超级上釉、镀膜护理。

15）保险杠装饰清洁翻新。

16）车裙、挡泥板去杂质清洁护理。

17）全车灯光及左右倒车镜清洁抛光翻新。

18）轮毂飞漆、焦油、氧化层的去除，增光翻新。

19）轮胎清洁增黑，上光护理。

20）漆面深度划痕、局部创伤快速修复。

21）车内室的全面除尘处理。

22）车内室顶篷除污翻新。

23）转向盘、仪表台清洁上光护理。

24）置物区、烟缸、音响区清洁。

25）冷气出风口清洁处理。

26）全车电路系统清洁，防潮防老化护理。

27）车门内侧的清洁翻新上光护理。

28）真皮清洁、上光养护。

29）车内丝绒表面的清洁、柔顺护理。

30）行李箱除污清洁护理。

31）车内室去异味、杀菌处理。

32）全车电光、镀铬表面去除氧化层抛光翻新。

33）全车检查。

第二节　常用汽车美容材料的分类、品种及选用

汽车美容材料常称为汽车美容用品，分为车身美容护理用品、车身漆面处理材料、汽车内饰清洁护理用品、汽车发动机清洁护理用品等几大系列。

一、车用清洁及保护材料

1. 清洁剂

车用清洗剂的作用是清洁车身表面及零部件。采用一般的洗衣粉、洗洁精来清洁车身表面，虽能达到清洁车身的目的，但同时又会使车表面的蜡质层脱落。而且这些清洁剂一般呈碱性，对车身漆面及金属具有强烈的腐蚀性，导致漆面失光、生锈。为此汽车清洁需专用清洗剂。一般分为以下几种。

（1）水系清洗剂　目前在国内外汽车专业美容行业中广泛使用水系清洗剂，其配方中基本不含碱性，一般由多种活化剂配制而成，具有很强的浸润和分散能力，能够有效地去除车身表面的尘埃、油污、防止交通膜的形成，保护车身不受有害物质的侵蚀，保持漆面原有光泽。常用的水性清洗剂有不脱蜡洗车液、脱蜡洗车液、上光洗车液、泡沫上光洗车剂、天然洗车液等。

（2）有机清洗溶剂　主要用来去除车身表面的油脂、润滑油、污垢、石蜡、硅酮抛光剂、橡胶加工助剂以及手印等。目前经常使用的有机溶剂有煤油、汽油、甲苯、二甲苯、三氯乙烯、四氯化碳及200号溶剂汽油。

（3）二合一清洗剂　亦称二合一香波，是一种高级表面清洗剂；既有清洗功能，又有上蜡功能，可以满足快速清洗兼打蜡的要求。二合一清洗剂主要由多种活化剂配制而成。上蜡成分是一种具有独特配方的水蜡，它可以在清洗作业中在漆面形成一层蜡膜，增加车身鲜艳程度，有效保护车漆。常用二合一清洗剂有汽车清洁上蜡香波、电脑洗车机用高泡香波、电脑洗车机用上蜡香波等。

常见的车用清洁剂见表8-2。

表8-2　常见的车用清洁剂

名称	功　能　特　点	适用场合
万用清洁剂	用于除去各种玻璃、漆面及金属制品的污垢，不伤害漆面、塑胶及橡胶，此产品为泡沫清洁剂，无滴流的困扰	适用于汽车风窗玻璃的清洁
制动清洁剂	能迅速清除污垢，避免产生辗轧的噪声，不含有毒物质，不会造成环境污染	适用于鼓式及盘式制动器、制动片、制动组件、离合器压板、风扇带、受压力的组件，其他离合器零件
车内仪表板清洁剂	能保持车内人造皮革及真皮的光泽，使灰尘无法沾污；有香味，不会破坏漆面	主要适用于车门、仪表板、其他车内合成橡胶、胶物质、真皮制品等
发动机外表清洁剂	能除去较重的油污，呈碱性，含有缓蚀剂成分；能快速乳化分解去除油污，且不腐蚀机体及其上部件，水溶性好，可完全生物溶解，易用水冲洗，不留残留物	适用于发动机外表及底盘等部件

（续）

名称	功能特点	适用场合
发动机清洁剂	能除去油脂污垢、废油及无用的酸性合成物	适用于清洁汽车发动机外部
气门及化油器清洁剂	可除去积存在化油器、气门、气门座的积炭及污垢，使发动机进气畅顺，避免功率消耗；恢复气缸原有的压缩比；降低CO的产生	适用于所有汽车发动机及化油器式内燃机
散热器除锈清洁剂	能去积垢、锈渍、泥巴的沉积，达到除锈、清洁的效果	适用于汽车冷却系统的清洁
轮毂清洁剂	能有效去除轮毂上的油渍、氧化色斑并清洁上光；呈弱酸性，但对轮毂及轮胎无腐蚀作用	适用于所有汽车轮毂的清洁
多功能清洁柔顺剂	能对汽车内室及行李箱各部位进行清洗翻新；去污力强，尤其对丝绒及地毯表面起到清洁、柔顺、还原着色、杀菌等功效	适用于喷抽机使用（因高泡会损坏真空泵），也可手工使用
全能泡沫清洗剂	泡沫丰富，去污能力强；能迅速分解油污，并能快速清除油渍污物	适用于车内室皮革、绒毛表面、仪表台、转向盘、车门内侧等部位的清洁
重油清洗剂	是一种强力的、可乳化的溶剂型重油清洗剂，能有效地去除汽车发动机零部件底盘和设备上的重油污。它所含的特别成分能使污垢卷缩成胶束，胶束颗粒很容易用水冲洗干净，不会产生二次污染。本清洗剂可吸收六倍于其容积的油污，可重复使用，对车体各部位无腐蚀作用	主要用于汽车发动机零部件底盘和设备的清洁
汽车清洁香波	pH值为7，呈中性；不腐蚀漆面，不脱蜡，伴有柠檬芳香味道；能清洗车身漆面，除油污，去静电	适用于各种车型的车身漆面
汽车清洁上蜡香波	本剂也称清洁上蜡二合一，同时具备除油污去静电及给车身涂一层蜡膜护理上光的功用；性质温和，呈中性，不伤漆面，不脱蜡，伴有芳香味	适用于各种车型的车身漆面
电脑洗车机用高泡香波	为中性超浓缩高泡沫清洗剂，具备强有力的清洗功能；丰富的泡沫起到较好的润滑作用，可有效延长设备寿命	适用于所有车型的车身
电脑洗车机用上蜡香波	作为电脑洗车的最后工序，通过汽车表面除水及干燥，在汽车漆面留下一层光亮蜡膜，起到护理作用	适用于所有车型的车身

2. 车蜡

汽车打蜡的目的主要是保持车身漆面亮丽整洁，保护车漆。车蜡的主要成分是聚乙烯乳液或硅酮类高分子化合物，并含有油脂成分。它可以在漆面形成一层油膜而散发光泽。但由于车蜡中含的添加成分不同，使其在物质形态、性质上有所区别，进而划分为不同的种类。

1）按物理状态不同，分为固体蜡和液体蜡两种。在日常作业中液体蜡应用较多。

2）按其作用不同，分为防水蜡、防高温蜡、防静电蜡、防紫外线蜡等。

3）按其功能不同，分为去污蜡、亮光蜡、镜面蜡、彩色蜡等。

常见车蜡见表8-3。

3. 保护漆与保护剂

现代意义的汽车其车身维护的重要性超过任何系统。若钣金及面漆不良，汽车的使用价值将大打折扣。

表 8-3　常见车蜡

名　称	功　能　特　点	适用场合
去污蜡	具有去污、除锈、防垢、保持光亮的功能；恢复漆面及金属面的鲜艳色泽	适用于汽车车身
亮光蜡	在漆面形成保护膜，防止氧化、酸蚀、雨水的侵蚀，使漆面不沾灰尘，内含色彩鲜艳剂；光亮持久，品质稳定。如果漆面粘着污垢，用去污腊除垢后，再涂抹本品	适用于汽车车身、各种金属制品，如冰箱及木制品
保护蜡	以蜡为基础，除去油污、柏油，防止生锈，产生稳定、防水的保护膜	适用于汽车的表面及槽沟
汽车底盘保护蜡	可长久防止底蚀及碎石的碰击；可预防表面颜色的改变，达到隔音、防锈的效果	适用于漆面、橡胶、塑胶及PVC烤漆
黄金镜面蜡	是一种高性能的护理型天然蜡，含有巴西棕榈和聚碳酸酯，渗透力极强，光泽如镜，保持长久，能有效护理汽车漆面	适于新车及旧车抛光翻新后的漆面护理
抗静电蜡	是一种喷雾型上光护理蜡，能防止漆面静电的产生，最大限度地减少静电对灰尘、油污的吸附	适用于汽车漆面、皮革、塑料和铬质表面的护理
彩色蜡	分为红、蓝、绿、灰、黑等五种颜色，即打即抛，省时省力；不同颜色的车使用相应颜色的蜡，对漆面起到修饰作用，可掩盖轻微细小划痕	适用于各种汽车漆面的修补

漆面处理作为现代汽车美容的重要组成部分，包括漆面失光处理、漆面浅划痕处理、漆面深划痕处理、喷涂等内容。漆面失光处理在汽车美容作业中采用特殊处理工艺与方法，配合专用的护理用品，可以有效地去除失光，再现漆面亮丽风采。但对于因摩擦、硬伤所产生的各种划痕处理，浅划痕采用抛光研磨的方法，深划痕则需采用喷涂施工完成。所以车身漆面处理材料分为车身漆面护理材料和车身漆面修补材料两大类。

（1）车身漆面护理材料

1）研磨剂。研磨是利用坚固的浮岩作为摩擦材料去除车漆原有的缺陷。研磨剂是漆房、修理厂及修补深度划痕（露底漆）的汽车美容护理中心必不可少的用品，有普通漆研磨剂和透明漆研磨剂之分。

2）抛光剂。抛光可去除研磨遗留的缺陷，处理车漆的轻微损伤和污斑，为还原、打蜡（镀膜）做好准备。抛光剂不含上光材料。常用的抛光剂有普通漆抛光剂、全能抛光剂、镜面釉抛光剂等。

3）增光剂。增光是为了实现最终的镜面效果。增光剂与抛光剂的唯一区别在于增光剂含蜡或上光剂，因为有蜡，增光剂实际上是一种二合一用品，可以缩短工作时间，可以进一步完善抛光的效果。增光剂虽然有蜡的效果，但它一般保持时间不长，接触几次水后就会流失，要取得长久保持的效果，增光剂上还应再加一层高质量的蜡。常用增光剂的品种有普通漆增光剂、增艳剂等。

4）还原剂。还原是找回车漆的本来面目，是打蜡前的最后一道完善工序。还原剂主要用来去除抛光后的车漆仍旧残存的一些发丝划痕、抛光盘旋转的印子花纹等，从而把打蜡前的车漆还原到漆色固有光泽的最高境界。常用还原剂品种有普通漆镜面还原剂、金属漆镜面还原剂等。

（2）车身漆面修补材料（汽车修补漆）　所谓深划痕即划痕深至底漆层的划痕。这种划痕若不进行及时处理则会损伤金属底漆。深划痕处理工艺一般程序是底漆—腻子施工—面漆涂装。

1）底漆。汽车修补底漆的作用主要是填平金属或基材表面缺陷，防止腐蚀，增加附着能力。底漆主要有以下几种：醇酸类底漆，其底漆附着力好、耐热、防老化性好，但耐潮湿性较差；酚醛树脂底漆，耐水性较好，常用于发动机总成、车桥等的汽车零部件；环氧类底漆，性能优于醇酸和酚醛树脂底漆，故它是目前汽车主要应用的底漆。

2）腻子。腻子主要用于车辆表面凹坑填平，刮在底层上，主要用在汽车修补上。腻子主要有酚醛腻子、醇酸腻子、硝基腻子、环氧腻子、聚酯腻子、原子灰。

3）面漆。面漆是最后一层涂料，它直接影响汽车的装饰性、耐候性和外观。常用面漆品种有：醇酸树脂面漆，其原料价格低廉易得，制造工艺成熟，综合性能突出，应用于普通汽车；硝基纤维素面漆，其特点是干燥快，漆膜坚硬，但固体含量低，往往需要多道喷涂才能保证漆膜厚度，光泽度较差，应用于普通汽车；丙烯酸树脂面漆，是由丙烯酸甲基丙烯酸酯通过聚合反应而生成的聚合物，是目前世界上涂装行业中使用较广泛的汽车面漆，适用于中高档轿车。其他品种面漆还有氨基树脂面漆、聚氨树脂面漆、氨基烘漆、沥青磁漆等。

常见车用保护漆和抛光剂见表8-4、表8-5。

表8-4　常见车用保护漆

名　称	功　能　特　点	适用场合
铝钢圈亮丽保护漆	以人造树脂为基础的材料，为银色；耐磨损、腐蚀、撞击、污垢，可提供持久的保护；喷涂后不会粘着灰尘	适用于铝合金制品的表面、钢圈
塑胶漆	喷涂后，可永保如新	适用于汽车保险杠、挡泥板、扰流板、塑胶装饰板
排气管保护漆	保护排气管，防止腐蚀，具有高耐热性，可耐温700℃；高度黏着力，不易脱落	适用于汽车排气管
发动机漆面保护剂	为特殊透明性保护漆，可防止金属表面老化及沾污污垢，保持发动机外观清洁	适用于保护发动机及其配件的表面
真皮保护剂	能使发硬的皮革制品表面变得柔软光滑，延缓皮革老化，提高光亮度，伴有香味	适用于所有汽车皮革制品

表8-5　常见车用抛光剂

名　称	功　能　特　点	适用场合
强力抛光剂	是一种比研磨剂含颗粒更细的新型研磨材料。它能去除漆面较厚氧化层、划痕及喷漆时出现的"麻点""垂流"，不含硅和蜡，使用安全	适用于喷涂车间和汽车美容店进行漆面护理
漆面还原抛光剂	它比强力抛光剂的研磨颗粒更细一些，能去除漆面中度氧化，不含硅和蜡，用于安全喷漆车间，是美容店作汽车漆面翻新的重要用品。本品所含的油分能在漆面抛光的同时渗入漆内，补充油漆失去的油分，起到护理增亮的作用	适用于汽车漆面护理

（续）

名　称	功　能　特　点	适　用　场　合
快速抛光剂	本品比中度抛光剂的研磨颗粒更细一些，具有去除轻微氧化层和上蜡护理双重功效。作为抛光的最后一道工序，可用手工来完成，弥补机器抛光不匀，易产生光环等现象，有增艳效果，又称增艳剂	适用于汽车漆面护理
玻璃抛光剂	能去除玻璃表面上粘染的柏油、油脂、昆虫尸体、污渍和发乌的氧化层等难以清洗掉的污垢	常用于风窗玻璃、后视镜等部位的护理
多功能抛光剂	能去除金属电镀表面、玻璃等硬质表面发乌的氧化层，使其恢复原有的光泽并形成一层极光亮的保护膜；也可用在汽车漆面，使用快捷，特别适合新车售前准备	适用各类金属电镀表面、玻璃等硬质表面及汽车漆面

4. 除锈缓蚀剂

除锈缓蚀剂主要用于汽车零部件的除锈防锈处理。常见车用除锈缓蚀剂见表8-6。

表8-6　常见车用除锈缓蚀剂

名　称	功　能　特　点	适　用　场　合
汽车底盘防音缓蚀剂	是一种以橡胶为基本材料的缓蚀剂，用于汽车底盘的防音、防锈处理，具有防腐蚀、隔音的效果；喷涂在垂直方向的表面而不滴流	适用于汽车底盘及前、后挡泥板
透明保护防锈树脂	用于保护金属品，使其免于生锈、腐蚀；保持原有的外观	适用于汽车门槛、前照灯框、车门内部槽沟
二硫化钼缓蚀剂	能去除强烈的铁锈及污垢，洗涤及榨出胶质及树脂污垢，在金属表面形成二硫化钼的保护膜，防止辗轧声，达到除锈、防锈、润滑的效果	适用于任何需除锈、防锈的物体，如门铰链、铰环等
特级缓蚀剂	是针对润滑油脂的缓蚀剂，可防止点火线圈漏电，迅速恢复本来的特性，防止形成铁锈，能除去强烈湿气；保护表面，使新的污染无法形成	适用于任何需防锈的物体
干性缓蚀剂	能除去腐蚀，它可与生锈部分产生氧化，使其永不再生锈；长时间停留在物体表面而不消褪，耐温达300℃	用于欲使任何已生锈的金属物体不再生锈的场合，尤以车身为佳
底盘防锈系列产品	分为锌喷剂、铝喷剂、止锈底漆、防撞漆、防锈保护蜡、硝化纤维表面涂剂等，用于金属表面防锈防蚀、防止石砾的撞击而破坏底盘及烤漆脱落、腐蚀、防潮去水	分别作用于挡泥板、底盘、车门槛、后车厢内部及保险杠、扰流板、钣金接合的内部及车门内壁，叶子板等部位

二、汽车内饰清洁护理用品（汽车专业保护剂）

随着汽车业的发展，人们对车室内的装饰要求也越来越高。车内真皮丝绒座椅、顶篷、仪表板、地毯等长期使用后极易藏污纳垢，久而久之使细菌滋生而产生异味，影响使用者的健康。专业清洁保护剂不仅有美容功能，还有防污、抗尘、防水、杀菌除臭等作用。专业保护剂是一种较新的汽车美容用品，也是发展最快的汽车美容用品。汽车专业保护剂主要分以下几类。

1. 皮革类专业保护剂

高级轿车中越来越广泛地装饰真皮座椅、真皮门边蒙皮、真皮把套等，这些真皮饰件在使用中易出现松面、裂浆、露底、僵硬等。在汽车美容中有专用的皮革清洁护理用品。它们可以对皮革进行清洗、上光，令皮革恢复原有光泽，也可在表面形成一层保护膜，防止老化。

皮革类专业保护剂主要品种有水性真皮清洁柔顺剂、油性真皮上光保护剂、20001 配方皮革保护剂，其他还有硬质皮革清洗液、超级防护剂等多种皮革专业保护剂。

2. 化纤类专业保护剂

现代汽车中，车室内纤维物覆盖面所占比例较大，广泛用于顶篷、座椅、地毯等处。清洁时严禁使用碱性较强的洗衣粉或洗洁精清洗纤维织物，因为这些碱性物质在清洁结束后会使纤维织物变黄、腐蚀。

常用的化纤专用保护剂有化纤保护剂、化纤皮革清洁保护剂、丝绒清洁保护剂、地毯洗涤保护剂等。

3. 塑胶类专业保护剂

汽车车室的塑料、橡胶件在使用过程中易出现老化、失去光泽、划伤、腐蚀等缺陷。使用专用的塑胶类保护剂进行处理，会消除这些缺陷，美容效果非常明显。

常用的塑料专业保护剂有塑胶护理上光剂、皮塑防护剂、塑件橡胶润光剂等。

4. 电镀件专业保护剂

现代汽车中镀铬件的应用大大提高了汽车的装饰效果。对镀铬件表面最有害的是空气中的硫化气体和海滨地区空气中的盐分，这些腐蚀性物质附在镀铬层表面会使镀铬件失光，影响其装饰效果。所以，对镀铬件的保护及翻新处理尤为重要。

常用的电镀件专业保护剂有电镀件除锈保护剂、汽车镀铬抛光剂等。使用后可使锈蚀发暗的镀铬表面恢复原有的光泽，并延缓日后的腐蚀。

5. 玻璃专业保护剂

为了使车用玻璃光洁明亮，保证行车安全，玻璃清洁也尤为重要。常用的玻璃保护剂有玻璃清洁防雾剂、玻璃抛光剂等。它们可以有效去除风窗玻璃上沾染的污斑、昆虫及不易用一般清洁剂清除的污垢，能改善刮水器产生的擦痕，使玻璃晶莹透亮，并对已发乌的旧玻璃有很好的还原能力，适用于风窗玻璃、反光镜及玻璃门窗的清洁和上光。

三、车用改装材料

随着汽车逐步进入家庭，汽车的形象设计也开始流行起来。汽车形象设计也称汽车改装，目前国内一些大城市的汽车装饰店或专业改装店（即汽车形象设计店）已经开始展开汽车外形改装业务，以满足现代车主追求个性的需求。

汽车改装所用的材料一般有两种：玻璃钢和碳纤维。由于碳纤维成本较高，而玻璃钢具有质量小、抗撞性好、价格低廉等优点，所以汽车改装时使用较多的是玻璃钢。

能 力 测 试

一、填空题

1. 车用清洗剂的作用是清洁车身表面及零部件，需采用_____。

2. 汽车专用清洗剂分为_____、_____、_____三种。

3. 汽车打蜡的目的主要是保持_____亮丽整洁，保护_____。

4. 车蜡的按其作用不同分为_____、_____、_____、_____等。

5. 车身漆面处理材料分为_____和_____两大类。

6. 汽车改装的材料一般有_____和_____两种。

二、选择题

1. 一辆新车在开蜡后首先应当使用 (　　)。

A. 新车蜡　　　　B. 新车保护蜡　　　　C. 抛光蜡　　　　D. 增艳蜡

2. 普通车蜡的成分中含有一定的 (　　)，久经紫外线照射后会锈蚀涂面，留下点点黑斑。

A. 硒　　　　　　B. 苯　　　　　　C. 硅　　　　　　D. 硫

3. 车身漆面护理材料一般包括研磨剂、抛光剂、增光剂和 (　　) 等4种。

A. 溶剂　　　　　B. 快干剂　　　　C. 固化剂　　　　D. 还原剂

4. 优质汽车清洁香波的 pH 值应当为 (　　)。

A. 5.5～6.5　　　B. 6.5～7.0　　　C. 7.0～7.5　　　D. 7.5～8.0

5. 汽车涂料的作用一般有：保护作用、装饰作用、特殊作用和 (　　)。

A. 警示作用　　　B. 美化作用　　　C. 标志作用　　　D. 防腐作用

三、判断题（正确的打"√"，错误的打"×"）

1. 溶剂挥发型涂料主要依靠溶剂的挥发使涂料发生化学变化并干燥成膜。　　(　　)

2. 汽车清洗中，能用强力型的产品就不用柔和型的。　　(　　)

3. 汽车去污蜡应该趁车身温热时使用。　　(　　)

4. 使用机蜡进行手工抛光，费工费时但效果较好。　　(　　)

5. 当汽车经常行驶在环境较差的道路时，应选用硅酮树脂类车蜡。　　(　　)

6. 涂面抛光剂在抛光时还能渗入涂面内补充涂面失去的油分。　　(　　)

7. 抛光剂实质是一种含颗粒更细的摩擦材料的研磨剂。　　(　　)

8. 面漆涂膜应坚硬耐磨，具有足够的硬度和抗擦伤性。　　(　　)

9. 煤油是一种较好的开蜡用品。　　(　　)

10. 汽车美容装潢使用的部分材料如果使用不当有可能会引起爆炸。　　(　　)

四、简答题

1. 什么是汽车美容？其作用是什么？

2. 常用的汽车美容材料有几类？其主要功用有哪些？

3. 常用车蜡的种类有哪些？作用是什么？

参 考 文 献

［1］ 齐乐华. 工程材料与机械制造基础［M］. 北京：高等教育出版社，2006.

［2］ 王爱珍. 工程材料与改性处理［M］. 北京：北京航空航天大学出版社，2006.

［3］ 张蕾. 汽车材料［M］. 北京：科学出版社，2009.

［4］ 朱张校. 工程材料［M］. 北京：高等教育出版社，2006.

［5］ 熊云，王九，王崇强. 车用油液基础及应用［M］. 北京：中国石化出版社，2005.

［6］ 嵇伟，孙庆华. 汽车运行材料［M］. 北京：人民交通出版社，2007.

［7］ 杨江河. 汽车美容［M］. 北京：机械工业出版社，2001.

［8］ 黄武全. 汽车材料［M］. 北京：机械工业出版社，2011.

［9］ 范海燕. 汽车运行材料［M］. 北京：机械工业出版社，2009.

［10］ 丁宏伟. 汽车材料［M］. 北京：中国劳动社会保障出版社，2007.

［11］ 杨庆彪. 汽车材料习题册［M］. 3 版. 北京：中国劳动社会保障出版社，2012.

［12］ 白树全. 汽车应用材料［M］. 北京：北京理工大学出版社，2013.